今注本二十四史

晋書

一三

傳〔三〕

唐 房玄齡等 撰

梁滿倉 主持校注

中国社会科学出版社

晋書　卷四三

列傳第十三

山濤 子簡 簡子遐　王戎 從弟衍 衍子玄[1] 衍弟澄 郭舒 樂廣

山濤

山濤，字巨源，河内懷人也。[2]父曜，宛句令。[3]濤早孤，居貧，少有器量，介然不群。性好《莊》《老》，每隱身自晦。與嵇康、吕安善，[4]後遇阮籍，[5]便爲竹林之交，[6]著忘言之契。康後坐事，臨誅，謂子紹曰：[7]“巨源在，汝不孤矣。”

[1]衍子玄：原本、宋本、殿本總目録及卷首目録皆無附傳人名“衍子玄”，據中華本目録及正文内容補。

[2]河内：郡名，治所在野王縣（今河南省沁陽市）。　懷：縣名，治所在今河南省武陟縣西南。

[3]宛句：中華本校勘記：“《斠注》：《世説·政事》注引虞預《晋書》作‘冤句’。見卷一四校記。”　冤句：縣名，治所在今山東省曹縣西北。

[4]嵇康：字叔夜，本書卷四九有傳。　呂安：三國時東平（治今山東省東平縣西）人，字仲悌。與嵇康、山濤、向秀等交游。性曠放不羈，被兄呂巽枉訴入獄，株連嵇康。鍾會與嵇康有隙，乃譖於司馬昭，説“康、安等言論放蕩，非毁典謨，帝王者所不宜容。宜因釁以除之”。遂與嵇康同時遇害。

[5]阮籍：字嗣宗，本書卷四九有傳。

[6]竹林之交：交，殿本作“游”。

[7]紹：嵇紹，字延祖，本書卷八九有傳。

濤年四十，始爲郡主簿、功曹、上計掾。[1]舉孝廉，[2]州辟部河南從事。[3]與石鑒共宿，[4]濤夜起蹴鑒曰：“今爲何等時而眠邪！知太傅卧何意？”[5]鑒曰：“宰相三不朝，[6]與尺一令歸第，[7]卿何慮也！”濤曰：“咄！石生無事《馬蹄》間邪！”[8]投傳而去。[9]未二年，果有曹爽之事，[10]遂隱身不交世務。

[1]主簿：官名，郡府屬官，典領文書籍簿，省録衆事，職權甚重。　功曹：官名，即功曹史。郡縣屬官，職掌人事，參與郡縣政務。兩晋時，不開府將軍、太子二傅、特進、郡縣皆置。　上計掾：官名，爲縣郡國派赴上級機關或京師遞交計簿的屬吏。

[2]孝廉：漢代選拔人才的科目。

[3]河南：郡名，治所在洛陽縣（今河南省洛陽市東北）。從事：官名，州部屬吏。東漢稱從事史，由州部長官自己選拔任命。

[4]石鑒：字林伯，本書卷四四有傳。

[5]太傅：指司馬懿。

[6]三不朝：三次無故不朝。

[7]與尺一令歸第：一紙詔令讓其回家。尺一，皇帝詔書。

［8］無事《馬蹄》間：《莊子·馬蹄》認爲伯樂善治馬實爲殘害“馬之真性”，主張回到其自然狀態。此處山濤不滿石鑒不關心朝政任其自然。中華本“馬蹄”未用書名號。

［9］傳：任官的憑證。

［10］曹爽：三國時沛國譙縣（今安徽省亳州市）人，字昭伯，曹真子。明帝死，受遺詔與司馬懿共同輔政。後與司馬懿争權，爲司馬懿所殺。

與宣穆后有中表親，[1]是以見景帝。帝曰：“吕望欲仕邪？”[2]命司隸舉秀才，[3]除郎中。[4]轉驃騎將軍王昶從事中郎。[5]久之，拜趙國相，[6]遷尚書吏部郎。[7]文帝與濤書曰：“足下在事清明，雅操邁時。念多所乏，今致錢二十萬、穀二百斛。”魏帝嘗賜景帝春服，帝以賜濤。又以母老，並賜藜杖一枚。[8]

［1］宣穆后：司馬懿夫人張春華，本書卷三一有傳。　中表：指與祖父、父親的姐妹的子女的親戚關係，或與祖母、母親的兄弟姐妹的子女的親戚關係。張春華的母親河内山氏，是山濤的從祖姑，故言中表。

［2］吕望：又稱太公望、吕尚。西周開國大臣，姜姓，吕氏，字子牙。助文王興國，佐武王滅商。

［3］司隸：官名，即司隸校尉，三國魏時先治弘農，後治河南，轄司州所屬河南、河東、河内、弘農、平陽五郡。掌監察京師，糾察京都百官。西晋沿置。三品。　秀才：察舉科目，州舉秀才，郡舉孝廉。

［4］郎中：官名，尚書省郎曹長官。位次尚書、左右丞，分曹執行政務。與“尚書郎”互稱。六品。

［5］驃騎將軍：官名，西漢時爲重號將軍，東漢以後，居諸名

號將軍之首，僅作爲軍府名號加授大臣或重要州郡長官。二品，開府位從公者一品。　王昶：三國時太原晋陽（今山西省太原市西南）人，字文舒。歷任曹魏太子文學、洛陽典農、兖州刺史、揚烈將軍等職。參與平定毌丘儉、諸葛誕反叛有功，官至司空。　從事中郎：官名，東漢時爲大將軍屬官，地位較高。三國時爲將軍府或公府屬官。六品。

[6]趙國：郡國名，治所在房子縣（今河北省高邑縣西南）。　相：官名，郡國相，也稱内史。五品。

[7]尚書吏部郎：官名，尚書省吏部曹長官通稱。亦稱郎中，資深者可轉侍郎。屬吏部尚書，主管官吏選任、銓叙、調動事務，對五品以下官吏之任免有建議權。六品。

[8]並賜藜杖一枚：並賜，殿本作“拜贈”。

晚與尚書和逌交，[1]又與鍾會、裴秀並申款昵。[2]以二人居勢争權，濤平心處中，各得其所，而俱無恨焉。遷大將軍從事中郎。[3]鍾會作亂於蜀，而文帝將西征。時魏氏諸王公並在鄴，[4]帝謂濤曰：“西偏吾自了之，後事深以委卿。”以本官行軍司馬，[5]給親兵五百人，鎮鄴。

[1]尚書：官名，此指吏部尚書，三國魏時爲尚書省吏部曹長官，位居列曹尚書之上。三品。　和逌：和嶠的父親，曹魏侍中、吏部尚書。

[2]鍾會：三國時潁川長社（今河南省長葛市東）人，字士季。鐘繇之子。歷任秘書郎、尚書郎、中書侍郎、黄門侍郎、司隸校尉。破蜀後因與姜維謀叛，失敗被殺。　裴秀：字季彦，本書卷三五有傳。　款昵：關係親密。

[3]大將軍：官名，高級軍事統帥。曹魏時多以之屯駐長安，

對付蜀漢，蜀漢以其爲最高軍事長官，孫吴則别置上大將軍居其上。西晋時爲八公之一，位居上公、大司馬下，三公之上。東晋時常專擅軍政事務。一品。

［4］鄴：縣名，曹魏五都之一。治所在今河北省臨漳縣西南。

［5］軍司馬：官名，領兵武職。輔佐校尉領營部，不置校尉時則爲長官。

咸熙初，封新沓子。轉相國左長史，[1]典統别營。時帝以濤鄉閭宿望，命太子拜之。帝以齊王攸繼景帝後，[2]素又重攸，嘗問裴秀曰："大將軍開建未遂，吾但承奉後事耳。故立攸，將歸功於兄，何如？"秀以爲不可，又以問濤。濤對曰："廢長立少，違禮不祥。國之安危，恒必由之。"太子位於是乃定。太子親拜謝濤。及武帝受禪，以濤守大鴻臚，[3]護送陳留王詣鄴。[4]泰始初，加奉車都尉，[5]進爵新沓伯。

［1］相國：官名，春秋戰國時稱宰輔大臣爲相國，秦漢時稱爲丞相。魏晋南北朝時不常置，職權品秩略同於丞相但位又比丞相尊貴，非尋常人臣之職。　左長史：官名，丞相府屬官，東漢末曹操爲丞相時置，與右長史共領相府諸曹。六品。

［2］齊王攸：字大猷，本書卷三八有傳。

［3］守：暫時署理職務。多指官階低而署理較高的官職。　大鴻臚：官名，九卿之一，掌賓客迎送接待、贊襄引導朝會百官等。三品。

［4］陳留王：即常道鄉公曹奂，字景明，燕王曹宇之子。封安次縣常道鄉公，後被司馬昭迎立爲帝。公元260—265年在位。後被廢爲陳留王。

[5]奉車都尉：官名，魏晉時作加官，與駙馬都尉、騎都尉并號三都尉。六品。

及羊祜執政，[1]時人欲危裴秀，濤正色保持之。由是失權臣意，出爲冀州刺史，[2]加寧遠將軍。[3]冀州俗薄，無相推轂。[4]濤甄拔隱屈，搜訪賢才，旌命三十餘人，皆顯名當時。人懷慕尚，風俗頗革。轉北中郎將，[5]督鄴城守事。[6]入爲侍中，[7]遷尚書。以母老辭職，詔曰："君雖乃心在於色養，[8]然職有上下，旦夕不廢醫藥，且當割情，以隆在公。"濤心求退，表疏數十上，久乃見聽。除議郎，[9]帝以濤清儉，無以供養，特給日契，[10]加賜床帳茵褥。禮秩崇重，時莫爲比。

[1]羊祜：字叔子，本書卷三四有傳。

[2]冀州：三國魏治所在信都縣（今河北省衡水市冀州區），西晉移治房子縣（今河北省高邑縣西南）。

[3]寧遠將軍：官名，屬名號將軍。五品。

[4]推轂：薦舉。《史記》卷一〇七《魏其武安侯列傳》："魏其、武安俱好儒術，推轂趙綰爲御史大夫。"

[5]北中郎將：官名，與東、西、南中郎將並稱四中郎將，統兵征戰，權職甚重。四品。

[6]督鄴城守事：都統鄴城守備諸事。

[7]侍中：官名，東漢建安中與給事黄門侍郎出入禁中，省尚書事。曹魏時爲門下之侍中省長官，常侍衛皇帝左右，掌顧問應對、諫諍糾察、平議奏事、駁奏異議等，權力甚重。三品。

[8]色養：孝養父母雙親。

[9]議郎：官名，西漢始置。魏晉時品秩雖低，名義清高。

七品。

[10]日契：每天供給膳食的凭證契券。

後除太常卿，[1]以疾不就。會遭母喪，歸鄉里。濤年逾耳順，[2]居喪過禮，負土成墳，手植松柏。詔曰："吾所共致化者，官人之職是也。方今風俗陵遲，人心進動，宜崇明好惡，鎮以退讓。[3]山太常雖尚居諒闇，[4]情在難奪，方今務殷，何得遂其志邪！其以濤爲吏部尚書。"[5]濤辭以喪病，章表懇切。會元皇后崩，遂扶輿還洛。逼迫詔命，自力就職。前後選舉，周遍内外，而並得其才。

[1]太常卿：官名，對太常的尊稱。太常，漢代稱奉常，本掌禮樂宗廟、社稷祭祀，魏晋時此職掌歸尚書裁定，太常成爲閑職。三品。

[2]耳順：指六十歲。

[3]鎮以退讓：中華本校勘記："《斠注》：《書鈔》六〇引王隱《晋書》'鎮'字上有'豈宜'二字。按：依上下文意，應有'豈宜'二字。"

[4]諒闇：居喪。

[5]吏部尚書：官名，三國魏時爲尚書省吏部曹長官，位居列曹尚書之上。三品。

咸寧初，轉太子少傅，[1]加散騎常侍；[2]除尚書僕射，[3]加侍中，領吏部。[4]固辭以老疾，上表陳情。章表數十上，久不攝職，爲左丞白褒所奏。[5]帝曰："濤以病自聞，但不聽之耳。使濤坐執銓衡則可，[6]何必上下邪！

不得有所問。”濤不自安，表謝曰：“古之王道，正直而已。陛下不可以一老臣爲加曲私，臣亦何心屢塵日月。乞如所表，以章典刑。”帝再手詔曰：“白褒奏君甚妄，所以不即推，直不喜凶赫耳。君之明度，豈當介意邪！便當攝職，令斷章表也。”濤志必欲退，因發從弟婦喪，[7]輒還外舍。詔曰：“山僕射近日暫出，遂以微苦未還，豈吾側席之意。[8]其遣丞掾奉詔喻旨，若體力故未平康者，便以輿車輿還寺舍。”濤辭不獲已，乃起視事。

[1]太子少傅：官名，與太子太傅並稱二傅，三國時并攝東宫事務，與尚書、東曹并掌太子、諸侯官署選舉。西晋時下設丞、功曹、主簿等屬官。三品。

[2]散騎常侍：官名，三國魏文帝黄初年間置，侍從皇帝左右，諫諍得失，顧問應對，與侍中等共平尚書奏事。也用作宰相、諸公等加官，入宫議政。三品。

[3]尚書僕射：官名，秦漢爲尚書令副貳，東漢建安四年（199）分置左、右，爲尚書省次官。三品。

[4]領：以地位較高的官員兼理較低的職務。　吏部：此指吏部尚書。

[5]左丞白褒所奏：褒，原本、宋本、殿本作“裒”，據中華本校勘記改。本卷下文“白褒”同。

[6]銓衡：考核選拔人才。

[7]因發從弟婦喪：中華本校勘記：“李校：爾時嫂叔尚無服，況從弟婦何得發喪？疑‘婦’字衍。”

[8]側席：指謙恭以待賢者。《後漢書》卷三《章帝紀》：“朕思遲直士，側席異聞。”李賢注：“側席，謂不正坐，所以待賢良也。”

濤再居選職十有餘年，每一官缺，輒啓擬數人，詔旨有所向，然後顯奏，隨帝意所欲爲先。故帝之所用，或非舉首，衆情不察，以濤輕重任意。或譖之於帝，故帝手詔戒濤曰："夫用人惟才，不遺疏遠單賤，天下便化矣。"而濤行之自若，一年之後衆情乃寢。濤所奏甄拔人物，各爲題目，時稱《山公啓事》。

濤中立於朝，晚值后黨專權，[1]不欲任楊氏，多有諷諫，帝雖悟而不能改。後以年衰疾篤，上疏告退曰："臣年垂八十，救命旦夕，若有豪末之益，[2]豈遺力於聖時。迫以老耄，[3]不復任事。今四海休息，天下思化，從而静之，百姓自正。但當崇風尚教以敦之耳，陛下亦復何事。臣耳目聾瞑，不能自勵。君臣父子，其間無文，是以直陳愚情，乞聽所請。"乃免冠徒跣，上還印綬。詔曰："天下事廣，加吴土初平，凡百草創，當共盡意化之。君不深識往心而以小疾求退，豈所望於君邪！朕猶側席，未得垂拱，君亦何得高尚其事乎！當崇至公，勿復爲虚飾之煩。"

[1]后黨專權：指武帝皇后楊氏家族。

[2]豪末：豪，殿本作"毫"。

[3]迫以老耄：以，殿本作"於"。

濤苦表請退，詔又不許。尚書令衛瓘奏：[1]"濤以微苦，久不視職。手詔頻煩，猶未順旨。參議以爲無專節之尚，違在公之義。[2]若實沉篤，亦不宜居位。可免濤官。"中詔瓘曰："濤以德素爲朝之望，而常深退讓，至於懇切。故比有詔，欲必奪其志，以匡輔不逮。主者既不思明詔旨，而反深加詆案，[3]虧崇賢之風，以重吾不德，何以示遠近邪！”濤不得已，又起視事。

[1]尚書令：官名，秦漢時爲尚書署長官。秩位雖低，權力甚重。魏晋時沿置，爲尚書省長官，綜理全國政務，參議大政，爲高級政務長官。三品。　衛瓘：字伯玉，本書卷三六有傳。

[2]在公之義：在，殿本作“至”。

[3]深加詆案：深加指責彈劾。

太康初，遷右僕射，[1]加光禄大夫，[2]侍中、掌選如故。濤以老疾固辭，手詔曰：“君以道德爲世模表，況自先帝識君遠意。吾將倚君以穆風俗，何乃欲舍遠朝政，獨高其志邪！吾之至懷故不足以喻乎，何來言至懇切也。且當以時自力，深副至望。君不降志，朕不安席。”濤又上表固讓，不許。

[1]右僕射：官名，即尚書右僕射。尚書令副手，掌拆閲封緘奏章文書、參議政事、諫諍駁議、監察百官。位在左僕射之下。三品。

[2]光禄大夫：官名，三公等大臣告老回家即拜此職，或作爲在朝顯職的加官。三品，開府位從公者一品。

吴平之後，帝詔天下罷軍役，示海内大安，州郡悉去兵，大郡置武吏百人，小郡五十人。帝嘗講武于宣武場，[1]濤時有疾，詔乘步輦從。因與盧欽論用兵之本，[2]以爲不宜去州郡武備，其論甚精。於時咸以濤不學孫、吴，[3]而暗與之合。帝稱之曰："天下名言也。"而不能用。及永寧之後，屢有變難，寇賊猋起，郡國皆以無備不能制，天下遂以大亂，如濤言焉。

[1]嘗講武于宣武場：嘗，原本、宋本作"常"，殿本作"嘗"，據殿本改。

[2]盧欽：字子若，本書卷四四有傳。

[3]孫：孫武，軍事家，春秋時齊國樂安（今山東省惠民縣）人，字長卿。田完後裔。自齊入吴，以所著兵法十三篇見吴王闔閭，被任爲將，率師攻楚，五戰五捷。　吴：吴起，軍事家，戰國時衛國左氏（今山東省菏澤市定陶區西）人，初事魯，後入魏，終入楚，幫助楚悼王改革，使楚國强盛。

後拜司徒，[1]濤復固讓。詔曰："君年耆德茂，朝之碩老，是以授君臺輔之位。而遠崇克讓，至于反覆，良用於邑。[2]君當終始朝政，翼輔朕躬。"濤又表曰："臣事天朝三十餘年，卒無豪釐以崇大化。[3]陛下私臣無已，猥授三司。[4]臣聞德薄位高，力少任重，上有折足之凶，[5]下有廟門之咎。願陛下垂累世之恩，乞臣骸骨。"詔曰："君翼贊朝政，保乂皇家，[6]匡佐之勛，朕所倚賴。司徒之職，實掌邦教，故用敬授，以答群望。豈宜冲讓以自抑損邪！"[7]已敕斷章表，使者乃卧加章綬。濤曰："垂没之人，豈可污官府乎！"輿疾歸家。以太康四年薨，時年七十九。詔賜東園秘器、朝服一具、衣一襲、錢五十萬、布百匹，[8]以供喪事，策贈司徒，蜜印紫綬，[9]侍中貂蟬，新沓伯蜜印青朱綬，祭以太牢，[10]

諡曰康。將葬，賜錢四十萬、布百匹。左長史范晷等上言：[11]“濤舊第屋十間，子孫不相容。”帝爲之立室。

[1]司徒：官名，西漢哀帝元壽二年（前1）改丞相爲大司徒，東漢光武帝時改名爲司徒，東漢末又改爲丞相。三國魏恢復三公制，改丞相爲司徒，管理民政。兩晋沿制，爲八公之一，在太尉之下、司空之上。與丞相通職，一般不並置，爲名譽宰相。一品。

[2]於邑：鬱悶嘆息。

[3]豪釐：豪，殿本作“毫”。

[4]三司：太尉、司空、司徒合稱三司。

[5]折足之凶：力不勝任而壞事。典出《易·繫辭下》：“《易》曰：‘鼎折足，覆公餗，其形渥，凶。’言不勝其任也。”

[6]保乂皇家：保護皇家安定太平。

[7]抑損：抑，原本、宋本、殿本作“揖”，據中華本改。

[8]東園秘器：東園所造棺材。《漢書》卷九三《董賢傳》：“及至東園秘器，珠襦玉柙，豫以賜賢，無不備具。”顔師古注引《漢舊儀》：“東園秘器作棺梓，素木長二丈，崇廣四尺。”東園，官署名。秦漢置。掌管陵墓内器物、葬具的製造與供應，屬少府。

[9]蜜印紫綬：用蜂蜡刻的官印和紫色印組。古時貴官死後追贈爵位、職位時所用。

[10]太牢：用牛羊豕三牲祭祀稱太牢。《莊子·至樂》：“具太牢以爲膳。”成玄英疏：“太牢，牛羊豕也。”

[11]范晷：字彦長，本書卷九〇有傳。

初，濤布衣家貧，謂妻韓氏曰：“忍饑寒，我後當作三公，但不知卿堪公夫人不耳！”[1]及居榮貴，貞慎儉約，雖爵同千乘，而無嬪媵。禄賜俸秩，散之親故。

[1]公夫人：公，殿本作“作”。

初，陳郡袁毅嘗爲鬲令，[1]貪濁而賂遺公卿，以求虚譽，亦遺濤絲百斤，濤不欲異於時，受而藏於閣上。後毅事露，檻車送廷尉，[2]凡所受賂，皆見推檢。濤乃取絲付吏，積年塵埃，印封如初。

[1]陳郡：治所在陳縣（今河南省周口市淮陽區）。　鬲：縣名，治所在今山東省平原縣北。

[2]廷尉：官名，中央最高司法審判機構長官，負責會審朝中有罪文武大臣，覆核審决郡國疑獄等。三品。

濤飲酒至八斗方醉，帝欲試之，乃以酒八斗飲濤，而密益其酒，濤極本量而止。有五子：該、淳、允、謨、簡。

該，字伯倫，嗣父爵，仕至并州刺史、太子左率，[1]贈長水校尉。[2]該子瑋，字彦祖，翊軍校尉。[3]次子世回，吏部郎、散騎常侍。淳，字子玄，不仕。允，字叔真，奉車都尉，並少尫病，[4]形甚短小，而聰敏過人。武帝聞而欲見之，濤不敢辭，以問於允。允自以尫陋，不肯行。濤以爲勝己，乃表曰：“臣二子尫病，宜絶人事，不敢受詔。”謨，字季長，明惠有才智，官至司空掾。[5]

[1]并州：治所在晋陽縣（今山西省太原市西南）。　太子左率：官名，即太子左衛率。領精兵萬人，宿衛東宫，亦任征戰，地

位頗重。五品。

[2]長水校尉：官名，五校尉之一，統宿衛兵，魏晋時隸屬中領軍。四品。

[3]翊軍校尉：官名，地位與北軍五校尉同。皇帝出行，與五校並行護駕。四品。

[4]尪病：指胸、脛、背等處骨骼的彎曲症。

[5]司空掾：司空府屬官。

簡，字季倫。性温雅，有父風，年二十餘，濤不之知也。簡嘆曰："吾年幾三十，而不爲家公所知！"後與譙國嵇紹、沛郡劉謨、弘農楊準齊名。[1]初爲太子舍人，[2]累遷太子庶子、黄門郎，[3]出爲青州刺史。[4]徵拜侍中，頃之，轉尚書。歷鎮軍將軍、荆州刺史，[5]領南蠻校尉，[6]不行，復拜尚書。光熙初，轉吏部尚書。永嘉初，出爲雍州刺史、鎮西將軍。[7]徵爲尚書左僕射，[8]領吏部。

[1]譙國：郡國名，曹魏置，治所在譙縣（今安徽省亳州市）。　沛郡：治所在沛縣（今江蘇省沛縣）。　弘農：郡名，治所在弘農縣（今河南省靈寶市）。　楊準：原本、宋本、殿本作"楊淮"，據中華本校勘記一律改爲"楊準"。

[2]太子舍人：官名，掌行書令、表啓等。初隸太子太傅、太子少傅，後隸太子詹事。七品。

[3]太子庶子：官名，東宮屬官。晋太子宫置中庶子、庶子各四員，職比散騎常侍。以俊茂者爲之。釋奠禮時，中庶子扶左，庶子扶右。五品。　黄門郎：官名，黄門侍郎或給事黄門侍郎的省稱。五品。

［4］青州：治所在臨淄縣（今山東省淄博市東北）。

［5］鎮軍將軍：官名，三國時始置，西晋罷又復置。位在鎮軍大將軍下，與中軍將軍、撫軍將軍並爲三名號將軍，位比四鎮將軍。三品。　荆州：三國時曹魏治新野縣（今河南省新野縣），孫吴治江陵縣（今湖北省江陵縣），西晋統一後治所在江陵縣（今湖北省江陵縣）。

［6］南蠻校尉：官名，亦稱護南蠻校尉，府鎮襄陽，東晋改鎮江陵。掌荆州及江州少數民族事務，統兵。四品。

［7］雍州：治所在姑臧縣（今甘肅省武威市）。東漢建安十八年（213）移治長安縣（今陝西省西安市西北）。　鎮西將軍：官名，與鎮東、鎮南、鎮北將軍合稱四鎮將軍。多爲持節都督，出鎮方面。曹魏二品。晋改三品，加持節都督者二品。

［8］尚書左僕射：官名，尚書省次官，輔助尚書令執行政務，參議大政，諫諍得失，監察糾彈百官。有時尚書省不置令，衹設左右僕射，此時左僕射居右僕射之上。三品。

簡欲令朝臣各舉所知，以廣得才之路。上疏曰："臣以爲自古興替，實在官人；苟得其才，則無物不理。《書》言：'知人則哲，惟帝難之。'[1]唐虞之盛，元愷登庸；[2]周室之隆，濟濟多士。秦漢已來，風雅漸喪。至於後漢，女君臨朝，尊官大位，出於阿保，斯亂之始也。是以郭泰、許劭之倫，[3]明清議於草野；[4]陳蕃、李固之徒，[5]守忠節於朝廷。然後君臣名節，古今遺典，可得而言。自初平之元，訖於建安之末，三十年中，萬姓流散，死亡略盡，斯亂之極也。世祖武皇帝應天順人，受禪於魏，泰始之初，[6]躬親萬機，佐命之臣，咸皆率職。時黄門侍郎王恂、庾純始於太極東堂聽政，[7]

評尚書奏事，多論刑獄，不論選舉。臣以爲不先所難，而辨其所易。陛下初臨萬國，人思盡誠，每於聽政之日，命公卿大臣先議選舉，各言所見後進俊才、鄉邑尤異、才堪任用者，[8]皆以名奏，主者隨缺先叙。是爵人於朝，與衆共之之義也。”朝廷從之。

［1］“知人則哲”句：語見《尚書·皋陶謨》：禹曰：“吁！咸若時，惟帝其難之。知人則哲，能官人。安民則惠，黎民懷之。”

［2］元愷：亦作元凱，泛指賢臣、才士。　登庸：選拔任用。

［3］郭泰：即郭太。東漢太原介休（今山西省介休市東南）人，字林宗。游於洛陽，與李膺等友善。爲太學生領袖，名震京師。好褒貶人物。黨錮之禍後，閉門教授，生徒千人。　許劭：東漢汝南平輿（今河南省平輿縣北）人，字子將，與郭太齊名於時。品評鄉里人物，每月輒更品題，號“月旦評”。初仕郡功曹，後依揚州刺史劉繇。孫策開闢江東，與劉繇奔豫章。

［4］清議：東漢末社會風氣，士人領袖對時政與人物的品評，對所評對象影響極大。

［5］陳蕃：東漢汝南平輿（今河南省平輿縣北）人，字仲舉。舉孝廉，太尉李固薦爲議朗。歷任樂安太守、豫章太守、尚書令、大鴻臚、光禄勛、太尉等。數上書痛陳時弊，時人謂之“不畏强御陳仲舉”。靈帝時與大將軍竇武謀誅宦官，兵敗遇害。　李固：東漢漢中南鄭（今陕西省漢中市）人，字子堅。少顯名京師。初爲議郎，後被大將軍梁商提爲從事中郎。歷任荆州刺史、泰山太守、將作大匠、大司農、太尉等。冲帝、順帝時，在立即位皇帝問題上與大將軍梁冀相左，被下獄致死。

［6］泰始之初：殿本無“之”字。

［7］黄門侍郎：官名，魏晋時爲侍中省或門下省次官。侍從皇帝，顧問應對，多以重臣或外戚子弟擔任，位頗重要。五品。　王

恂：字良夫，本書卷九三有傳。 庾純：字謀甫，本書卷五〇有傳。 太極東堂：太極殿的東堂。

［8］俊才：俊，殿本作“儁”。

永嘉三年，出爲征南將軍、都督荆湘交廣四州諸軍事、假節，鎮襄陽。[1]于時四方寇亂，天下分崩，王威不振，朝野危懼。簡優游卒歲，唯酒是耽。諸習氏，荆土豪族，[2]有佳園池，簡每出嬉游，[3]多之池上，置酒輒醉，名之曰高陽池。時有童兒歌曰：“山公出何許，往至高陽池。日夕倒載歸，茗艼無所知。[4]時時能騎馬，倒著白接籬。舉鞭向葛彊：‘何如并州兒？’”彊家在并州，簡愛將也。

［1］征南將軍：官名，與征東將軍、征西將軍、征北將軍合稱四征將軍。三國魏蜀吴兩晋皆置，出鎮方面，地位顯要。三品，加持節都督者二品。 都督荆湘交廣四州諸軍事：上述四州最高軍事行政長官。 假節：假以節杖。指大臣臨時持節出巡，爲權臣掌軍、秉政的地位象徵和政治待遇。 襄陽：郡名，東漢建安十三年（208）置，治所在襄陽縣（今湖北省襄陽市），西晋移治宜城縣（今湖北省宜城市南）。

［2］荆土豪族：宋本無“土”字。

［3］嬉游：殿本作“游嬉”。

［4］茗艼：即酩酊，醉酒貌。殿本作“酩酊”。

尋加督寧益軍事。[1]時劉聰入寇，[2]京師危逼。簡遣督護王萬率師赴難，[3]次於涅陽，[4]爲宛城賊王如所破，[5]遂嬰城自守。及洛陽陷没，簡又爲賊嚴嶷所逼，乃遷于夏口。[6]招納流亡，江漢歸附。時華軼以江州作難，[7]或勸簡討之。[8]簡曰："與彦夏舊友，爲之惆悵。簡豈利人之機，以爲功伐乎！"其篤厚如此。時樂府伶人避難，多奔沔漢，讌會之日，寮佐或勸奏之。簡曰；"社稷傾覆，不能匡救，有晋之罪人也，何作樂之有！"因流涕慷慨，坐者咸愧焉。

[1]督寧益軍事：上述二州軍事行政長官，位低於都督和監。

[2]劉聰：字玄明，一名載，本書卷一〇二有載記。

[3]督護：官名，州郡及出鎮方面將軍府皆設，掌兵事。兩晋時常統軍征伐，祇督一軍。

[4]涅陽：縣名，治所在今河南省鄧州市東北。

[5]宛城：即宛縣城，治所在今河南省南陽市。　王如：西晋京兆新豐（今陝西省西安市東北）人，初爲州武吏，西晋末聚流人起兵，自稱大將軍，與石勒結爲兄弟，活動於沔漢一帶。後爲王敦所殺。

[6]夏口：即沔口，位於今湖北省武漢市，漢江入長江之口。

[7]華軼：字彦夏，本書卷六一有傳。　江州：治所在南昌縣（今江西省南昌市）。

[8]或勸簡討之：或，宋本作"咸"。

年六十卒，追贈征南大將軍、儀同三司。[1]子遐。

[1]征南大將軍：官名，屬將軍名號，多授予統兵出鎮在外、都督數州諸軍事者。位在征南將軍之上。二品，開府位從公者一品。　儀同三司：官名，即開府儀同三司。三國魏始置。爲大臣加號，意謂與太尉、司徒、司空三司待遇相同，許開設府署，任命

僚屬。

遐，字彦林，爲餘姚令。[1]時江左初基，[2]法禁寬弛，豪族多挾藏户口，以爲私附。遐繩以峻法，到縣八旬，出口萬餘。縣人虞喜以藏户當棄市，[3]遐欲繩喜。諸豪强莫不切齒於遐，言於執事，以喜有高節，不宜屈辱。又以遐輒造縣舍，遂陷其罪。遐與會稽内史何充牋：[4]“乞留百日，窮翦逋逃，退而就罪，無恨也。”充申理，不能得。竟坐免官。

[1]餘姚：縣名，治所在今浙江省餘姚市。

[2]江左：江東。因自北方視之，江東在左，江西在右，故稱。

[3]虞喜：字仲寧，本書卷九一有傳。

[4]會稽：郡名，治所在山陰縣（今浙江省紹興市）。　内史：官名，西晋武帝太康十年（289）改諸王國相爲内史，掌管民政。五品。周家禄《晋書校勘記》認爲：“晋制，以郡爲國，内史治民事，若郡太守。國除爲郡，復稱太守。然二名往往混淆，史家亦互稱之。”　何充：字次道，本書卷七七有傳。

後爲東陽太守，[1]爲政嚴猛。康帝詔曰：“東陽頃來竟囚，每多入重。豈郡多罪人，將捶楚所求，莫能自固邪！”遐處之自若，郡境肅然。卒於官。

[1]東陽：郡名，治所在長山縣（今浙江省金華市）。

史臣曰：若夫居官以潔其務，將以啓天下之方，[1]事親以終其身，將以勸天下之俗，非山公之具美，其孰能與於此者哉！自東京喪亂，吏曹湮滅，[2]西園有三公之錢，[3]蒲陶有一州之任，[4]貪饕方駕，寺署斯滿。時移三代，世歷九王，拜謝私庭，此焉成俗。若乃餘風稍殄，理或可言。委以銓綜，則群情自抑；通乎魚水，[5]則專用生疑。將矯前失，歸諸後正，惠絶臣名，恩馳天口，世稱“山公啓事”者，豈斯之謂歟！若盧子家之前代，[6]何足算也。

[1]將：殿本作“欲”。　啓天下之方：開啓天下通行的道理。

[2]湮滅：湮，原本、宋本作“堙”，殿本作“湮”，據殿本改。

[3]西園有三公之錢：指賣官鬻爵。《後漢書》卷八《靈帝紀》注引《山陽公載記》：“時賣官，二千石二千萬，四百石四百萬，其以德次應選者半之，或三分之一，於西園立庫以貯之。”

[4]蒲陶有一州之任：《後漢書》卷七八《宦者列傳》注引《三輔决録注》：“（孟）佗字伯郎。以蒲陶酒一斗遺（張）讓，讓即拜佗爲凉州刺史。”

[5]魚水：指君臣。

[6]盧子家：盧毓，三國時涿郡涿縣（今河北省涿州市）人，字子家，盧植子。初仕冀州主簿，被曹操賞識，歷任丞相法曹議令史、西曹議令史、吏部郎、黄門侍郎、濟陰相、梁郡太守、譙郡太守等職。曹魏建立後，歷任睢陽典農校尉、侍中、吏部尚書、司空等。

王戎

王戎，字濬冲，琅邪臨沂人也。[1]祖雄，幽州刺史。[2]父渾，凉州刺史、貞陵亭侯。[3]戎幼而穎悟，神彩秀徹。視日不眩，裴楷見而目之曰：[4]“戎眼爛爛，[5]如巖下電。”年六七歲，於宣武場觀戲，猛獸在檻中虓吼震地，衆皆奔走，戎獨立不動，神色自若。魏明帝於閣上見而奇之。又嘗與群兒嬉於道側，見李樹多實，等輩競趣之，戎獨不往。或問其故，戎曰：“樹在道邊而多子，必苦李也。”取之信然。

[1]琅邪：封國名，治所在今山東省臨沂市。

[2]幽州：治所在薊縣（今北京市西南）。

[3]涼州：東漢治所在隴縣（今甘肅省張家川回族自治縣），三國魏移治姑臧縣（今甘肅省武威市）。

[4]裴楷：字叔則，本書卷三五有傳。

[5]爛爛：目光炯炯有神。

阮籍素與渾爲友。[1]戎年十五，隨渾在郎舍。戎少籍二十歲，而籍與之交。籍每適渾，俄頃輒去，過視戎，良久然後出。謂渾曰：“濬冲清賞，非卿倫也。共卿言，不如共阿戎談。”及渾卒於涼州，故吏賻贈數百萬，[2]戎辭而不受，由是顯名。爲人短小，任率不修威儀，善發談端，賞其要會。[3]朝賢嘗上巳禊洛，[4]或問王濟曰：[5]“昨游有何言談？”濟曰：“張華善説《史》《漢》；[6]裴頠論前言往行，[7]衮衮可聽；[8]王戎談子房、季札之間，[9]超然玄著。”其爲識鑒者所賞如此。

[1]阮籍素與渾爲友：殿本無“素”字。

[2]賻贈：贈與辦喪事用的財物。

［3］要會：要旨，主旨。

［4］上巳：古代節日。漢以前以農曆三月上旬巳日爲“上巳”；魏晋以後，定爲三月三日。　禊洛：在洛水邊上舉行的祭祀，以祓除不祥。

［5］王濟：字武子，本書卷四二有傳。

［6］張華：字茂先，本書卷三六有傳。

［7］裴頠：字逸民，本書卷三五有傳。

［8］衮衮可聽：滔滔不絶使人愛聽。

［9］子房：張良，秦末人，字子房，韓國貴族後裔。隨劉邦起兵反秦，爲重要謀士。屢出奇策，劉邦稱其“運籌帷幄之中，决勝千里之外”。劉邦稱帝後封爲留侯。　季札：春秋時吴國人，又稱公子札。奉使到魯國，觀賞周代歌舞音樂，加以分析，藉此評論周朝及諸侯盛衰大勢。

戎嘗與阮籍飲，時兗州刺史劉昶字公榮在坐，[1]籍以酒少，酌不及昶，昶無恨色。戎異之，他日問籍曰：“彼何如人也？”答曰：“勝公榮，不可不與飲；若减公榮，則不敢不共飲；惟公榮可不與飲。”戎每與籍爲竹林之游，戎嘗後至。籍曰：“俗物已復來敗人意。”戎笑曰：“卿輩意亦復易敗耳！”

［1］兗州：三國魏治所在廩丘縣（今山東省鄆城縣西北），西晋惠帝末，兗州闔境淪没於石勒。東晋元帝僑置兗州，治京口（今江蘇省鎮江市）。　劉昶：西晋沛國人，字公榮，爲人通達，喜飲酒，仕至兗州刺史。

鍾會伐蜀，過與戎别，問計將安出。戎曰：“道家有言：爲而不恃。[1]非成功難，保之難也。”及會敗，議者以爲知言。

[1]爲而不恃：語見老子《道德經·二章》。

襲父爵，辟相國掾，[1]歷吏部、黄門郎、散騎常侍、河東太守、荆州刺史，[2]坐遣吏修園宅，應免官，詔以贖論。遷豫州刺史，[3]加建威將軍，[4]受詔伐吴。戎遣參軍羅尚、劉喬領前鋒，[5]進攻武昌，[6]吴將楊雍、孫述、江夏太守劉朗各率衆詣戎降。[7]戎督大軍臨江，吴牙門將孟泰以蘄春、邾二縣降。[8]吴平，進爵安豐縣侯，增邑六千户，賜絹六千匹。[9]

[1]相國掾：官名，相國府屬吏。

[2]吏部：此指吏部郎。中華本將“吏部”與下文連，作“吏部黄門郎”，無此職，應頓開。　河東：郡名，治所在安邑縣（今山西省夏縣西北禹王城）。

[3]豫州：曹魏時治所在安城縣（今河南省正陽縣東北），西晋移治陳縣（今河南省周口市淮陽區）。

[4]建威將軍：官名，領兵征戰，曹魏、孫吴、西晋皆置。四品。

[5]參軍：官名，亦作參軍事，謂參謀軍事。兩晋公府、軍府皆置。　羅尚：字敬之，一名仲，本書卷五七有傳。　劉喬：字仲彦，本書卷六一有傳。

[6]武昌：郡名，治所在武昌縣（今湖北省鄂州市鄂城區）。

[7]江夏：郡名，此指曹魏所置江夏郡，治所在上昶城（今湖北省雲夢縣）。

[8]牙門將：官名，簡稱牙門，三國魏晋南北朝皆置，統兵武職，位在裨將軍下、郡守上。五品。　蘄春：縣名，治所在今湖北省蘄春縣西南。　邾：縣名，治所在今湖北省黄岡市。

[9]六千匹：匹，宋本作“户”。

戎渡江，綏慰新附，宣揚威惠。吴光禄勳石偉方直，[1]不容皓朝，稱疾歸家。戎嘉其清節，表薦之。詔拜偉爲議郎，以二千石禄終其身。荆土悦服。徵爲侍中。南郡太守劉肇賂戎筒中細布五十端，[2]爲司隸所糾，以知而未納，故得不坐，然議者尤之。帝謂朝臣曰：“戎之爲行，豈懷私苟得，正當不欲爲異耳！”帝雖以是言釋之，然爲清慎者所鄙，由是損名。

[1]光禄勳：官名，侍從皇帝左右，掌宫廷宿衛。西晋時兼掌原屬少府的一部分宫廷供御事務。三品。

[2]南郡：治所在江陵縣（今湖北省江陵縣）。　筒中細布：筒中，原本、宋本作“筒巾”，殿本作“筒中”，據殿本、中華本校勘記改。

戎在職雖無殊能，而庶績修理。後遷光禄勳、吏部尚書，以母憂去職。性至孝，不拘禮制，飲酒食肉，或觀弈棋，而容貌毁悴，杖然後起。裴頠往吊之，謂人曰：“若使一慟能傷人，濬冲不免滅性之譏也。”時和嶠亦居父喪，[1]以禮法自持，量米而食，哀毁不逾於戎。帝謂劉毅曰：[2]“和嶠毁頓過禮，使人憂之。”毅曰：“嶠雖寢苫食粥，乃生孝耳。至於王戎，所謂死孝，陛下當先憂之。”戎先有吐疾，居喪增甚。帝遣醫療之，并賜藥物，又斷賓客。

［1］和嶠：字長輿，本書卷四五有傳。

［2］劉毅：字仲雄，本書卷四五有傳。

楊駿執政，[1]拜太子太傅。[2]駿誅之後，東安公繇專斷刑賞，[3]威震外内。戎誡繇曰："大事之後，宜深遠之。"繇不從，果得罪。轉中書令，[4]加光禄大夫，給恩信五十人。遷尚書左僕射，領吏部。

［1］楊駿：字文長，本書卷四〇有傳。

［2］太子太傅：官名，與太子少傅並稱二傅，三國時并攝東宫事務，與尚書、東曹并掌太子、諸侯官署選舉。西晋時下設丞、功曹、主簿等屬官。三品。

［3］東安公繇：司馬繇，字思玄，本書卷三八有傳。

［4］中書令：官名，掌收納尚書奏事，傳達皇帝詔旨。三國魏文帝初年分秘書置中書省，設中書監和中書令，職權甚重。三品。

戎始爲甲午制，凡選舉皆先治百姓，然後授用。司隸傅咸奏戎，[1]曰："《書》稱：三載考績，三考黜陟幽明。[2]今内外群官，居職未期而戎奏還，既未定其優劣，且送故迎新，相望道路，巧詐由生，傷農害政。戎不仰依堯舜典謨，而驅動浮華，虧敗風俗，非徒無益，乃有大損。宜免戎官，以敦風俗。"戎與賈郭通親，[3]竟得不坐。尋轉司徒。以王政將圮，苟媚取容，屬愍懷太子之廢，[4]竟無一言匡諫。

[1]傅咸：字長虞，本書卷四七有傳。

[2]黜陟幽明：罷黜愚昧的人提拔賢明的人。語出《尚書·舜典》："三載考績，三考黜陟幽明。"

[3]賈郭：賈充及其夫人郭槐家族。

[4]愍懷太子：即司馬遹，字熙祖，本書卷五三有傳。

裴頠，戎之婿也，頠誅，戎坐免官。齊王冏起義，[1]孫秀録戎於城内，[2]趙王倫子欲取戎爲軍司。[3]博士王繇曰：[4]"濬冲譎詐多端，安肯爲少年用？"乃止。惠帝反宫，以戎爲尚書令。既而河間王顒遣使就説成都王穎，[5]將誅齊王冏。檄書至，冏謂戎曰："孫秀作逆，天子幽逼。孤糾合義兵，掃除元惡，[6]臣子之節，信著神明。二王聽讒，造構大難，當賴忠謀，以和不協。卿其善爲我籌之。"戎曰："公首舉義衆，匡定大業，開闢已來，未始有也。然論功報賞，不及有勞，朝野失望，人懷貳志。今二王帶甲百萬，其鋒不可當，若以王就第，不失故爵。委權崇讓，此求安之計也。"冏謀臣葛旟怒曰："漢魏以來，王公就第，寧有得保妻子乎！議者可斬。"於是百官震悚，戎僞藥發墮厠，得不及禍。

[1]齊王冏：司馬冏，字景治，本書卷五九有傳。

[2]孫秀：西晋琅邪臨沂（今山東省臨沂市）人，趙王倫心腹。趙王倫執政後任中書令，威震朝廷。趙王倫稱帝，任侍中、中書監、驃騎將軍。趙王倫失敗後被殺。

[3]趙王倫：司馬倫，字子彝，本書卷五九有傳。　軍司：官名，即軍師，因避司馬師諱，故改。爲軍府主要屬僚，佐主帥統軍隊，負有匡正監察主帥之責，地位很高，常繼任主帥。

［4］博士：官名，此爲太常博士。秦漢時博士名義上屬太常，備諮詢顧問。魏晉時由於國子博士、太學博士專掌經學傳授，参議禮儀制度，遂别置太常博士，掌引導乘輿，擬議王公以下謚號，参議朝廷禮儀典章。六品。

［5］河間王顒：司馬顒，字文載，本書卷五九有傳。　成都王穎：司馬穎，字章度，本書卷五九有傳。

［6］掃除：掃，原本、宋本作“埽”，殿本作“掃”，據殿本改。

戎以晋室方亂，慕蘧伯玉之爲人，[1]與時舒卷，無謇諤之節。[2]自經典選，未嘗進寒素，退虚名，但與時浮沉，户調門選而已。尋拜司徒，雖位總鼎司，而委事僚寀。[3]間乘小馬，從便門而出游，見者不知其三公也。故吏多至大官，道路相遇輒避之。性好興利，廣收八方園田水碓，[4]周遍天下。積實聚錢，不知紀極，每自執牙籌，晝夜算計，恒若不足。而又儉嗇，不自奉養，天下人謂之膏肓之疾。女適裴頠，貸錢數萬，久而未還。女後歸寧，[5]戎色不悦，女遽還直，然後乃歡。從子將婚，戎遺其一單衣，婚訖而更責取。家有好李，常出貨之，恐人得種，恒鑽其核。以此獲譏於世。

［1］蘧（qú）伯玉：春秋時衛國人，名瑗，字伯玉。其人其事在《孔子家語》《説苑》《新序》等書中多有記載。

［2］謇諤：忠直，敢説話。

［3］僚寀：僚屬。

［4］水碓：利用水力舂米的器械。

［5］歸寧：出嫁的女子回娘家看望父母。

其後從帝北伐，王師敗績於蕩陰，[1]戎復詣鄴，隨帝還洛陽。車駕之西遷也，戎出奔于郟。[2]在危難之間，親接鋒刃，談笑自若，未嘗有懼容。時召親賓，歡娛永日。永興二年，薨於郟縣，時年七十二，謚曰元。

[1]蕩陰：縣名，治所在今河南省湯陰縣。

[2]郟：縣名，治所在今河南省郟縣。郟，原本、宋本作“郊”，殿本作“郟”，據殿本改。

戎有人倫鑒識，常目山濤如璞玉渾金，[1]人皆欽其寶，莫知名其器；王衍神姿高徹，如瑶林瓊樹，自然是風塵表物。謂裴頠拙於用長，荀勖工於用短，[2]陳道寧緌緌如束長竿。族弟敦有高名，[3]戎惡之。敦每候戎，輒託疾不見。敦後果爲逆亂。其鑒賞先見如此。嘗經黄公酒壚下過，[4]顧謂後車客曰：[5]“吾昔與嵇叔夜、阮嗣宗酣暢於此，竹林之游亦預其末。自嵇、阮云亡，吾便爲時之所羈紲。[6]今日視之雖近，邈若山河！”初，孫秀爲琅邪郡吏，求品於鄉議。[7]戎從弟衍將不許，戎勸品之。及秀得志，朝士有宿怨者皆被誅，而戎、衍獲濟焉。

[1]璞玉渾金：未雕琢的玉和未冶煉的金。比喻天然美質，未加修飾。

[2]荀勖：字公曾，本書卷三九有傳。

[3]敦：王敦，字處仲，本書卷九八有傳。

[4]黄公酒壚：《世説新語·傷逝》載此事，劉孝標注引韋昭

《漢書注》曰："壚，酒肆也。以土爲墮，四邊高似壚也。"余嘉錫先生認爲"黄公壚"當作"黄壚"，黄壚所以喻人死後歸土，猶之九京黄泉之類也。此疑王戎追念嵇、阮云亡，生死永隔，故有黄壚之嘆。傳者不解其義，遂附會爲黄公酒壚耳。（參見余嘉錫《世説新語箋疏》，中華書局 1983 年版）

[5]謂：原本、宋本、殿本作"爲"，據中華本改。

[6]羈紲：拘禁，限制。

[7]求品於鄉議：請求鄉里清議給他品評。

子萬，有美名。少而大肥，戎令食糠而肥愈甚。年十九卒。有庶子興，戎所不齒。以從弟陽平太守愔子爲嗣。[1]

[1]陽平：郡名，治所在元城縣（今河北省大名縣東北）。

衍，字夷甫，神情明秀，風姿詳雅。總角嘗造山濤，[1]濤嗟嘆良久，既去，目而送之曰："何物老嫗，生寧馨兒！然誤天下蒼生者，未必非此人也。"父乂，爲平北將軍，[2]常有公事，使行人列上，不時報。衍年十四，時在京師，造僕射羊祜，申陳事狀，辭甚清辯。祜名德貴重，而衍幼年無屈下之色，衆咸異之。楊駿欲以女妻焉，衍耻之，遂陽狂自免。武帝聞其名，問戎曰："夷甫當世誰比？"戎曰："未見其比，當從古人中求耳。"[3]

[1]總角：指童年。

[2]平北將軍：官名，與平東、平西、平南合稱四平將軍。多

持節都督或監某一地區的軍事，有時作爲刺史等地方官員監理軍務的加官。三品，加持節都督者二品。

[3]求耳：耳，殿本作“之”。

泰始八年，詔舉奇才可以安邊者，衍初好論從横之術，故尚書盧欽舉爲遼東太守。[1]不就，於是口不論世事，唯雅咏玄虚而已。嘗因宴集，爲族人所怒，舉樏擲其面。[2]衍初無言，引王導共載而去。[3]然心不能平，在車中攬鏡自照，謂導曰：“爾看吾目光乃在牛背上矣。”父卒於北平，[4]送故甚厚，爲親識之所借貸，因以捨之。數年之間，家資罄盡，出就洛城西田園而居焉。後爲太子舍人，還尚書郎。[5]出補元城令，[6]終日清談，而縣務亦理。入爲中庶子、黄門侍郎。[7]

[1]遼東：郡名，治所在襄平縣（今遼寧省遼陽市）。

[2]樏：盛食物的器物。

[3]王導：字茂弘，本書卷六五有傳。

[4]北平：郡名，治所在徐無縣（今河北省遵化市東）。

[5]尚書郎：官名。東漢之制，取孝廉中之有才能者入尚書臺，在皇帝左右處理政務，初入臺稱守尚書郎中，滿一年稱尚書郎，滿三年稱侍郎。魏晋以後尚書各曹有侍郎、郎中等官，綜理職務，通稱爲尚書郎。六品。

[6]元城：縣名，治所在今河北省大名縣東。

[7]中庶子：官名，即太子中庶子。太子侍從，掌侍從、奏事、諫議等。五品。

魏正始中，何晏、王弼等祖述《老》《莊》，[1]立論以爲："天地萬物皆以無爲本。[2]無也者，開物成務，[3]無往不存者也。陰陽恃以化生，萬物恃以成形，賢者恃以成德，不肖恃以免身。故無之爲用，無爵而貴矣。"衍甚重之。唯裴頠以爲非，[4]著論以譏之，而衍處之自若。衍既有盛才美貌，明悟若神，常自比子貢。[5]兼聲名藉甚，傾動當世。妙善玄言，唯談老莊爲事。每捉玉柄麈尾，與手同色。義理有所不安，隨即改更，世號"口中雌黄"。[6]朝野翕然，謂之"一世龍門"矣。累居顯職，後進之士，莫不景慕放效。選舉登朝，皆以爲稱首。矜高浮誕，遂成風俗焉。衍嘗喪幼子，山簡吊之。衍悲不自勝，簡曰："孩抱中物，何至於此！"衍曰："聖人忘情，最下不及於情。然則情之所鍾，正在我輩。"簡服其言，更爲之慟。

[1]何晏：三國魏南陽宛（今河南省南陽市）人，字平叔。玄學家。曹爽親信，官至尚書，典選舉，司馬懿政變後被殺。　王弼：三國魏山陽高平（今山東省鄒城市西南）人，字輔嗣。玄學家，與何晏、夏侯玄等開玄學清談之風，史稱"正始之音"。著有《老子注》《老子指略》《周易注》《周易略例》等。

[2]以無爲本：原本、宋本、殿本作"以無爲爲本"，據中華本校勘記改。

[3]開物成務：指通曉萬物的道理並按著道理行事而得到成功。語出《易·繫辭上》："夫《易》，開物成務，冒天下之道，如斯而已者也。"孔穎達疏："言《易》能開通萬物之志，成就天下之務。"意爲通曉事物之理從而取得成功。

[4]唯：殿本作"惟"。

[5]子貢：春秋時衛國人，姓端木，名賜，字子貢，孔子弟子，

善辭令。經商於曹魯間，富累千金。孔子死後，獨自廬墓六年。

[6]口中雌黄：雌黄，一種顔料，古人用以校點批改文書。此意爲王衍議論具有批改校訂的威力。

衍妻郭氏，賈后之親，[1]藉中宫之勢，剛愎貪戾，[2]聚斂無厭，好干預人事，衍患之而不能禁。時有鄉人幽州刺史李陽，京師大俠也，郭氏素憚之。衍謂郭曰："非但我言卿不可，李陽亦謂不可。"郭氏爲之小損。衍疾郭之貪鄙，故口未嘗言錢。郭欲試之，令婢以錢繞床，使不得行。衍晨起見錢，謂婢曰："舉阿堵物却！"其措意如此。

[1]賈后：惠帝皇后賈南風，本書卷三一有傳。

[2]剛愎貪戾：倔强固執貪婪暴戾。

後歷北軍中候、中領軍、尚書令。[1]女爲愍懷太子妃，太子爲賈后所誣，衍懼禍，自表離婚。賈后既廢，有司奏衍，曰："衍與司徒梁王肜書，[2]寫呈皇太子手與妃及衍書，陳見誣之狀。肜等伏讀，辭旨懇惻。衍備位大臣，應以義責也。太子被誣得罪，衍不能守死善道，即求離婚。得太子手書，隱蔽不出。志在苟免，無忠謇之操。宜加顯責，以厲臣節。可禁錮終身。"從之。

[1]北軍中候：官名，掌監屯騎校尉、越騎校尉、步兵校尉、長水校尉、射聲校尉所領北軍五營。魏晋時增設禁軍兵力，由地位更高的中領軍統轄，北軍五營作用漸輕，北軍中候置省無常，常與中領軍並置。五品。　中領軍：官名，東漢建安中曹操改領軍置。

與中護軍皆典禁兵，屬丞相府。三品。

[2]梁王肜：司馬肜，字子徽，本書卷三八有傳。

衍素輕趙王倫之爲人。及倫篡位，衍陽狂斫婢以自免。及倫誅，拜河南尹，[1]轉尚書，又爲中書令。時齊王冏有匡復之功，而專權自恣，公卿皆爲之拜，衍獨長揖焉。以病去官。成都王穎以衍爲中軍師，[2]累遷尚書僕射，領吏部，後拜尚書令、司空、司徒。[3]衍雖居宰輔之重，不以經國爲念，而思自全之計。説東海王越曰：[4]“中國已亂，當賴方伯，宜得文武兼資以任之。”乃以弟澄爲荆州，族弟敦爲青州。因謂澄、敦曰：“荆州有江漢之固，青州有負海之險，卿二人在外，而吾留此，足以爲三窟矣。”識者鄙之。

[1]河南尹：官名，京都洛陽所在河南郡長官，主管京都事務。三品。

[2]中軍師：官名，東漢建安年間置，丞相府重要僚屬，位在前後左右軍師之上。參議軍國大事，并典刑獄。師，原本、殿本作“帥”，宋本作“師”，據宋本改。

[3]司空：官名，魏晋南北朝爲名譽宰相，多爲大臣加官。晋八公之一，位在三公之末。一品。

[4]東海王越：司馬越，字元超，本書卷五九有傳。

及石勒、王彌寇京師，[1]以衍都督征討諸軍事、持節、假黄鉞以距之。[2]衍使前將軍曹武、左衛將軍王景等擊賊，[3]退之，獲其輜重。遷太尉，[4]尚書令如故。封武陵侯，辭封不受。時洛陽危逼，多欲遷都以避其難，而衍獨賣車牛以安衆心。[5]

［1］石勒：字世龍，本書卷一〇四有傳。　王彌：本書卷一〇〇有傳。

［2］都督征討諸軍事：最高軍事統帥。　持節：官員外出持有皇帝授予的節杖，代表高等權威，常用於軍事長官出征。　假黄鉞：假以黄鉞。黄鉞即飾以黄金的斧鉞，爲皇帝儀仗。賜予出征重臣，以示威重，令其專主征伐。

［3］前將軍：官名，漢代重號將軍之一，與左、右、後將軍並爲上卿。魏晋時常設，權位較兩漢時漸低，僅爲武官名號，略高於一般雜號將軍，不典禁兵，不與朝政。三品。　左衛將軍：官名，三國魏咸熙二年（265），司馬炎即晋王位，分中衛將軍爲左、右衛將軍。掌佽飛虎賁及前驅、由基、强弩三部司馬，屬下還有虎賁、羽林、上騎、異力、命中共五部督，負責宫禁侍衛。西晋屬中軍將軍，後屬領軍將軍。爲禁衛軍主要統帥之一，權任很重。四品。　王景：中華本校勘記："《通鑑》八九'景'作'秉'，此蓋唐避諱改。"

［4］太尉：官名，曹操爲丞相後，太尉府屬官歸相府，晋時太尉雖爲八公之一、三公之首，實爲名譽宰相，多爲大臣加官。一品。

［5］車牛：殿本作"牛車"。

越之討苟晞也，[1]衍以太尉爲太傅軍司。[2]及越薨，衆共推爲元帥。衍以賊寇鋒起，懼不敢當。辭曰："吾少無官情，[3]隨牒推移，遂至於此。今日之事，安可以非才處之。"俄而舉軍爲石勒所破，勒呼王公，與之相見，問衍以晋故。衍爲陳禍敗之由，云計不在己。勒甚悦之，與語移日。衍自説少不豫事，欲求自免，因勸勒稱尊號。勒怒曰：“君名蓋四海，身居重任，少壯登朝，至於白首，何得言不豫世事邪！破壞天下，正是君罪。”使左右扶出。謂其黨孔萇曰：“吾行天下多矣，未嘗見如此人，當可活不？”萇曰：“彼晉之三公，必不爲我盡力，又何足貴乎！”[4]勒曰：“要不可加以鋒刃也。”使人夜排墻填殺之。衍將死，顧而言曰：“嗚呼！吾曹雖不如古人，向若不祖尚浮虛，戮力以匡天下，猶可不至今日。”時年五十六。

[1]荀晞：字道將，本書卷六一有傳。

[2]太傅：官名，晋爲八公之一。位上公，太宰之下、太保之上。一品。

[3]官情：官，殿本作“宦”。

[4]又何足貴乎：貴，宋本、殿本作“責”。

衍俊秀有令望，[1]希心玄遠，未嘗語利。[2]王敦過江，常稱之曰：“夷甫處衆中，如珠玉在瓦石間。”顧愷之作畫贊，[3]亦稱衍巖巖清峙，壁立千仞。其爲人所尚如此。

[1]俊秀：俊，殿本作“雋”。本卷下文“俊”同。

[2]未嘗：嘗，原本、宋本、殿本作“常”，據中華本改。

[3]顧愷之：字長康，本書卷九二有傳。

子玄，字眉子，少慕簡曠，亦有俊才，與衛玠齊名。[1]荀藩用爲陳留太守，[2]屯尉氏。[3]玄素名家，有豪氣，荒弊之時，人情不附，將赴祖逖，[4]爲盜所害焉。

[1]衛玠：字叔寶，本書卷三六有傳。

[2]荀藩：字大堅，本書卷三九有傳。　陳留：郡國名，治所在小黄縣（今河南省開封市東）。

[3]尉氏：縣名，治所在今河南省尉氏縣。

[4]祖逖：字士稚，本書卷六二有傳。

澄，字平子。生而警悟，雖未能言，見人舉動，便識其意。衍妻郭性貪鄙，欲令婢路上擔糞。澄年十四，諫郭以爲不可。郭大怒，謂澄曰："昔夫人臨終，以小郎屬新婦，不以新婦屬小郎。"因捉其衣裾，將杖之。澄爭得脱，逾窗而走。

衍有重名於世，時人許以人倫之鑒。尤重澄及王敦、庾敳，[1]嘗爲天下人士目曰："阿平第一，子嵩第二，處仲第三。"澄嘗謂衍曰："兄形似道，而神鋒太儁。"衍曰："誠不如卿落落穆穆然也。"[2]澄由是顯名。有經澄所題目者，[3]衍不復有言，輒云"已經平子矣"。

[1]庾敳：字子嵩，本書卷五〇有傳。

[2]落落穆穆：灑脱大方端莊恭肅。

[3]題目：品評。

少歷顯位，累遷成都王穎從事中郎。穎嬖豎孟玖譖殺陸機兄弟，[1]天下切齒。澄發玖私姦，勸穎殺玖，穎乃誅之，士庶莫不稱善。及穎敗，東海王越請爲司空長史。[2]以迎大駕勛，封南鄉侯。遷建威將軍、雍州刺史，不之職。時王敦、謝鯤、庾敳、阮脩皆爲衍所親善，[3]號爲四友，而亦與澄狎，又有光逸、胡毋輔之等亦豫焉。[4]酣讌縱誕，窮歡極娱。

［1］陸機：字士衡，本書卷五四有傳。

［2］司空長史：官名，司空府幕僚之長，署理府中諸曹。六品。

［3］謝鯤：字幼輿，本書卷四九有傳。　阮脩：字宣子，本書卷四九有傳。

［4］光逸：字孟祖，本書卷四九有傳。　胡毋輔之：字彦國，本書卷四九有傳。

惠帝末，衍白越以澄爲荆州刺史、持節、都督，[1]領南蠻校尉，敦爲青州。衍因問以方略，敦曰："當臨事制變，不可豫論。"澄辭義鋒出，算略無方，一坐嗟服。澄將之鎮，送者傾朝。澄見樹上鵲巢，便脱衣上樹，探觳而弄之，神氣蕭然，傍若無人。劉琨謂澄曰：[2]"卿形雖散朗，而内實動俠，[3]以此處世，難得其死。"澄默然不答。

［1］都督：此指都督荆州諸軍事，即荆州地區最高軍事行政長官。

［2］劉琨：字越石，本書卷六二有傳。

［3］而内實動俠：中華本校勘記："勞校：《世説·讒險》及注引鄧粲《晋紀》'動俠'作'勁狹'。按：《册府》八五五'俠'亦作'狹'。"

澄既至鎮，日夜縱酒，不親庶事，雖寇戎急務，亦不以在懷。擢順陽人郭舒於寒悴之中，[1]以爲别駕，[2]委以州府。時京師危逼，澄率衆軍，將赴國難，而飄風折其節柱。會王如寇襄陽，澄前鋒至宜城，[3]遣使詣山簡，爲如黨嚴嶷所獲。嶷僞使人從襄陽來而問之曰："襄陽拔未？"答云："昨旦破城，已獲山簡。"乃陰緩澄使，令得亡去。澄聞襄陽陷，以爲信然，散衆而還。既而恥之，託糧運不贍，委罪長史蔣俊而斬之，竟不能進。巴蜀流人散在荆湘者，與土人忿争，遂殺縣令，屯聚樂鄉。[4]澄使成都内史王機討之。[5]賊請降，澄僞許之，既而襲之於寵洲，[6]以其妻子爲賞，沉八千餘人於江中。於是益梁流人四五萬家一時俱反，推杜弢爲主，[7]南破零桂，[8]東掠武昌，敗王機於巴陵。[9]澄亦無憂懼之意，但與機日夜縱酒，投壺博戲，數十局俱起。殺富人李才，取其家資以賜郭舒。南平太守應詹驟諫，[10]不納。於是上下離心，内外怨叛。澄望實雖損，[11]猶傲然自得。後出軍擊杜弢，次于作塘。[12]山簡參軍王冲叛于豫州，自稱荆州刺史。澄懼，使杜蕤守江陵。[13]澄遷于孱陵，[14]尋奔沓中。[15]郭舒諫曰："使君臨州，雖無異政，未失衆心。今西收華容向義之兵，[16]足以擒此小醜，奈何自棄。"澄不能從。

[1]寒悴：低微，寒賤。

[2]别駕：官名，别駕從事、别駕從事史省稱。州部佐官，因從刺史行部，别乘傳車，故稱。位居州吏之右。

[3]宜城：縣名，治所在今湖北省宜城市南。

[4]樂鄉：縣名，治所在今湖北省鐘祥市西北。

[5]王機：字令明，本書卷一〇〇有傳。

[6]寵洲：位於今湖北省江陵縣西南長江中。

[7]杜弢：字景文，本書卷一〇〇有傳。

[8]零：零陵，郡名，西漢置，治所在零陵縣（今廣西壯族自治區全州縣西南），東漢至晋治所在泉陵縣（今湖南省永州市）。　桂：桂陽，郡名，治所在郴縣（今湖南省郴州市）。

[9]巴陵：縣名，治所在今湖南省岳陽市。

[10]南平：郡名，治所在江安縣（在今湖北省公安縣西北）。　應詹：字思遠，本書卷七〇有傳。

[11]望實雖損：名望和實際雖然受到損害。

[12]作塘：即作唐，縣名，治所在今湖南省生安鄉縣一帶。

[13]江陵：縣名，治所在今湖北省江陵縣。

[14]孱陵：縣名，治所在今湖北省公安縣西北。

[15]沓中：地名，在今湖北省仙桃市一帶。

[16]華容：縣名，治所在今湖北省潛江市南。

初，澄命武陵諸郡同討杜弢，[1]天門太守扈瓌次于益陽。[2]武陵内史武察爲其郡夷所害，[3]瓌以孤軍引還。澄怒，以杜曾代瓌。夷袁遂，瓌故吏也，託爲瓌報仇，遂舉兵逐曾，自稱平晋將軍。澄使司馬毌丘邈討之，爲遂所敗。會元帝徵澄爲軍諮祭酒，[4]於是赴召。

[1]武陵：郡名，治所在臨沅縣（今湖南省常德市）。

[2]天門：郡名，三國時孫吴置，治所在漊中縣（今湖南省慈利縣），西晋治所在澧陽縣（今湖南省石門縣）。　益陽：縣名，治所在今湖南省益陽市東。

[3]夷：原本、殿本作“吏”，宋本作“夷”，據宋本改。

[4]軍諮祭酒：官名，即軍師祭酒，晋朝避司馬師名諱而改。亦稱軍咨祭酒、軍謀祭酒、軍祭酒，諸軍府屬官，參謀軍事，位在軍府諸僚佐之上。

時王敦爲江州，鎮豫章，澄過詣敦。澄夙有盛名，出於敦右，士庶莫不傾慕之。兼勇力絶人，素爲敦所憚，澄猶以舊意侮敦。敦益忿怒，請澄入宿，陰欲殺之。而澄左右有二十人，持鐵馬鞭爲衛，澄手恒捉玉枕以自防，[1]故敦未之得發。後敦賜澄左右酒，皆醉，借玉枕觀之。因下床而謂澄曰："何與杜弢通信？"澄曰："事自可驗。"敦欲入内，澄手引敦衣，至于絶帶。乃登于梁，因罵敦曰："行事如此，殃將及焉。"敦令力士路戎搤殺之，時年四十四，載尸還其家。劉琨聞澄之死，嘆曰："澄自取之。"及敦平，澄故吏佐著作郎桓稚上表理澄，[2]請加贈謚。詔復澄本官，[3]謚曰憲。長子詹，早卒。次子徽，右軍司馬。[4]

[1]恒捉玉枕：恒，殿本作"嘗"。

[2]佐著作郎：官名，三國時隸中書省，西晋改隸秘書省，協助著作郎修撰國史及起居注，整理秘書省藏書。七品。　理澄：爲王澄辯解、辯白。

[3]本官：本，原本、宋本作"大"，殿本作"將"，據中華本改。

[4]右軍司馬：官名，右軍將軍府司馬。軍府的高級幕僚，參讚軍務、管理府内武職，位次於長史。七品。

郭舒，字稚行。幼請其母從師，歲餘便歸，粗識大義。鄉人少府范晷、宗人武陵太守郭景,[1]咸稱舒當爲後來之秀,終成國器。始爲領軍校尉,[2]坐擅放司馬彪,[3]繫廷尉,世多義之。刺史夏侯含辟爲西曹,[4]轉主簿。含坐事,舒自繫理含,事得釋。刺史宗岱命爲治中,[5]喪母去職。劉弘牧荆州,[6]引爲治中。弘卒,舒率將士推弘子璠爲主,討逆賊郭勱,滅之,保全一州。

[1]少府:官名,掌管宫廷手工業。三品。

[2]領軍校尉:官名,西晋置。

[3]司馬彪:字紹統,晋宗室,本書卷八二有傳。

[4]西曹:官名,西曹書佐,州刺史佐吏,掌諸吏及選舉事,位在别駕、治中下,與主簿相亞而略低,但在諸從事上。

[5]宗岱:中華本校勘記:"《惠紀》《李特載記》作'宋岱'。參看卷四校記。" 治中:官名,治中從事史的省稱,州之佐吏,秩百石。身份雖低,職權却重。

[6]劉弘:字和季,本書卷六六有傳。

王澄聞其名,引爲别駕。澄終日酣飲,不以衆務在意,舒常切諫之。及天下大亂,又勸澄修德養威,保完州境。澄以爲亂自京都起,非復一州所能匡禦,雖不能從,然重其忠亮。荆土士人宗廞嘗因酒忤澄,澄怒,叱左右棒廞。舒厲色謂左右曰:"使君過醉,汝輩何敢妄動!"澄恚曰:"别駕狂邪,誑言我醉!"因遣掏其鼻,灸其眉頭,舒跪而受之。澄意少釋,而廞遂得免。

澄之奔敗也,以舒領南郡。澄又欲將舒東下,舒曰:"舒爲萬里紀綱,不能匡正,令使君奔亡,不忍渡江。”乃留屯沌口，[1]采稆湖澤以自給。鄉人盜食舒牛，事覺，來謝。舒曰：“卿饑，所以食牛耳，餘肉可共啖之。”世以此服其弘量。

[1]沌口：今湖北省武漢市漢陽西南，即古沌水入長江之口。

舒少與杜曾厚，[1]曾嘗召之，不往，曾銜之。至是，澄又轉舒爲順陽太守，[2]曾密遣兵襲舒，遁逃得免。

[1]杜曾：西晋新野（今河南省新野縣）人，始爲新野王司馬歆鎮南參軍，有勇力。永嘉之亂中任胡亢竟陵太守，後殺胡亢，併其衆，自號南中郎將。後被周訪打敗，被殺。

[2]順陽：郡名，治所在南鄉縣（今河南省淅川縣）。

王敦召爲參軍，轉從事中郎。襄陽都督周訪卒，[1]敦遣舒監襄陽軍。甘卓至，[2]乃還。朝廷徵舒爲右丞，[3]敦留不遣。敦謀爲逆，舒諫不從，使守武昌。荆州別駕宗澹忌舒才能，數譖之於王廙。[4]廙疑舒與甘卓同謀，[5]密以白敦，敦不受。高官督護繆坦嘗請武昌城西地爲營，[6]太守樂凱言於敦曰：“百姓久買此地，種菜自贍，不宜奪之。”敦大怒曰：“王處仲不來江湖，當有武昌地不，而人云是我地邪！”凱懼，不敢言。舒曰：“公聽舒一言。”敦曰：“平子以卿病狂，故掏鼻灸眉頭，舊疾復發邪！”舒曰：“古之狂也直，周昌、汲黯、朱雲不狂也。[7]昔堯立誹謗之木，舜置敢諫之鼓，然後事無枉縱。公爲勝堯舜邪？乃逆折舒，使不得言，何與古人相遠！”

敦曰："卿欲何言?"舒曰："繆坦可謂小人，疑誤視聽，奪人私地，以强陵弱。晏子稱：君曰其可，臣獻其否，以成其可。是以舒等不敢不言。"敦即使還地，衆咸壯之。敦重舒公亮，給賜轉豐，數詣其家。表爲梁州刺史。[8]病卒。

[1]周訪：字士達，本書卷五八有傳。

[2]甘卓：字季思，本書卷七〇有傳。

[3]右丞：官名，即尚書右丞，尚書省佐官，位次尚書，居尚書左丞下。與左丞共掌尚書都省庶務，率諸都令史監督稽核諸尚書曹、郎曹政務，糾舉彈劾百官。右丞又掌本省庫藏廬舍，督録遠道州郡文書章奏，凡兵士百官名籍、内外庫藏穀帛、刑獄訴訟、軍械、田地、州郡租布、行政區劃、州郡縣長官免贈收捕等文書奏事皆屬之。六品。

[4]王廙：字世將，本書卷七六有傳。

[5]同謀：宋本無"謀"字。

[6]嘗請武昌城西地爲營：嘗，原本、宋本作"常"，殿本作"嘗"，據殿本改。

[7]周昌：秦末泗水沛（今江蘇省沛縣）人，初爲泗水卒史，後隨劉邦起兵，任中尉、御史大夫。西漢建立後封汾陽侯。爲人倔强，敢直言。劉邦欲廢太子，賴周昌力争而罷。後任趙相，力保趙王如意。劉邦死後，吕后鴆殺如意，周昌乃稱病不朝，三歲而卒。
汲黯：西漢濮陽（今河南省濮陽市西南）人，字長孺。景帝時任太子洗馬，武帝時爲謁者、東海太守。在郡有治績。後召爲主爵都尉。爲人耿直，敢直言相諫，號"汲直"。卒於淮陽太守任上。
朱雲：西漢魯國（今山東省曲阜市）人，字游。元帝時任博士。時石顯用事，百官畏之，獨朱雲與陳咸不附。成帝時，因彈劾佞臣張禹而觸怒成帝，命御史將朱雲拿下。朱雲抓住殿檻，將殿檻拉折。

左將軍辛慶忌免冠解印綬，死保朱雲。成帝氣消後纔赦免朱雲。後來下人要修門檻，成帝表示留着它以表彰直言之臣。

[8]梁州：古九州之一。三國曹魏治所在沔陽縣（今陝西省勉縣東），西晋移治南鄭縣（今陝西省漢中市東）。

樂廣

樂廣，字彦輔，南陽淯陽人也。[1]父方，參魏征西將軍夏侯玄軍事。[2]廣時年八歲，玄常見廣在路，因呼與語，還謂方曰："向見廣神姿朗徹，當爲名士。卿家雖貧，可令專學，必能興卿門户也。"方早卒。廣孤貧，僑居山陽，[3]寒素爲業，人無知者。性冲約，[4]有遠識，寡嗜欲，與物無競。尤善談論，每以約言析理，以厭人之心，[5]其所不知，默如也。

[1]南陽：郡名，治所在宛縣（今河南省南陽市）。　淯陽：縣名，治所在今河南省南陽市南。

[2]征西將軍：官名，東漢永元年間置，地位與雜號將軍、偏將軍、裨將軍等同。建安年間與征東、征南、征北將軍合稱四征將軍，地位提高。魏二品。晋三品，加持節都督者二品。　夏侯玄：三國時沛國譙縣（今安徽省亳州市）人，字太初，夏侯淵之孫，曹爽之姑子。善談名理，玄學家。

[3]山陽：縣名，治所在今河南省焦作市東南。

[4]冲約：淡泊簡約。

[5]厭人之心：使人心服。

裴楷嘗引廣共談，自夕申旦，雅相欽挹，[1]嘆曰："我所不如也。"王戎爲荆州刺史，聞廣爲夏侯玄所賞，乃舉爲秀才。楷又薦廣於賈充,[2]遂辟太尉掾,[3]轉太子舍人。尚書令衛瓘,朝之耆舊,逮與魏正始中諸名士談論,見廣而奇之,曰:“自昔諸賢既没,常恐微言將絶,而今乃復聞斯言於君矣。”命諸子造焉,曰:“此人之水鏡,見之瑩然,若披雲霧而睹青天也。”王衍自言:“與人語甚簡至,及見廣,便覺已之煩。”其爲識者所嘆美如此。

[1]雅相欽挹:素來互相欽佩推崇。

[2]賈充:字公閭,本書卷四〇有傳。

[3]太尉掾:官名,太尉府屬吏。

出補元城令,遷中書侍郎,[1]轉太子中庶子,[2]累遷侍中、河南尹。廣善清言而不長於筆,將讓尹,請潘岳爲表。[3]岳曰:“當得君意。”廣乃作二百句語,述已之志。岳因取次比,便成名筆。時人咸云:“若廣不假岳之筆,岳不取廣之旨,無以成斯美也。”

[1]中書侍郎:官名,三國魏文帝黄初初年設中書省,在長官中書監、中書令以下有通事郎,後增設中書郎,亦稱中書侍郎。掌草擬詔書,外出執行重要使命等。五品。

[2]太子中庶子:官名,太子侍從,掌侍從、奏事、諫議等。五品。

[3]潘岳:字安仁,本書卷五五有傳。

嘗有親客,久闊不復來,廣問其故,答曰:“前在坐,蒙賜酒,方欲飲,見杯中有蛇,意甚惡之,既飲而疾。”于時河南聽事壁上有角,[1]漆畫作蛇，廣意杯中蛇即角影也。復置酒於前處，謂客曰：“酒中復有所見不?”答曰：“所見如初。”廣乃告其所以，客豁然意解，沉痾頓愈。[2]

［1］聽事：廳堂，客廳。

［2］沉痾：舊病。

衛玠總角時，嘗問廣夢，廣云是想。玠曰：“神形所不接而夢，豈是想邪!”廣曰：“因也。”玠思之經月不得，遂以成疾。廣聞,[1]故命駕爲剖析之,[2]玠病即愈。廣嘆曰：“此賢胸中當必無膏肓之疾!”

［1］中華本此處逗號在“故”後。汪維輝先生認爲，“故”當屬下，謂“特地命駕爲剖析之”。(參見汪維輝《〈晋書〉點校商兑》,《古籍整理研究學刊》1997 年第 1 期)

［2］故：副詞。特意，特地。《吕氏春秋・制樂》：“今故興事動衆以增國城，是重吾罪也。”陳奇猷校釋引松皋圓曰：“故者，特爲之也。”

廣所在爲政，無當時功譽，然每去職，遺愛爲人所思。凡所論人，必先稱其所長，則所短不言而自見矣。人有過，先盡弘恕，然後善惡自彰矣。廣與王衍俱宅心事外，名重於時。故天下言風流者，謂王、樂爲稱首焉。

少與弘農楊準相善。準之二子曰喬、曰髦，皆知名於世。準使先詣裴頠，頠性弘方，愛喬有高韻。[1]謂準曰：“喬當及卿，髦少減也。”又使詣廣，廣性清淳，愛髦有神檢。[2]謂準曰：“喬自及卿，然髦亦清出。”準笑曰：“我二兒之優劣，乃裴、樂之優劣也。”論者以爲喬雖有高韻，而神檢不足，樂爲得之矣。

[1]高韻：風度高雅。

[2]神檢：儀表高逸清秀。

是時王澄、胡毋輔之等，皆亦任放爲達，或至裸體者。廣聞而笑曰：“名教内自有樂地，何必乃爾！”其居才愛物，動有理中，皆此類也。值世道多虞，朝章紊亂，清己中立，任誠保素而已。時人莫有見其際焉。

先是，河南官舍多妖怪，前尹皆不敢處正寢，廣居之不疑。嘗外户自閉，左右皆驚，廣獨自若。顧見墻有孔，使人掘墻，得狸而殺之，其怪亦絶。

愍懷太子之廢也，詔故臣不得辭送，衆官不勝憤嘆，皆冒禁拜辭。司隸校尉滿奮敕河南中部收縛拜者送獄，[1]廣即便解遣。衆人代廣危懼。孫琰説賈謐曰：[2]“前以太子罪惡，有斯廢黜，其臣不懼嚴詔，冒罪而送。今若繫之，是彰太子之善，不如釋去。”謐然其言，廣故得不坐。

[1]司隸校尉：官名，三國魏時先治弘農，後治河南，轄司州所屬河南、河東、河内、弘農、平陽五郡。掌監察京師，糾察京都百官。西晋沿置。三品。　滿奮：西晋人，歷任司隸校尉、尚

書令。

[2]賈謐：字長深，本書卷四〇有傳。

遷吏部尚書、左僕射，後東安王繇當爲僕射，轉廣爲右僕射，領吏部，代王戎爲尚書令。始戎薦廣，而終踐其位，時人美之。

成都王穎，廣之婿也，及與長沙王乂遘難，[1]而廣既處朝望，群小讒謗之。乂以問廣，廣神色不變，徐答曰："廣豈以五男易一女。"乂猶以爲疑，廣竟以憂卒。荀藩聞廣之不免也，爲之流涕。三子：凱、肇、謨。

[1]長沙王乂：司馬乂，字士度，本書卷五九有傳。　遘難：結怨。

凱，字弘緒，大司馬齊王掾，[1]參驃騎軍事。[2]肇，字弘茂，太傅東海王掾。洛陽陷，兄弟相携南渡江。謨，字弘範，征虜將軍、吴郡内史。[3]

[1]大司馬：官名，八公之一，位在上公之下、大將軍及三公之上，高級將帥，多爲大臣加官。一品。　齊王：司馬攸，字大猷，本書卷三八有傳。　掾：大司馬府屬官。

[2]參驃騎軍事：官名，驃騎將軍府參軍事。參軍事，亦作參軍，謂參謀軍事。兩晋公府、軍府皆置。

[3]征虜將軍：既是武官名，也作爲高級文職官員的加官。三品。　吴郡：治所在吴縣（今江蘇省蘇州市）。

史臣曰：漢相清静，[1]見機於曠務；周史清虚，[2]不嫌於尸禄。[3]豈臺揆之任，[4]有異於常班者歟！濬冲善發談端，夷甫仰教方外，登槐庭之顯列，[5]顧漆園而高視。[6]彼既憑虚，朝章已亂。戎則取容於世，旁委貨財；衍則自保其身，寧論宗稷？及三方構亂，六戎藉手，犬羊之侣，鋒鏑如雲。夷甫區區焉，佞彼凶渠，以求容貸，頹墻之隕，猶有禮也。平子肆情傲物，對鏡難堪，終矢厥生，[7]自貽伊敗。且夫衣服表容，珪璋範德，聲移宫羽，彩照山華，布武有章，立言成訓。澄之箕踞，不已甚矣。若乃解袒登枝，裸形捫鵲，以此爲達，[8]謂之高致，輕薄是效，風流詎及。道睽將聖，[9]事乖跰指，[10]操情獨往，自夭其生者焉。昔晏嬰哭莊公之尸，[11]樂令解愍懷之客，豈聞伯夷之風歟，[12]懦夫能立志者也。

[1]漢相：指曹參，秦末泗水沛（今江蘇省沛縣）人。隨劉邦起兵反秦。楚漢戰争時，屢建戰功，劉邦稱帝後任齊相國。劉邦死後，曹參采用黄老之術，清静無爲，與民休息。惠帝二年（前193），繼蕭何爲相國，舉事無所變更，一遵蕭何舊法。

[2]周史：指老聃，因其曾爲周之守藏史、柱下史。

[3]尸禄：空食俸禄無所作爲。

[4]臺揆：三公、宰相之職。

[5]登槐庭之顯列：登上三公顯貴的位置。

[6]顧漆園而高視：把莊子學説視爲高於一切。漆園，指莊子，因其做過漆園吏。

[7]終矢厥生：矢，宋本作“失”，殿本作“夭”。

[8]爲：殿本作“謂”。

[9]道睽將聖：道理上向聖人看齊。

[10]事乖跰指：行爲上却没有聯繫。跰指，大拇指和二指相連。

[11]晏嬰哭莊公之尸：事見《左傳·襄公二十五年》：崔杼殺了齊莊公，晏嬰認爲，國君爲國而死，則臣下也爲他而死；爲國而逃亡，則臣下也爲他而逃亡。如果國君爲自己而死、爲自己而逃亡，就不能爲他而死、爲他而亡了。於是來到莊公屍體旁，大哭一場，然後離開。有人勸崔杼殺了晏嬰，崔杼説晏嬰是百姓仰望的人，放了他，能得民心。

[12]伯夷：商末時孤竹國君之子，與其兄互相謙讓繼承君位的權力，結果一起跑到周國。後因反對武王伐商，隱居首陽山，不食周粟餓死。

贊曰：晉家求士，乃構仙臺，[1]陵雲切漢，[2]山叟知材。濬冲居鼎，談優務劣。夷甫兩顧，退求三穴。神亂當年，忠乖曩列。平子陵侮，多於用拙。樂令披雲，高天澄澈。

[1]仙臺：指尚書省。《初學記》卷一一引晋司馬彪《續漢官志》："尚書省在神仙門内。"後因稱尚書省爲"仙臺"。

[2]陵雲切漢：高聳入雲貼近天漢。

晋書　卷四四

列傳第十四

鄭袤 子默 默子球　李胤　盧欽 子浮 弟珽 珽子志 志子諶
華表 子廙 廙子恒 廙弟嶠　石鑒　温羡

鄭袤

鄭袤，字林叔，滎陽開封人也。[1]高祖衆，[2]漢大司農。[3]父泰，[4]揚州刺史，[5]有高名。袤少孤，早有識鑒。荀攸見之曰：[6]"鄭公業爲不亡矣。"隨叔父渾避難江東。[7]時華歆爲豫章太守，[8]渾往依之，歆素與泰善，撫養袤如己子。年十七，乃還鄉里。性清正。時濟陰魏諷爲相國掾，[9]名重當世，袤同郡任覽與結交。袤以諷奸雄，終必爲禍，勸覽遠之。及諷敗，論者稱焉。

[1]滎陽：郡名，治所在滎陽縣（今河南省滎陽市東北）。開封：縣名，治所在今河南省開封市南。

[2]衆：鄭衆，東漢河南開封（治所在今河南省開封市南）人，字仲師。曾任大司農，經學家。稱"先鄭"以區别於鄭玄；又

稱鄭司農，以區別於宦官鄭衆。

［3］大司農：官名，掌管全國財政和各地的屯田。三品。

［4］泰：鄭泰，東漢河南開封（治所在今河南省開封市南）人，字公業。少有才略，多謀計，舉孝廉，三府辟，公車徵，皆不就。何進輔政，徵用名士，以泰爲尚書侍郎，加奉車都尉。董卓之亂後，又與王允謀共誅卓，後脱身自武關東歸。袁術以其爲揚州刺史，未至官，道卒。

［5］揚州：三國魏吴各置揚州，魏治在壽春（今安徽省壽縣），吴治在建業（今江蘇省南京市）。西晋統一後復合，治所在建業。此指東漢揚州，治在壽春（今安徽省壽縣）。

［6］荀攸：東漢末潁川潁陰（今河南省許昌市）人，字公達，荀彧侄子。歷任曹操尚書、軍師。從征張綉、吕布、袁紹、袁尚、袁譚等，屢獻奇計，爲曹操重要謀士。

［7］渾：鄭渾，三國時河南開封（治所在今河南省開封市南）人，字文公。東漢末避亂渡江，依附豫章太守華歆。後被曹操召爲掾。歷任下蔡長、邵陵令、京兆尹、侍御史、駙馬都尉、陽平太守、沛郡太守等。明帝時拜將作大匠，卒於官。　江東：亦稱江左，因自北方視之，江東在左，江西在右，故稱。

［8］華歆：三國時平原高唐（今山東省禹城市西南）人，字子魚。東漢末任尚書郎、豫章太守。孫策進兵豫章，華歆迎降。後被曹操徵爲議郎，歷任尚書、侍中、尚書令、御史大夫。曹魏文帝時任司徒，明帝時任太尉。　豫章：郡名，治所在南昌縣（今江西省南昌市）。

［9］濟陰：郡名，治所在定陶縣（今山東省菏澤市定陶區）。　魏諷：三國時沛國（今江蘇省沛縣）人，字子京。有才智，被相國鍾繇辟爲西曹掾。東漢建安二十四年（219）趁曹操西征，謀發動政變，襲擊鄴城。謀泄被殺。　相國：官名，春秋戰國時稱宰輔大臣爲相國，秦漢時稱爲丞相。魏晋南北朝時不常置，職權品秩略同於丞相但位又比丞相尊貴，非尋常人臣之職。　掾：官名，此指

相國掾，相國府屬吏。

魏武帝初封諸子爲侯，精選賓友，袤與徐幹俱爲臨淄侯文學，[1]轉司隸功曹從事。[2]司空王朗辟爲掾，[3]袤舉高陽許允、扶風魯芝、東萊王基，[4]朗皆命之，後咸至大位，有重名。袤遷尚書郎。[5]出爲黎陽令，[6]吏民悦服。太守班下屬城，特見甄異，爲諸縣之最。遷尚書右丞。[7]轉濟陰太守，下車旌表孝悌，敬禮賢能，興立庠序，[8]開誘後進。調補大將軍從事中郎，[9]拜散騎常侍。[10]會廣平太守缺，[11]宣帝謂袤曰："賢叔大匠垂稱於陽平、魏郡，[12]百姓蒙惠化。且盧子家、王子雍繼踵此郡，[13]使世不乏賢，故復相屈表。"袤在廣平，以德化爲先，善作條教，郡中愛之。徵拜侍中，[14]百姓戀慕，涕泣路隅。遷少府。[15]高貴鄉公即位，[16]袤與河南尹王肅備法駕奉迎於元城，[17]封廣昌亭侯。徙光禄勛，[18]領宗正。[19]

[1]徐幹：東漢末北海劇縣（今山東省壽光市南）人，字偉長，"建安七子"之一。建安中任曹操司空軍謀祭酒掾屬、五官中郎將文學。主張分職設官、循名責實、察舉取士。著有《中論》二十篇。文集已佚，明清有輯本。　臨淄侯：曹植，三國時沛國譙縣（今安徽省亳州市）人，字子建，曹操第三子。東漢建安十九年（214）封臨淄侯，後封陳王，謚號思，故稱陳思王。善辭賦，建安文學領袖。　文學：官名，州郡王國屬官，或稱文學掾、文學史，以明經者擔任。

[2]司隸：官名，即司隸校尉，三國魏時先治弘農，後治河南，轄司州所屬河南、河東、河内、弘農、平陽五郡。掌監察京師、糾

察京都百官。西晋沿置。三品。　功曹從事：官名，司隸校尉屬吏，主州選署及從事，由所屬長官自行辟除。

[3]司空：官名，魏晋南北朝爲名譽宰相，多爲大臣加官。晋八公之一，位在三公之末。一品。　王朗：三國時東海郯縣（今山東省郯城北）人，字景興。曾任會稽太守，被孫策攻破，降附孫策。後被曹操徵召，任諫議大夫、御史大夫等。魏文帝、明帝時任司空、司徒等。　掾：此爲司空掾，司空府屬吏。

[4]高陽：郡名，治所在博陸縣（今河北省蠡縣南）。　許允：三國時高陽（今河北省高陽縣東舊城）人，字士宗。歷任中領軍、太尉、録尚書事。與李豐、夏侯玄親善。李豐謀誅司馬氏未遂被殺，許允被徙爲鎮北將軍，假節督河北諸軍事。未發，以放散官物收付廷尉，徙樂浪，道死。　扶風：封國名，治所在郿縣（今陝西省眉縣東渭河北岸）。　魯芝：字世英，本書卷九〇有傳。　東萊：郡國名，治所在掖縣（今山東省萊州市）。　王基：三國時東萊曲城（今山東省萊州市東北）人，字伯輿，一作伯興。從鄭玄學儒經。歷任郎中、中書侍郎、從事中郎。從征毌丘儉、諸葛誕，官至征南將軍、都督荆州諸軍事。

[5]尚書郎：官名。東漢之制，取孝廉中之有才能者入尚書臺，在皇帝左右處理政務，初入臺稱守尚書郎中，滿一年稱尚書郎，滿三年稱侍郎。魏晋以後尚書各曹有侍郎、郎中等官，綜理職務，通稱爲尚書郎。六品。

[6]黎陽：縣名，治所在今河南省浚縣東北。

[7]尚書右丞：官名，尚書省佐官，位次尚書，居尚書左丞下。與左丞共掌尚書都省庶務，率諸都令史監督稽核諸尚書曹、郎曹政務，糾舉彈劾百官。右丞又掌本省庫藏廬舍，督録遠道州郡文書章奏，凡兵士百官名籍、内外庫藏穀帛、刑獄訴訟、軍械、田地、州郡租布、行政區劃、州郡縣長官免贈收捕等文書奏事皆屬之。六品。

[8]庠序：學校。

［9］大將軍：官名，高級軍事統帥。曹魏時多以之屯駐長安，對付蜀漢，蜀漢以其爲最高軍事長官，孫吴則别置上大將軍居其上。西晋時爲八公之一，位居上公、大司馬下，三公之上。東晋時常專擅軍政事務。一品。　從事中郎：官名，東漢時爲大將軍屬官，地位較高。三國時爲將軍府或公府屬官。六品。

［10］散騎常侍：官名，三國魏文帝黄初年間置，侍從皇帝左右，諫諍得失，顧問應對，與侍中等共平尚書奏事。也用作宰相、諸公等加官，入宫議政。三品。

［11］廣平：郡名，治所在曲梁侯國（今河北省邯鄲市永年區）。

［12］大匠：指鄭渾，因其做過將作大匠。　陽平：郡名，治所在元城縣（今河北省大名縣東北）。　魏郡：治所在鄴縣（今河北省臨漳縣西南）。

［13］盧子家：盧毓，三國時涿郡涿縣（今河北省涿州市）人，字子家，盧植子。歷任曹操丞相法曹議令史、吏部郎、黄門侍郎、梁譙二郡太守，官至司空。　王子雍：王肅，三國魏東海郯（今山東省郯城縣北）人，字子雍。著名經學家，司馬昭岳父。歷任散騎黄門侍郎、散騎常侍、領秘書監、崇文觀祭酒、廣平太守等職。

［14］侍中：官名，東漢建安中與給事黄門侍郎出入禁中，省尚書事。曹魏時爲門下之侍中省長官，常侍衛皇帝左右，掌顧問應對、諫諍糾察、平議奏事、駁奏異議等，權力甚重。三品。

［15］少府：官名，掌管宫廷手工業。三品。

［16］高貴鄉公：曹髦，字彦士，曹丕孫。曹芳被廢後立爲帝。後爲司馬昭部下成濟所殺。

［17］河南尹：官名，京都洛陽所在河南郡長官，主管京都事務。三品。　元城：縣名，治所在今河北省大名縣東。

［18］光禄勳：官名，侍從皇帝左右，掌宫廷宿衛。西晋時兼掌原屬少府的一部分宫廷供御事務。三品。

［19］領：以地位較高的官員兼理較低的職務。　宗正：官名，

又稱宗正卿、大宗正。掌皇族事務。曹魏時多以皇族擔任，兩晋有時兼以外姓。三品。

毌丘儉作亂，[1]景帝自出征之，百官祖送於城東，袤疾病不任會。帝謂中領軍王肅曰：[2]“唯不見鄭光禄爲恨。”肅以語袤，袤自輿追帝，及於近道。帝笑曰：“故知侯生必來也。”[3]遂與袤共載，曰：“計將何先？”袤曰：“昔與儉俱爲臺郎，[4]特所知悉。其人好謀而不達事情，自昔建勛幽州，[5]志望無限。文欽勇而無算。[6]今大軍出其不意，江淮之卒鋭而不能固，深溝高壘以挫其氣，此亞夫之長也。”[7]帝稱善。轉太常。[8]高貴鄉公議立明堂、辟雍，[9]精選博士，袤舉劉毅、劉寔、程咸、庾峻，[10]後並至公輔大位。及常道鄉公立，[11]與議定策，進封安城鄉侯，邑千户。景元初，疾病失明，屢乞骸骨，不許。拜光禄大夫。[12]五等初建，封密陵伯。

[1]毌丘儉：三國時河東聞喜（治所在今山西省聞喜縣東北）人，字仲恭。歷任曹魏尚書郎、羽林監、洛陽典農、荆州刺史、幽州刺史等職。後舉兵反司馬師，兵敗被殺。

[2]中領軍：官名，東漢建安中曹操改領軍置。與中護軍皆典禁兵，屬丞相府。三品。

[3]故知侯生必來也：戰國時趙國被秦國攻打，求救於魏國。魏王不救，公子無忌率門客準備與秦軍拼命。向好朋友侯生辭行，侯生衹讓他好自爲之。無忌行至途中，覺得侯生不該如此，便返回去見侯生。侯生笑着説：“臣固知公子之還也。”此處司馬師反用其典。

[4]臺郎：官名，即尚書郎。

[5]建勛幽州：指毌丘儉率軍伐高句麗，過沃沮千有餘里，至肅慎氏南界，刻石紀功，刊丸都之山，銘不耐之城之事。

[6]文欽：三國時譙郡（今安徽省亳州市）人，字仲若。歷任曹魏牙門將、廬江太守、揚州刺史。後與毌丘儉起兵反對司馬師，兵敗投降孫吴，任孫吴鎮北大將軍。

[7]亞夫：周亞夫，西漢沛郡豐（今江蘇省豐縣）人，周勃次子。文帝時任河内守，後任將軍屯細柳。景帝時任車騎將軍，率軍平定吴楚七國之亂，遷丞相。後因諫廢太子事觸犯景帝，又兼梁孝王數言其短，遭猜忌，入獄後絶食而死。

[8]太常：官名，漢代稱奉常，本掌禮樂宗廟、社稷祭祀，魏晋時此職掌歸尚書裁定，太常成爲閑職。三品。

[9]明堂：本爲皇帝舉行朝會、祭祀、養老、教學等大典的建築，魏晋南北朝時期主要爲祭祀場所。　辟雍：西周天子所設大學。東漢以後，爲行鄉飲酒、大射或祭祀之禮的地方。漢班固《白虎通·辟雍》："天子立辟雍何？辟雍，所以行禮樂、宣德化也。辟者，璧也，象璧圓，以法天也雍者，壅之以水，象教化流行也。辟之爲言積也，積天下之道德；雍之爲言壅也，天下之儀則。故謂之辟雍也。"

[10]劉毅：字仲雄，本書卷四五有傳。　劉寔：字子真，本書卷四一有傳。　程咸：西晋人，歷任主簿、侍中等。　庾峻：字山甫，本書卷五〇有傳。

[11]常道鄉公：即曹奂，原名璜。曹魏皇帝，260 年即位，264 年被廢爲陳留王。

[12]光禄大夫：官名，三公等大臣告老回家即拜此職，或作爲在朝顯職的加官。三品，開府位從公者一品。

武帝踐阼，進爵爲侯。雖寢疾十餘年，而時賢並相推薦。泰始中，詔曰："光禄大夫、密陵侯袤，履行純正，守道冲粹，退有清和之風，進有素絲之節，[1]宜登三階之曜，[2]補衮職之闕。[3]今以袠爲司空。”天子臨軒，[4]遣五官中郎將國坦就第拜授。[5]袠前後辭讓，遣息稱上送印綬，至於十數。謂坦曰：“魏以徐景山爲司空，[6]吾時爲侍中，受詔譬旨。徐公語吾曰：‘三公當上應天心，苟非其人，實傷和氣，不敢以垂死之年，累辱朝廷也。’終於不就。遵大雅君子之迹，[7]可不務乎！”固辭，久之見許，以侯就第，拜儀同三司，[8]置舍人官騎，賜床帳簟褥、錢五十萬。

[1]素絲：清正廉潔。典出《詩·召南·羔羊》：“羔羊之皮，素絲五紽。”毛亨傳：“素，白也；紽，數也。古者素絲以英裘，不失其制。”

[2]三階之曜：三階，指古代天子大殿的正廳。此指任朝廷高官。

[3]衮職：指三公。

[4]臨軒：皇帝不坐正殿而御前殿。殿前堂陛之間近檐處兩邊有檻楯，如車之軒，故稱。

[5]五官中郎將：官名，西漢隸屬光禄勛。東漢時統部分侍郎、郎中。東漢初年或參與戰事。東漢末由於曹操之子曹丕任此職，地位上升，在魏諸臣之上。晉沿漢制，在光禄勛下置五官、左、右三中郎將，爲皇帝近侍之官。

[6]徐景山：徐邈，三國時燕國薊縣（今北京市西南）人，字景山。任曹操丞相軍謀掾、隴西太守。曹魏建立後，任潁川典農中郎將、撫軍大將軍軍師。明帝時任梁州刺史、領護羌校尉。正始元年（240）爲大司農、司隸校尉。

[7]大雅君子：指有才德的人。

[8]儀同三司：即開府儀同三司，三國魏始置。爲大臣加號，意謂與太尉、司徒、司空三司待遇相同，許開設府署，任命僚屬。

九年薨，時年八十五。帝於東堂發哀，[1]賜秘器、朝服一具、衣一襲、錢三十萬，[2]絹布各百匹，以供喪事。謚曰元。有子六人，長子默嗣，次質、舒、詡、稱、予，位並列卿。

[1]發哀：舉行哀悼儀式。

[2]秘器：棺材。

默，字思元。起家秘書郎，[1]考覈舊文，删省浮穢。[2]中書令虞松謂曰：[3]"而今而後，朱紫别矣。"[4]轉尚書考功郎，[5]專典伐蜀事，封關内侯，遷司徒左長史。[6]武帝受禪，與太原郭弈俱爲中庶子。[7]朝廷以太子官屬宜稱陪臣，默上言："皇太子體皇極之尊，無私於天下。宫臣皆受命天朝，不得同之藩國。"事遂施行。[8]出爲東郡太守，[9]值歲荒人饑，[10]默輒開倉振給，乃舍都亭，自表待罪。朝廷嘉默憂國，詔書褒嘆，比之汲黯。[11]班告天下，若郡縣有此比者，皆聽出給。入爲散騎常侍。

[1]秘書郎：官名，秘書令屬官，掌管文書機要，亦掌整理典籍、考核舊文。六品。

[2]删省浮穢：删除繁雜無用的文字。

[3]中書令：官名，掌收納尚書奏事，傳達皇帝詔旨。三國魏文帝初年分秘書置中書省，設中書監和中書令，職權甚重。三品。

虞松：三國時陳留（治所在今河南省開封市東）人，字叔茂，九江太守邊讓外孫。弱冠有才，從司馬懿征遼東，爲司馬懿作檄，及破賊，作露布。遷中書郎，官至中書令。

[4]朱紫：兩種顔色，此處指是非優劣。

[5]尚書考功郎：官名，簡稱考功郎，尚書省吏部考功曹長官。六品。

[6]司徒左長史：官名，司徒府掾屬之長，佐司徒總管府内諸曹。長史如分左、右，則左高於右。六品。

[7]太原：郡名，治所在晋陽縣（今山西省太原市西南）。　郭弈：字大業，本書卷四五有傳。殿本作“郭奕”。　中庶子：官名，即太子中庶子。太子侍從，掌侍從、奏事、諫議等。五品。

[8]事遂施行：中華本校勘記：“《御覽》二四五引‘施行’上有‘不’字，疑是。”

[9]東郡：治所在濮陽縣（今河南省濮陽市西南）。

[10]歲荒人饑：人，宋本作“入”。

[11]汲黯：西漢濮陽（今河南省濮陽市西南）人，字長孺。景帝時任太子洗馬，武帝時爲謁者、東海太守。在郡有治績。後召爲主爵都尉。爲人耿直，敢直言相諫，號“汲直”。卒於淮陽太守任上。

初，帝以貴公子當品，[1]鄉里莫敢與爲輩，求之州内，於是十二郡中正僉共舉默。文帝與袤書曰：“小兒得厠賢子之流，愧有竊賢之累。”[2]及武帝出祠南郊，[3]詔使默驂乘，因謂默曰：“卿知何以得驂乘乎？昔州里舉卿相輩，常愧有累清談。”遂問政事，對曰：“勸穡務農，爲國之基。選人得才，濟世之道。居官久職，政事之宜。明慎黜陟，[4]勸戒之由。崇尚儒素，化導之本。如此而已矣。”帝善之。

［1］帝以貴公子當品：以貴公子身份被品評。

［2］小兒得厠賢子之流，愧有竊賢之累：我兒子進入賢人的行列中，另我有竊賢之愧。

［3］祠南郊：祭天儀式。

［4］明慎黜陟：明察審慎地黜退和提拔。

後以父喪去官，尋起爲廷尉。[1]是時鬲令袁毅坐交通貨賂，[2]大興刑獄。在朝多見引逮，唯默兄弟以潔慎不染其流。遷太常。時僕射山濤欲舉一親親爲博士，[3]謂默曰："卿似尹翁歸，[4]令吾不敢復言。"默爲人敦重，柔而能整，皆此類也。

［1］廷尉：官名，中央最高司法審判機構長官，負責會審朝中有罪文武大臣，覆核審决郡國疑獄等。三品。

［2］鬲：縣名，治所在今山東省平原縣北。

［3］僕射：官名，秦漢爲尚書令副貳，東漢建安四年（199）分置左、右，爲尚書省次官。三品。　山濤：字巨源，本書卷四三有傳。　博士：官名，此爲太常博士。魏晋時由於國子博士、太學博士專掌經學傳授，參議禮儀制度，遂别置太常博士，掌引導乘輿、擬議王公以下謚號、參議朝廷禮儀典章。六品。

［4］尹翁歸：西漢河東平陽（今山西省臨汾市西南）人。字子况。任東海太守，以高第入守右扶風。在職選用廉平，執法緩於小弱，急於豪强。京師畏其威嚴，扶風大治。爲政雖任刑，其在公卿之間清潔自守，語不及私，然温良謙退，不以行能驕人，甚得名譽於朝廷。

及齊王攸當之國，[1]下禮官議崇錫典制。博士祭酒曹志等並立異議，[2]默容過其事，坐免。尋拜大鴻臚。[3]

遭母喪，舊制，既葬還職，默自陳懇至，久而見許。遂改法定令，聽大臣終喪，自默始也。服闋，爲大司農，轉光禄勛。

[1]齊王攸：司馬攸，字大猷，本書卷三八有傳。

[2]博士祭酒：官名，領諸五經博士，掌教授經學，備顧問應對。西晋爲太學之長，與國子學之長國子祭酒並隸太常。東晋南朝以國子祭酒兼統國子、太學博士，此官或省。五品。按，此處應爲國子博士、國子祭酒，曹志歷任兩職，故言。　曹志：字允恭，本書卷五〇有傳。

[3]大鴻臚：官名，九卿之一，掌賓客迎送接待，贊襄引導朝會百官等。三品。

太康元年卒，時年六十八，謚曰成。尚書令衛瓘奏：[1]“默才行名望，宜居論道，五升九卿，位未稱德，宜贈三司。”[2]而后父楊駿先欲以女妻默子豫，[3]默曰：“吾每讀雋不疑傳，[4]常想其人。畏遠權貴，奕世所守。”遂辭之。駿深爲恨。至此，駿議不同，遂不施行。默寬冲博愛，謙虚温謹，不以才地矜物，事上以禮，遇下以和，雖僮豎厮養不加聲色，[5]而猶有嫌怨，故士君子以爲居世之難。子球。

[1]尚書令：官名，秦漢時爲尚書署長官。秩位雖低，權力甚重。魏晋時沿置，爲尚書省長官，綜理全國政務，參議大政，爲高級政務長官。三品。　衛瓘：字伯玉，本書卷三六有傳。

[2]三司：太尉、司空、司徒合稱三司。

[3]楊駿：字文長，本書卷四〇有傳。

[4]雋不疑：西漢渤海（今河北省滄州市東南）人，字曼倩。初爲郡文學，進退必以禮，名聞州郡。武帝時任青州刺史。昭帝時任京兆尹。

[5]僮豎厮養：童僕，奴隸，僕役。

球，字子瑜。少辟宰府，入侍二宫。[1]成都王爲大將軍，[2]起義討趙王倫，[3]球自頓丘太守爲右長史，[4]以功封平壽公。累遷侍中、尚書、散騎常侍、中護軍、尚書右僕射，[5]領吏部。[6]永嘉二年卒，追贈金紫光禄大夫，[7]謚曰元。球弟豫，永嘉末爲尚書。

[1]入侍：入，宋本作“七”。　二宫：太子東宫。周一良先生指出：“蓋當時東宫之别稱，取義於副貳。貳字從弍聲，弍即古二字，故二貳相通，二宫即貳宫也。”（周一良：《魏晋南北朝史札記》，中華書局1985年版，第45頁）

[2]成都王：司馬穎，字章度，本書卷五九有傳。

[3]趙王倫：司馬倫，字子彝。本書卷五九有傳。

[4]頓丘：郡名，治所在頓丘縣（今河南省浚縣北）。　右長史：官名，大將軍府置長史，分左、右，領府中各曹。六品。

[5]尚書：官名，東漢尚書臺六曹各置尚書，秩六百石。魏晋出爲朝官，分掌尚書省諸曹，品秩提高。三品。　中護軍：官名，掌武官選舉，與中領軍同掌禁軍。曹魏四品，晋三品。　尚書右僕射：官名，尚書令副手，掌拆閲封緘奏章文書、參議政事、諫諍駁議、監察百官。位在左僕射之下。三品。

[6]吏部：官名，指吏部尚書，三國魏時爲尚書省吏部曹長官，位居列曹尚書之上。三品。

[7]金紫光禄大夫：官名，對光禄大夫加金章紫綬。禄賜、班位、車服、佩玉等皆與特進同。二品。

李胤

李胤，字宣伯，遼東襄平人也。[1]祖敏，漢河内太守，[2]去官還鄉里，遼東太守公孫度欲强用之，[3]敏乘輕舟浮滄海，莫知所終。胤父信，追求積年，浮海出塞，竟無所見，欲行喪制服，則疑父尚存，情若居喪而不聘娶。[4]後有鄰居故人與其父同年者亡，因行喪制服。燕國徐邈與之同州里，[5]以不孝莫大於無後，勸使娶妻。既生胤，遂絶房室，恒如居喪禮，不堪其憂，數年而卒。胤既幼孤，母又改行，有識之後，降食哀戚，亦以喪禮自居。又以祖不知存亡，設木主以事之。由是以孝聞。容貌質素，頽然若不足者，而知度沉邃，言必有則。

[1]遼東：郡名，治所在襄平縣（今遼寧省遼陽市）。　襄平：縣名，遼東郡治所在地，治所在今遼寧省遼陽市。

[2]河内：郡名，治所在野王縣（今河南省沁陽市）。

[3]公孫度：字升濟，東漢末遼東襄平（今遼寧省遼陽市）人。初任玄菟郡（今遼寧省沈陽市東）吏，後殺太守，割據遼東。自立爲遼東侯、平州牧。

[4]聘娶：聘，原本、宋本作“娉”，殿本作“聘”，據殿本改。

[5]燕國：郡國名，治所在薊縣（今北京市西南）。　徐邈：字仙民，本書卷九一有傳。　同州里：原本、宋本無“同”字，殿本有，據殿本補。

初仕郡上計掾，[1]州辟部從事、治中，[2]舉孝廉，[3]參鎮北軍事，[4]遷樂平侯相，[5]政尚清簡。入爲尚書郎，遷中護軍司馬、吏部郎，[6]銓綜廉平。賜爵關中侯，出補安豐太守。[7]文帝引爲大將軍從事中郎，遷御史中丞，[8]恭恪直繩，百官憚之。伐蜀之役，爲西中郎將、督關中諸軍事。[9]後爲河南尹，封廣陸伯。

[1]上計掾：官名，爲縣郡國派赴上級機關或京師遞交計簿的屬吏。

[2]從事：官名，州部屬吏。東漢稱從事史，由州部長官自己選拔任命。　治中：官名，治中從事史的省稱，州之佐吏，秩百石。身份雖低，職權却重。

[3]孝廉：漢代選拔人才的科目。

[4]參鎮北軍事：官名，鎮北將軍府參軍事。參軍事，亦作參軍，謂參謀軍事。兩晋公府、軍府皆置。

[5]樂平：郡名，治所在沾縣（今山西省昔陽縣西南）。　相：官名，郡國相，也稱内史。五品。

[6]中護軍司馬：官名，中護軍軍府的高級幕僚。掌參讚軍務、管理府内武職，位僅次於長史。六品。　吏部郎：官名，尚書省吏部曹長官通稱。亦稱郎中，資深者可轉侍郎。屬吏部尚書，主管官吏選任、銓叙、調動事務，對五品以下官吏之任免有建議權。六品。

[7]安豐：郡名，曹魏文帝分廬江郡置，西晋治所在安風縣（今安徽省霍邱縣西南）。

[8]御史中丞：官名，御史大夫副手，掌監察、執法，爲京師顯官，職權甚重。四品。

[9]西中郎將：官名，東漢末所置四中郎將之一。帥師征伐或鎮守。魏、西晋多兼凉州刺史，東晋多兼豫州刺史。四品。　督關中諸軍事：關中地區軍事行政長官，位低於都督、監。

泰始初，拜尚書，進爵爲侯。胤奏以爲："古者三公坐而論道，内參六官之事，[1]外與六卿之教，[2]或處三槐，[3]兼聽獄訟，稽疑之典，謀及卿士。陛下聖德欽明，垂心萬機，猥發明詔，儀刑古式，雖唐虞疇諮，周文翼翼，無以加也。自今以往，國有大政，可親延群公，詢納讜言。其軍國所疑，延詣省中，使侍中、尚書諮論所宜。若有疾疢，[4]不任覲會，臨時遣侍臣訊訪。"詔從之。遷吏部尚書僕射，[5]尋轉太子少傅。[6]詔以胤忠允高亮，有匪躬之節，使領司隸校尉。胤屢自表讓，忝傅儲宫，不宜兼監司之官。武帝以二職並須忠賢，故每不許。

[1]六官：《周禮》所記天官冢宰、地官司徒、春官宗伯、夏官司馬、秋官司寇、冬官司空。總稱六官或六卿。

[2]六卿：即上述六官。

[3]三槐：《周禮·秋官·朝士》："面三槐，三公位焉。"因以三槐喻三公。

[4]疾疢（chèn）：病灾。

[5]吏部尚書：官名，三國魏時爲尚書省吏部曹長官，位居列曹尚書之上。三品。　僕射：尚書僕射，秦漢時爲尚書令副貳，東漢建安四年（199）分置左、右，爲尚書省次官。三品。

[6]太子少傅：官名，與太子太傅並稱二傅，三國時并攝東宫事務，與尚書、東曹并掌太子、諸侯官署選舉。西晋時下設丞、功曹、主簿等屬官。三品。

咸寧初，皇太子出居東宫，帝以司隸事任峻重，而少傅有旦夕輔導之務，胤素羸，不宜久勞之，轉拜侍中，加特進。[1]俄還尚書令，侍中、特進如故。胤雖歷職内外，而家至貧儉，兒病無以市藥。帝聞之，賜錢十萬。其後帝以司徒舊丞相之職，詔以胤爲司徒。在位五年，簡亮持重，稱爲任職。以吴會初平，大臣多有勛勞，宜有登進，乃上疏遜位。帝不聽，遣侍中宣旨，優詔敦諭，絶其章表。胤不得已，起視事。

[1]特進：官名，三國兩晋時表示有特殊地位，或用作安置閑退大臣。二品。

太康三年薨，詔遣御史持節監喪致祠，[1]謚曰成。皇太子命舍人王贊誄之，文義甚美。帝後思胤清節，詔曰："故司徒李胤、太常彭灌，並履忠清儉，身没，家無餘積，賜胤家錢二百萬、穀千斛，灌家半之。"三子，固、真長、修。固，字萬基，散騎郎，[2]先胤卒，固子志嗣爵。志，字彦道，歷位散騎侍郎、建威將軍、陽平太守。[3]真長，位至太僕卿。[4]修，黄門侍郎、太弟中庶子。[5]

[1]御史：官名，魏晋時爲侍御史、治書侍御史、督軍糧侍御史、殿中侍御史、監國侍御史等官的簡稱。　持節：官員外出持有皇帝授予的節杖，代表高等權威，常用於軍事長官出征。

[2]散騎郎：官名，即散騎侍郎，三國魏置。隸屬散騎省，侍從皇帝左右，顧問應對，諫諍拾遺，與散騎常侍、侍中等共平尚書奏事。五品。

[3]建威將軍：官名，領兵征戰，曹魏、孫吴、西晋皆置。四品。

［4］太僕卿：官名，對太僕的尊稱，掌皇帝車馬、田獵、兵器及全國牧業。三品。

［5］黄門侍郎：官名，魏晋時爲侍中省或門下省次官。侍從皇帝，顧問應對，多以重臣或外戚子弟擔任，位頗重要。五品。　太弟中庶子：官名，相當於太子中庶子。八王之亂中，河間王司馬顒表請立成都王司馬穎爲太弟，相當於準備接皇帝位的太子。

盧欽

盧欽，字子若，范陽涿人也。[1]祖植，[2]漢侍中。父毓，魏司空。世以儒業顯。欽清澹有遠識，篤志經史，舉孝廉，不行，魏大將軍曹爽辟爲掾。[3]爽弟嘗有所屬請，欽白爽子弟不宜干犯法度，爽深納之，而罰其弟。除尚書郎。爽誅，免官。後爲侍御史，[4]襲父爵大利亭侯，累遷琅邪太守。[5]宣帝爲太傅，[6]辟從事中郎，出爲陽平太守，遷淮北都督、伏波將軍，[7]甚有稱績。徵拜散騎常侍、大司農，遷吏部尚書，進封大梁侯。

［1］范陽：郡名，治所在涿縣（今河北省涿州市）。

［2］植：盧植，東漢涿郡涿縣（今河北省涿州市）人，字子干。少師事馬融。靈帝時徵爲博士。歷任九江太守、議郎、北中郎將、尚書等。因反對董卓廢少帝被免官，隱於上谷。

［3］曹爽：三國時沛國譙縣（今安徽省亳州市）人，字昭伯，曹真子。明帝死，受遺詔與司馬懿共同輔政。後與司馬懿争權，爲司馬懿所殺。

［4］侍御史：官名，簡稱御史、侍御。御史臺屬官，曹魏時分掌治書、課第等八曹，尚書、符節等三臺。西晋時分掌吏、課第、直事、印、中都督、外都督、媒、符節、水、中壘、軍營、法、算

十三曹。六品。

[5]琅邪：封國名，治所在今山東省臨沂市。

[6]太傅：官名，晋爲八公之一。位上公，太宰之下、太保之上。一品。

[7]淮北都督：都督淮北諸軍事，淮北地區最高軍政長官。伏波將軍：官名，屬名號將軍，地位較高。五品。

武帝受禪，以爲都督沔北諸軍事、平南將軍、假節，[1]給追鋒輜卧車各一乘、第二駙馬二乘、騎具刀器、御府人馬鎧等，[2]及錢三十萬。欽在鎮寬猛得中，疆埸無虞。入爲尚書僕射，加侍中、奉車都尉，[3]領吏部。以清貧，特賜絹百匹。欽舉必以材，稱爲廉平。

[1]都督沔北諸軍事：沔北地區最高軍事行政長官。　平南將軍：官名，與平東、平西、平北合稱四平將軍。多持節都督或監某一地區的軍事，有時作爲刺史等地方官員監理軍務的加官。三品，加持節都督者二品。　假節：假以節杖。指大臣臨時持節出巡，爲權臣掌軍、秉政的地位象徵和政治待遇。

[2]追鋒輜卧車：可卧乘的輕便快車，一匹馬駕駛。

[3]奉車都尉：官名，魏晋時作加官，與駙馬都尉、騎都尉并號三都尉。六品。

咸寧四年卒，詔曰："欽履道清正，執德貞素。[1]文武之稱，著於方夏。入蹐機衡，[2]惟允庶事。肆勤内外，有匪躬之節。[3]不幸薨没，朕甚悼之。[4]其贈衛將軍、開府儀同三司，[5]賜秘器、朝服一具、衣一襲、布五十匹、錢三十萬。"謚曰元。又以欽忠清高潔，不營産業，身没之後，家無所庇，特賜錢五十萬，爲立第舍。復下詔曰："故司空王基、衛將軍盧欽、領典軍將軍楊囂，[6]並素清貧，身没之後，居無私積。頃者饑饉，聞其家大匱，其各賜穀三百斛。"欽歷宰州郡，不尚功名，唯以平理爲務。禄俸散之親故，不營貲産。動循禮典，妻亡，制廬杖，終喪居外。所著詩賦論難數十篇，名曰《小道》。子浮嗣。

[1]執德貞素：具有清白貞純的品德。

[2]機衡：機要的職位。

[3]匪躬之節：忠心耿耿奮不顧身的節操。

[4]悼之：之，原本、宋本作"心"，殿本作"之"，據殿本改。

[5]衛將軍：官名，魏晋時位在名號將軍之上，多爲軍府名號，加給大臣、重要州郡長官。二品，開府位從公者一品。

[6]典軍將軍：官名，西晋置，掌宿衛禁軍，有時亦奉遣宣傳詔命。

浮，字子雲，起家太子舍人。[1]病疽截手，遂廢。然朝廷器重之，以爲國子博士、祭酒、秘書監，[2]皆不就。

[1]太子舍人：官名，掌行書令、表啓等。初隸太子太傅、太子少傅，後隸太子詹事。七品。

[2]國子博士：學官，教授儒學。六品。　祭酒：官名，此處爲國子祭酒，國子學的長官，主管國子學，掌教授儒學、參議禮制。五品。　秘書監：官名，秘書省長官，掌管藝文圖籍、課試署

史，統著作局，掌國史修撰並管理中外三閣圖書。三品。

欽弟斑，字子笏，衛尉卿。[1]斑子志。

[1]衛尉卿：官名，對衛尉的尊稱。掌宫廷警衛，兼管武庫、冶鑄，領江北冶令三十九員、南北東西諸督冶掾。三品。

志，字子道，初辟公府掾、尚書郎，出爲鄴令。[1]成都王穎之鎮鄴也，愛其才量，委以心膂，遂爲謀主。齊王冏起義，[2]遣使告穎。穎召志計事，志曰："趙王無道，肆行篡逆，四海人神，莫不憤怒。今殿下總率三軍，應期電發，子來之衆，[3]不召自至。掃夷凶逆，[4]必有征無戰。然兵事至重，聖人所慎。宜旌賢任才，以收時望。"穎深然之，改選上佐，高辟掾屬，以志爲諮議參軍，[5]仍補左長史，[6]專掌文翰。穎前鋒都督趙驤爲倫所敗，士衆震駭，議者多欲還保朝歌。[7]志曰："今我軍失利，敵新得勝，必有輕易凌轢之情，[8]若頓兵不進，三軍畏恤，懼不可用。且戰何能無勝負，宜更選精兵，星行倍道，出賊不意，此用兵之奇也。"穎從之。及倫敗，志勸穎曰："齊王衆號百萬，與張泓等相持不能決，大王逕得濟河，此之大勛，莫之與比，而齊王今當與大王共輔朝政。志聞兩雄不俱處，功名不並立，今宜因太妃微疾，求還定省，推崇齊王，徐結四海之心，此計之上也。"穎納之，遂以母疾還藩，委重於冏。由是穎獲四海之譽，天下歸心。朝廷封志爲武强侯，加散騎常侍。

[1]鄴：縣名，曹魏五都之一。治所在今河北省臨漳縣西南。

[2]齊王冏：司馬冏，字景治，本書卷五九有傳。

[3]子來：謂民心歸附，如子女趨事父母，不召自來，竭誠效忠。

[4]掃夷凶逆：掃，原本、宋本作"埽"，殿本作"掃"，據殿本改。

[5]諮議參軍：官名，兩晋時大將軍府、丞相府、公府、位從公府、州軍府均有置者，掌顧問謀議。

[6]左長史：官名，掌顧問參謀，爲所在官署掾屬之長。魏晋南北朝時王府、公府、軍府、邊郡均置長史，有時分左、右，左高於右。此爲公府左長史，六品。

[7]朝歌：郡名，曹魏文帝置，治所在朝歌縣（今河南省淇縣）。

[8]凌轢：盛氣凌人。

及河間王顒納李含之説，[1]欲内除二王，樹穎儲副，遣報穎，穎將應之，志正諫，不從。及冏滅，穎遥執朝權，遂懷觖望之心。[2]以長沙王乂在内，[3]不得恣其所欲，密欲去乂。時荆州有張昌之亂，[4]穎表求親征，朝廷許之。會昌等平，乃回兵以討乂。志諫曰："公前有復皇祚之大勛，及事平，歸功於齊，辭九錫之賞，[5]不當朝政之權，振陽翟饑人，[6]葬黄橋白骨，[7]皆盛德之事，四海之人莫不荷賴矣。逆寇縱肆，猾擾荆楚，今公掃清群難，[8]南土以寧，振旅而旋，頓軍關外，文服入朝，此霸王者之事也。"穎不納。

[1]河間王顒：司馬顒，字文載，本書卷五九有傳。　李含：

字世容，本書卷六〇有傳。

［2］觖（jué）望：不滿，怨恨。

［3］長沙王乂：司馬乂，字士度，本書卷五九有傳。

［4］荆州：三國時曹魏治所在新野縣（今河南省新野縣），孫吴治所在江陵縣（今湖北省江陵縣），西晋統一後治所在江陵縣（今湖北省江陵縣）。　張昌：少爲平氏縣吏，有武力，好論戰。太安二年（303），更名李辰，聚衆立山都縣吏丘沉爲天子，建元神鳳，自任相國。後失敗被殺。

［5］九錫：《漢書》卷六《武帝紀》顔師古注引應劭曰："一曰車馬，二曰衣服，三曰樂器，四曰朱户，五曰納陛，六曰虎賁百人，七曰鈇鉞，八曰弓矢，九曰秬鬯。此皆天子制度，尊之，故事事錫與，但數少耳。"

［6］振陽翟饑人：事見本書卷五九《司馬穎傳》。陽翟，縣名，治所在今河南省禹州市。

［7］葬黄橋白骨：事見本書卷五九《司馬穎傳》。黄橋，地名，在今河南省淇縣西。

［8］掃清群難：掃，原本、宋本作"埽"，殿本作"掃"，據殿本改。

及乂死，穎表志爲中書監，[1]留鄴，參署相府事。乘輿敗於蕩陰，[2]穎遣志督兵迎帝。及王浚攻鄴，[3]志勸穎奉天子還洛陽。時甲士尚萬五千人，[4]志夜部分，至曉，衆皆成列，而程太妃戀鄴不欲去，穎未能決。俄而衆潰，唯志與子謐、兄子綝、殿中武賁千人而已，志復勸穎早發。時有道士姓黄，號曰聖人，太妃信之。及使呼入，道士求兩杯酒，飲訖，抛杯而去，於是志計始決。而人馬復散，志於營陣間尋索，得數乘鹿車，司馬督韓玄收集黄門，[5]得百餘人。志入，帝問志曰："何故散敗至此?"志曰："賊去鄴尚八十里，而人士一朝駭散，太弟今欲奉陛下還洛陽。"帝曰："甚佳。"於是御犢車便發。屯騎校尉郝昌先領兵八千守洛陽，[6]帝召之，至汲郡而昌至，[7]兵仗甚盛。志喜於復振，啓天子宜下赦書，與百姓同其休慶。既達洛陽，志啓以滿奮爲司隸校尉。[8]奔散者多還，百官粗備，帝悦，賜志絹二百匹、綿百斤、衣一襲、鶴綾袍一領。

[1]中書監：官名，中書省長官之一。三國魏文帝初年分秘書置中書省，長官爲中書監、中書令。掌收納奏章。草擬詔令。平常不分高下，入朝時監略高於令。三品。

[2]蕩陰：縣名，治所在今河南省湯陰縣。

[3]王浚：字彭祖，本書卷三九有傳。

[4]"蕩陰"至"時甲士尚萬"：宋本無此段文字。

[5]司馬督：官名，殿中司馬督簡稱。西晋置，統禁軍，負責宫殿内的宿衛。分隸於左右衛將軍。六品。　黄門：官名，宫中小黄門、中黄門、黄門令統稱，均爲宦官。

[6]屯騎校尉：官名，北軍五校尉之一，隸屬中領軍，掌本營騎士，戍衛京師。四品。　郝昌：西晋人，曾任成都王司馬穎帳下督，又任將軍、屯騎校尉。

[7]汲郡：西晋始置，治所在汲縣（今河南衛輝市西南）。

[8]滿奮：西晋人，歷任司隸校尉、尚書令。

初，河間王顒聞王浚起兵，遣右將軍張方救鄴。[1]方聞成都軍敗，頓兵洛陽，不敢進，縱兵虜掠，密欲遷都長安，將焚宗廟宫室，以絶人心。志説方曰："昔董卓無道，[2]焚燒洛陽，怨毒之聲，百年猶存，何爲襲之！”乃止。方遂逼天子幸其壘。帝垂泣就輿，唯志侍側，曰：“陛下今日之事，當一從右將軍。臣駑怯，無所云補，唯知盡微誠，不離左右而已。”停方壘三日便西，志復從至長安。穎被黜，志亦免官。

[1]右將軍：官名，漢代重號將軍之一，與前、左、後將軍並爲上卿。魏晋時常設，權位漸低，僅爲武官名號，略高於一般雜號將軍。三品。 張方：西晋河間（今河北省獻縣東南）人，本書卷六〇有傳。

[2]董卓：東漢末隴西臨洮（今甘肅省岷縣）人，字仲穎。本爲凉州豪强，靈帝時任中郎將、前將軍、并州牧等職。應何進之招進京殺宦官，進京後專權，廢少帝立獻帝。因受關東諸侯討伐，焚燒洛陽宫室，遷獻帝於長安。後爲部將吕布所殺。董，原本作“里”，宋本、殿本作“董”，據宋本、殿本改。

及東海王越奉迎大駕，[1]顒啓帝復穎還鄴，以志爲魏郡太守，加左將軍，[2]隨穎北鎮。行達洛陽，而平昌公模遣前鋒督護馮嵩距穎。[3]穎還長安，未至而聞顒斬張方，求和於越。穎住華陰，[4]志進長安，詣闕陳謝，即還就穎於武關。[5]奔南陽，[6]復爲劉陶所驅，[7]回詣河北。及穎薨，官屬奔散，唯志親自殯送，[8]時人嘉之。越命志爲軍諮祭酒，[9]遷衛尉。[10]永嘉末，轉尚書。洛陽没，志將妻子北投并州刺史劉琨。[11]至陽邑，[12]爲劉粲所虜，[13]與次子謐、詵等俱遇害於平陽。[14]長子諶。

[1]東海王越：司馬越，字元超，本書卷五九有傳。

［2］左將軍：官名，漢代爲重號將軍，與前、後、右將軍並爲上卿。魏晋時爲常設官職，權位較兩漢漸低，僅爲武官名號，略高於一般雜號將軍，不典禁兵。三品。

［3］平昌公模：司馬模，司馬泰之子，字元表，本書卷三七有傳。　督護：官名，州郡及出鎮方面將軍府皆設，掌兵事。兩晋時常統軍征伐，祇督一軍。　馮嵩：歷任司馬模長史、前鋒都護、頓丘太守、魏郡太守、豫州刺史等職。

［4］華陰：縣名，治所在今陝西省華陰市東南。

［5］武關：位於今陝西省商洛縣西南丹江北岸。

［6］南陽：郡名，治所在宛縣（今河南省南陽市）。

［7］劉陶：西晋人，歷任揚州刺史、南中郎將等。

［8］殯送：送，宋本作"逃"。

［9］軍諮祭酒：官名，即軍師祭酒，晋朝避司馬師名諱而改。亦稱軍咨祭酒、軍謀祭酒、軍祭酒。諸軍府屬官，參謀軍事，位在軍府諸僚佐之上。

［10］衛尉：官名，掌宫廷禁衛，兼管武庫、冶鑄，領江北冶令三十九員、南北東西諸督冶掾。三品。

［11］并州：治所在晋陽縣（今山西省太原市西南）。　劉琨：字越石，本書卷六二有傳。

［12］陽邑：縣名，治所在今山西省太谷縣東北陽邑村。

［13］劉粲：字士光，本書卷一〇二有傳。

［14］平陽：縣名，治所在今山西省臨汾市西南。

諶，字子諒，清敏有理思，好《老》《莊》，善屬文。選尚武帝女滎陽公主，拜駙馬都尉，[1]未成禮而公主卒。後州舉秀才，[2]辟太尉掾。[3]洛陽没，隨志北依劉琨，與志俱爲劉粲所虜。粲據晋陽，[4]留諶爲參軍。琨收散卒，引猗盧騎還攻粲。[5]粲敗走，諶得赴琨，先父母兄弟在平陽者，悉爲劉聰所害。琨爲司空，以諶爲主簿，[6]轉從事中郎。琨妻即諶之從母，既加親愛，又重其才地。

[1]駙馬都尉：官名，與奉車都尉、騎都尉並稱三都尉，多用於宗室、外戚、功臣子、貴族、近臣的加官，亦用於尚公主者。六品。

[2]秀才：察舉科目，州舉秀才，郡舉孝廉。

[3]太尉掾：官名，太尉府屬吏。

[4]晋陽：縣名，治所在今山西省太原市西南。

[5]猗盧：拓跋猗盧，十六國時代國創建者。曾出兵助西晋并州刺史劉琨抗擊劉淵、石勒，被封爲代公，後進封代王。北魏建立後追謚爲穆帝。

[6]主簿：官名，此爲司空府屬官，典領文書籍簿，省録衆事，職權甚重。

建興末，隨琨投段匹磾。[1]匹磾自領幽州，取諶爲别駕。[2]匹磾既害琨，尋亦敗喪。時南路阻絶，段末波在遼西，[3]諶往投之。元帝之初，[4]末波通使於江左，[5]諶因其使抗表理琨，[6]文旨甚切，於是即加吊祭。累徵諶爲散騎、中書侍郎，[7]而爲末波所留，遂不得南渡。末波死，弟遼代立，[8]諶流離世故且二十載。石季龍破遼西，[9]復爲季龍所得，以爲中書侍郎、國子祭酒、侍中、中書監。[10]屬冉閔誅石氏，[11]諶隨閔軍，於襄國遇害，[12]時年六十七，是歲永和六年也。

[1]段匹磾：晋鮮卑段部酋帥，段務勿塵子，本書卷六三有傳。

［2］別駕：官名，别駕從事、别駕從事史省稱。州部佐官，因從刺史行部，别乘傳車，故稱。位居州吏之右。

［3］段末波：又名段末柸，東部鮮卑。世爲渠帥。隨從兄疾陸眷攻打石勒，被俘。後被石勒釋放。會疾陸眷死，段匹磾奔喪，末波乘機襲擊段匹磾，自立爲單于，稱幽州刺史。　遼西：郡名，治所在陽樂縣（今河北省盧龍縣東南）。

［4］宋本於"元帝之初"下有小字夾文"按王隱晋書云元帝建武元年遼西段末波通使於晋"。

［5］江左：江東。因自北方視之，江東在左，江西在右，故稱。

［6］理：辯解、辯白。

［7］散騎：官名，此爲散騎侍郎的省稱。中華本將"散騎"和"中書侍郎"連在一起爲"散騎中書侍郎"。史無此官職，應頓開。　中書侍郎：官名，三國魏文帝黄初初年設中書省，在長官中書監、中書令以下有通事郎，後增設中書郎，亦稱中書侍郎。掌草擬詔書，外出執行重要使命等。五品。

［8］遼：段遼，或作段護遼，十六國時東部鮮卑人，段末波從弟。繼段末波弟段牙後爲大單于、幽州刺史。被石虎打敗，歸附慕容皝，後因謀反事泄被殺。

［9］石季龍：即石虎，字季龍，本書卷一〇六有傳。

［10］國子祭酒：官名，國子學的長官，主管國子學，掌教授儒學、參議禮制。五品。

［11］冉閔：字永曾，本書卷一〇七有載記。

［12］襄國：縣名，治所在今河北省邢臺市。

諶名家子，早有聲譽，才高行潔，爲一時所推。值中原喪亂，與清河崔悦、潁川荀綽、河東裴憲、北地傅暢並淪陷非所，[1]雖俱顯于石氏，恒以爲辱。諶每謂諸子曰："吾身没之後，但稱晋司空從事中郎爾。"撰《祭法》，注《莊子》，及文集，皆行於世。

[1]清河：郡名，治所在清河縣（今山東省臨清市東北）。潁川：郡名，治所在許昌縣（今河南省許昌市東）。 荀綽：字彦舒，本書卷三九有傳。 河東：郡名，治所在安邑縣（今山西省夏縣西北禹王城）。 裴憲：字景思，本書卷三五有傳。 北地：郡名，三國魏治所在祋祤城（今陝西省銅川市耀州區東），西晋移治泥陽縣（今甘肅省寧縣東南）。 傅暢：字世道，本書卷四七有傳。

悦，字道儒，魏司空林曾孫，[1]劉琨妻之侄也。與諶俱爲琨司空從事中郎，後爲末波佐史。没石氏，亦居大官。其綽、憲、暢並别有傳。

[1]林：崔林，三國時清河東武城（今山東省武城縣西北）人，字德儒。崔琰從弟，東漢末被曹操任爲鄔縣長、冀州主簿、丞相掾屬、御史中丞。曹魏建立後歷任尚書、幽州刺史、河間太守、司隸校尉。

華表

華表，字偉容，平原高唐人也。[1]父歆，清德高行，爲魏太尉。表年二十，拜散騎、黄門郎，[2]累遷侍中。正元初，石苞來朝，[3]盛稱高貴鄉公，以爲魏武更生。時聞者流汗沾背，表懼禍作，頻稱疾歸下舍，故免於大難。後遷尚書。五等建，封觀陽伯。坐供給喪事不整，免。

[1]平原：郡國名，治所在平原縣（今山東省平原縣西南）。

高唐：縣名，治所在今山東省禹城縣西南。

[2]散騎：官名，散騎侍郎的省稱。五品。中華本將“散騎”和“黄門郎”連在一起爲“散騎黄門郎”。史無此官職，應頓開。黄門郎：官名，黄門侍郎或給事黄門侍郎的省稱。五品。

[3]石苞：字仲容，本書卷三三有傳。

泰始中，拜太子少傅，轉光禄勛，遷太常卿。[1]數歲，以老病乞骸骨。詔曰：“表清貞履素，有老成之美，久幹王事，静恭匪懈。而以疾固辭，章表懇至。今聽如所上，以爲太中大夫，[2]賜錢二十萬，床帳褥席禄賜與卿同，門施行馬。”[3]

[1]太常卿：官名，對太常的尊稱。太常，漢代稱奉常，本掌禮樂宗廟、社稷祭祀，魏晋時此職掌歸尚書裁定，太常成爲閑職。三品。

[2]太中大夫：官名，侍從皇帝左右，掌顧問應對、參謀議政、奉詔出使。多由寵臣貴戚出任。七品。

[3]行馬：古代官署前攔阻人馬通行的木架。俗稱“鹿角”，亦稱“梐枑”。

表以苦節垂名，司徒李胤、司隸王宏等並嘆美表清澹退静，[1]以爲不可得貴賤而親疏也。咸寧元年八月卒，時年七十二，謚曰康，詔賜朝服。有六子：廙、岑、嶠、鑒、澹、簡。

[1]王宏：字正宗，本書卷九〇有傳。　清澹退静：澹，宋本作“淡”。

廙，字長駿，弘敏有才義。妻父盧毓典選，難舉姻親，故廙年三十五不得調，晚爲中書通事郎。[1]泰始初，遷冗從僕射。[2]少爲武帝所禮，歷黄門侍郎、散騎常侍、前軍將軍、侍中、南中郎將、都督河北諸軍事。[3]父疾篤輒還之，[4]遭喪舊例，葬訖復任，廙固辭，[5]迕旨。

[1]中書通事郎：官名，中書省屬官，掌呈奏。黄門郎簽署檔後由通事郎書名，呈皇帝省讀、批准。亦省稱中書郎，西晋改爲中書侍郎，東晋初曾改回此稱，不久仍改爲中書侍郎。五品。

[2]冗從僕射：官名，三國魏任用士人，統營兵，負責宫禁侍衛。五品。冗，原本、宋本作“穴”，殿本作“冗”，據殿本改。

[3]前軍將軍：官名，四軍將軍之一，與後軍、左軍、右軍三將軍各領營兵千人，執掌護衛皇帝宫禁。四品。　南中郎將：官名，與東、西、北中郎將並稱四中郎將，統兵征戰，權職甚重。四品。　都督河北諸軍事：河北地區最高軍事行政長官。

[4]輒還之：殿本“之”作“仍”，與下文“遭喪舊例”連讀。

[5]廙固辭：固，殿本作“因”。

初，表有賜客在鬲，使廙因縣令袁毅録名，三客各代以奴。及毅以貨賕致罪，獄辭迷謬，不復顯以奴代客，直言送三奴與廙，而毅亦盧氏婿也。又中書監荀勖先爲中子求廙女，[1]廙不許，爲恨，因密啓帝，以袁毅貨賕者多，不可盡罪，宜責最所親者一人，因指廙當之。又緣廙有違忤之咎，遂於喪服中免廙官，削爵土。大鴻臚何遵奏廙免爲庶人，[2]不應襲封，請以表世孫混嗣表。有司奏曰：“廙所坐除名削爵，一時之制。廙爲世子，著在名簿，不聽襲嗣，此爲刑罰再加。諸侯犯法，八議平處者，[3]褒功重爵也。[4]嫡統非犯終身棄罪，廢之爲重，依律應聽襲封。”詔曰：“諸侯薨，子逾年即位，此古制也。應即位而廢之，爵命皆去矣，何爲罪罰再加？且吾之責廙，以肅貪穢，本不論常法也。諸賢不能將明此意，乃更詭易禮律，不顧憲度，君命廢之，[5]而群下復之，此爲上下正相反也。”於是有司奏免議者官，詔皆以贖論。混以世孫當受封，逃避，斷髮陽狂，病瘖不能語，故得不拜，世咸稱之。

［1］荀勖：字公曾，本書卷三九有傳。

［2］何遵：字思祖，本書卷三三有傳。

［3］八議平處：用八議進行評判裁決。八議，古代八種人犯罪經特別審議，可減免刑罰。八種人爲親、故、賢、能、功、貴、勤、賓。詳見《周禮·秋官·小司寇》。

［4］褒功重爵也：也，宋本作“世”。

［5］君命廢之：宋本於“廢之”下有小字夾文“一本作易之”。

廙栖遲家巷垂十載，教誨子孫，講誦經典。集經書要事，名曰《善文》，行于世。與陳勰共造猪闌於宅側，[1]帝嘗出視之，問其故，左右以實對，帝心憐之。帝後又登陵雲臺，望見廙苜蓿園，阡陌甚整，依然感舊。[2]

［1］陳勰：魏晋時人，特有才用，明解軍令。爲司馬昭所重，委任使典兵事。滅蜀後，令勰受諸葛亮圍陣用兵倚伏之法，又甲乙校標幟之制，勰悉暗練之，遂以勰爲殿中典兵中郎將，遷將軍。西晋建立後，任都水使者、將作大匠。　猪闌：猪，原本作“睹”，

宋本、殿本作“睹”，據中華本改。

[2]依然感舊：感，原本、宋本作“咸”，殿本作“感”，據殿本改。

太康初大赦，乃得襲封。久之，拜城門校尉，[1]遷左衛將軍。[2]數年，以爲中書監。惠帝即位，加侍中、光禄大夫、尚書令，進爵爲公。廙應楊駿召，不時還，有司奏免官。尋遷太子少傅，加散騎常侍，動遵禮典，得傅導之義。後年衰病篤，詔遣太醫療病，進位光禄大夫、開府儀同三司。時河南尹韓壽因託賈后求以女配廙孫陶，[3]廙距而不許，后深以爲恨，故遂不登臺司。年七十五卒，謚曰元。三子：混、薈、恒。

[1]城門校尉：官名，掌京城諸城門警衛。新莽時稱城門將軍，東漢時復舊稱。掌管洛陽除北宫門之外的十一城門，位在北五校尉之上。三國、西晋沿置。四品。

[2]左衛將軍：官名，三國魏咸熙二年（265），司馬炎即晋王位，分中衛將軍爲左、右衛將軍。掌佽飛虎賁及前驅、由基、强弩三部司馬，屬下還有虎賁、羽林、上騎、異力、命中共五部督，負責宫禁侍衛。西晋屬中軍將軍，後屬領軍將軍。爲禁衛軍主要統帥之一，權任很重。四品。

[3]韓壽：字德真，韓謐之父，本書卷四〇有傳。　賈后：惠帝皇后賈南風，本書卷三一有傳。

混，字敬倫，嗣父爵，清貞簡正，歷位侍中、尚書，卒官。子陶嗣，補鞏令，[1]没於石勒。

[1]鞏：縣名，治所在今河南省鞏義市西南。

薈，字敬叔，爲河南尹。與荀藩、荀組俱避賊，[1]至臨潁，[2]父子並遇害。

[1]荀藩：字大堅，本書卷三九有傳。　荀組：字大章，本書卷三九有傳。

[2]臨潁：縣名，治所在今河南省臨潁縣西北。

恒，字敬則，博學以清素爲稱。尚武帝女滎陽長公主，拜駙馬都尉。元康初，東宫建，恒以選爲太子賓友，賜爵關内侯，食邑百户。辟司徒王渾倉曹掾屬，[1]除散騎侍郎，累遷散騎常侍、北軍中候，[2]俄拜領軍，[3]加散騎常侍。

[1]中華本把屬字放逗號後，不宜，據文意改。

[2]北軍中候：官名，掌監屯騎校尉、越騎校尉、步兵校尉、長水校尉、射聲校尉所領北軍五營。魏晋時增設禁軍兵力，由地位更高的中領軍統轄，北軍五營作用漸輕，北軍中候置省無常，常與中領軍並置。五品。

[3]領軍：官名，領軍將軍的簡稱。三品。

愍帝即位，以恒爲尚書，進爵苑陵縣公。頃之，劉聰逼長安，[1]詔出恒爲鎮軍將軍，[2]領潁川太守，以爲外援。恒興合義軍，得二千人，未及西赴，而關中陷没。時群賊方盛，所在州郡相繼奔敗，恒亦欲棄郡東渡，而從兄軼爲元帝所誅，[3]以此爲疑。先書與驃騎將軍王導，[4]導言於帝。帝曰："兄弟罪不相及，况群從乎！"即召恒，補光禄勛。恒到，未及拜，更以爲衛將軍，加散騎常侍、本州大中正。[5]

[1]劉聰：字玄明，一名載，本書卷一〇二有載記。

[2]鎮軍將軍：官名，三國時始置，西晋罷又復置。位在鎮軍大將軍下，與中軍將軍、撫軍將軍並爲三名號將軍，位比四鎮將軍。三品。

[3]軼：華軼，字彦夏，本書卷六一有傳。

[4]驃騎將軍：官名，西漢時爲重號將軍，東漢以後，居諸名號將軍之首，僅作爲軍府名號加授大臣或重要州郡長官。二品，開府位從公者一品。　王導：字茂弘，本書卷六五有傳。

[5]大中正：州一級評定士人品第的官員。

尋拜太常，議立郊祀。尚書刁協、國子祭酒杜彝議，[1]須還洛乃修郊祀。恒議，漢獻帝居許，即便郊柴，[2]宜於此修立。司徒荀組、驃騎將軍王導同恒議，遂定郊祀。尋以疾求解，詔曰："太常職主宗廟，蒸嘗敬重，[3]而華恒所疾，不堪親奉職事。夫子稱'吾不預祭如不祭'，[4]况宗伯之任職所司邪！今轉恒爲廷尉。"頃之，加特進。

[1]刁協：字玄亮，本書卷六九有傳。　杜彝：中華本校勘記："《斠注》：《儒林傳》作'杜夷'。按：夷，字行齊，'夷''齊'義諧，《丁潭傳》、《通典》八二、九四亦作'夷'，疑是。"杜夷，字行齊，本書卷九一有傳。

[2]郊柴：古指燒柴生烟以祭天。柴爲祡的假借字，《説文·

示部》："祡，燒柴尞祭天也。"段玉裁注："祡與柴同此聲，故燒柴祭曰祡。"

［3］蒸嘗：本指秋冬二祭。後亦泛稱祭祀。

［4］吾不預祭如不祭：語見《論語·八佾》。

太寧初，遷驃騎將軍，加散騎常侍，督石頭水陸諸軍事。[1]王敦表轉恒爲護軍，[2]疾病不拜。授金紫光禄大夫，[3]又領太子太保。[4]成帝即位，加散騎常侍，領國子祭酒。咸和初，以愍帝時賜爵進封一皆削除，恒更以討王敦功封苑陵縣侯，復領太常。蘇峻之亂，[5]恒侍帝左右，從至石頭，備履艱危，困悴逾年。

［1］督石頭水陸諸軍事：石頭城地區軍事行政長官，位低於都督、監。

［2］護軍：官名，護軍將軍簡稱。三品。

［3］授金紫光禄大夫：授，宋本作"受"。

［4］太子太保：官名，東宫三師之一，位居太子太師、太子太傅下，品秩同太子太師。三品。

［5］蘇峻：字子高，本書卷一〇〇有傳。

初，恒爲州大中正，鄉人任讓輕薄無行，爲恒所黜。及讓在峻軍中，任勢多所殺害，見恒輒恭敬，不肆其虐。鍾雅、劉超之死，[1]亦將及恒，讓盡心救衛，故得免。

［1］鍾雅：字彦胄，本書卷七〇有傳。　劉超：字世瑜，本書卷七〇有傳。

及帝加元服,[1]又將納后。寇難之後，典籍靡遺，婚冠之禮，無所依據。恒推尋舊典，撰定禮儀，并郊廟辟雍朝廷軌則,[2]事並施用。遷左光禄大夫、開府,[3]常侍如故，固讓未拜。會卒，時年六十九，册贈侍中、左光禄大夫、開府，謚曰敬。

[1]加元服：行冠禮。元服即冠帽。

[2]郊廟辟雍：指祭祀天地、祭祀、宗廟、鄉飲酒等禮儀。

[3]左光禄大夫：官名，齊王曹芳正始元年（240）在光禄大夫上增置左、右，位在光禄大夫上，在朝顯職的加官，或授予年老有病致仕者，或授予死者。西晋時禄賜與特進同。二品，開府位從公者一品。

恒清恪儉素，雖居顯列，常布衣蔬食，年老彌篤。死之日，家無餘財，唯有書數百卷，時人以此貴之。子俊嗣，爲尚書郎。俊子仰之，大長秋。[1]

[1]大長秋：官名，宣達皇后旨意，領受皇帝詔命。魏晋南北朝時領諸宦者，管理宫闈。三品。

嶠，字叔駿，才學深博，少有令聞。文帝爲大將軍，辟爲掾屬，補尚書郎，轉車騎從事中郎。[1]泰始初，賜爵關内侯。遷太子中庶子,[2]出爲安平太守。[3]辭親老不行，更拜散騎常侍，典中書著作,[4]領國子博士，遷侍中。

[1]從事中郎：官名，東漢時爲大將軍屬官，地位較高。三國

時爲將軍府或公府屬官。六品。此爲車騎將軍府從事中郎。

［2］太子中庶子：官名，太子侍從，掌侍從、奏事、諫議等。五品。

［3］安平：封國名，治所在信都（今河北省衡水市冀州區）。

［4］中書著作：官名，即中書著作郎，三國魏明帝太和中置著作郎，因隸屬中書省，故稱。西晋武帝元康二年（292）著作郎改隸屬秘書省。

太康末，武帝頗親宴樂，又多疾病。屬小瘳，嶠與侍臣表賀，因微諫曰："伏惟聖體漸就平和，上下同慶，不覺抃舞。[1]臣等愚戇，竊有微懷，以爲收功於所忽，[2]事乃無悔；慮福於垂成，祚乃日新。唯願陛下深垂聖明，遠思所忽之悔，以成日新之福。冲静和氣，嗇養精神，頤身於清簡之宇，[3]留心於虚曠之域。無厭世俗常戒，以忽群下之言，則豐慶日延，天下幸甚！"帝手詔報曰："輒自消息，[4]無所爲慮。"元康初，封宣昌亭侯。誅楊駿，改封樂鄉侯，遷尚書。

［1］抃舞：手舞足蹈，極言歡樂。

［2］收功於所忽：無意之中取得功效。

［3］清簡之宇：清静無爲的心態中。

［4］輒自消息：隨其消長，順其自然。

後以嶠博聞多識，屬書典實，有良史之志，轉秘書監，加散騎常侍，班同中書。寺爲内臺，中書、散騎、著作及治禮音律，[1]天文數術，南省文章，[2]門下撰集，皆典統之。初，嶠以《漢紀》煩穢，慨然有改作之意。

會爲臺郎，典官制事，由是得遍觀秘籍，遂就其緒。起於光武，終於孝獻，一百九十五年，爲帝紀十二卷、皇后紀二卷、十典十卷、傳七十卷及三譜、序傳、目録，凡九十七卷。嶠以皇后配天作合，前史作外戚傳以繼末編，非其義也，故易爲皇后紀，以次帝紀。又改志爲典，以有《堯典》故也。而改名《漢後書》，奏之，詔朝臣會議。時中書監荀勖、令和嶠、太常張華、侍中王濟咸以嶠文質事核，[3]有遷固之規，[4]實録之風，藏之秘府。後太尉汝南王亮、司空衛瓘爲東宫傅，[5]列上通講，事遂施行。嶠所著論議、難駁、詩賦之屬數十萬言，其所奏官制、太子宜還宫及安邊、雩祭、明堂辟雍、浚導河渠，[6]巡禹之舊迹置都水官，修蠶宫之禮置長秋，事多施行。元康三年卒，追贈少府，謚曰簡。

[1]治禮音律：中華本校勘記："'音'疑當作'考'字。"

[2]南省：尚書省的別稱。

[3]和嶠：字長輿，本書卷四五有傳。　張華：字茂先，本書卷三六有傳。　王濟：字武子，本書卷四二有傳。　文質事核：文字質直事實準確。

[4]遷固：司馬遷和班固。

[5]太尉汝南王亮：司馬亮，字子翼，本書卷五九有傳。

[6]雩祭：求雨祭祀儀式。

嶠性嗜酒，率常沉醉。所撰書十典未成而終，秘書監何劭奏嶠中子徹爲佐著作郎，[1]使踵成之，未竟而卒。後監繆徵又奏嶠少子暢爲佐著作郎，[2]克成十典，并草魏晋紀傳，與著作郎張載等俱在史官。永嘉喪亂，經籍遺没，嶠書存者三十餘卷。[3]

[1]何劭：字敬祖，何曾子，本書卷三三有傳。　佐著作郎：官名，三國時隸中書省，西晋改隸秘書省，協助著作郎修撰國史及起居注，整理秘書省典籍。七品。

[2]後監繆徵：徵，原本、宋本、殿本作"徽"，據中華本校勘記改。

[3]三十餘卷：三，殿本作"五"。

嶠有三子：頤、徹、暢。頤嗣，官至長樂内史。[1]暢有才思，所著文章數萬言。遭寇亂，避難荆州，爲賊所害，時年四十。

[1]長樂：封國名，治所在信都縣（今河北省衡水市冀州區）。　内史：官名，西晋武帝太康十年（289）改諸王國相爲内史，掌管民政。五品。周家禄《晋書校勘記》認爲："晋制，以郡爲國，内史治民事，若郡太守。國除爲郡，復稱太守。然二名往往混淆，史家亦互稱之。"

石鑒

石鑒，字林伯，樂陵厭次人也。[1]出自寒素，雅志公亮。仕魏，歷尚書郎、侍御史、尚書左丞、御史中丞，[2]多所糾正，朝廷憚之，出爲并州刺史、假節、護匈奴中郎將。[3]

[1]樂陵：郡國名，治所在厭次縣（今山東省惠民縣東），西

晋末改爲郡。

[2]尚書左丞：官名，尚書省佐官，位次尚書，居尚書右丞上。與右丞共掌尚書都省庶務，率諸都令史監督稽核諸尚書曹、郎曹政務。左丞又掌督録近道文書章奏，監察糾彈尚書令、僕射、尚書等文武百官，號稱“監司”，權勢甚重。六品。

[3]護匈奴中郎將：官名，亦作使匈奴中郎將，掌監護南匈奴事務，多以并州刺史兼任，使持節或假節。四品。

武帝受禪，封堂陽子。入爲司隸校尉，轉尚書。時秦凉爲虜所敗，遣鑒都督隴右諸軍事，[1]坐論功虚僞免官。後爲鎮南將軍、豫州刺史，[2]坐討吴賊虚張首級。詔曰：“昔雲中守魏尚以斬首不實受刑，[3]武牙將軍田順以詐增虜獲自殺，[4]誣罔敗法，古今所疾。鑒備大臣，吾所取信。往者西事，公欺朝廷，以敗爲得，竟不推究。中間黜免未久，尋復授用，冀能補過，而乃與下同詐。所謂大臣，義得爾乎！有司奏是也，顧未忍耳。今遣歸田里，終身不得復用，勿削爵土也。”久之，拜光禄勛，復爲司隸校尉，稍加特進，遷右光禄大夫、開府，領司徒。[5]前代三公册拜，皆設小會，所以崇宰輔之制也。自魏末已後，廢不復行。至鑒，有詔令會，遂以爲常。太康末，拜司空，領太子太傅。[6]

[1]都督隴右諸軍事：隴右地區最高軍事行政長官。

[2]鎮南將軍：官名，與鎮東、鎮西、鎮北將軍合稱四鎮將軍。多爲持節都督，出鎮方面。曹魏二品。晋改三品，加持節都督者二品。　豫州：曹魏時治所在安城縣（今河南省正陽縣東北），西晋移治陳縣（今河南省周口市淮陽區）。

[3]雲中：郡名，治所在雲中縣（今内蒙古自治區托克托縣東北）。　魏尚：西漢内史槐里（今陝西省興平市東南）人，文帝時爲雲中守，善治軍，士卒皆愿效命，匈奴不敢近雲中塞。後因報上功，相差六個敵人首級，被削爵罰作，後因馮唐進諫，乃恢復原職。

[4]武牙將軍：即虎牙將軍，唐人因避諱改。漢朝將軍名號，不常置。　田順：西漢田千秋子，官至雲中太守、虎牙將軍。因虚報俘獲敵人數字而自殺。

[5]右光禄大夫：官名，齊王曹芳正始元年（240）在光禄大夫上增置左、右，位在光禄大夫上。在朝顯職的加官，或授予年老有病致仕者，或授予死者。西晋時禄賜與特進同。二品，開府位從公者一品。　開府：開設府署，辟置僚屬。魏晋時常以此作爲對高級官員的寵待。　司徒：官名，西漢哀帝元壽二年（前1）改丞相爲大司徒，東漢光武帝時改名爲司徒，東漢末又改爲丞相。三國魏恢復三公制，改丞相爲司徒，管理民政。兩晋沿制，爲八公之一，在太尉之下、司空之上。與丞相通職，一般不並置，爲名譽宰相。一品。

[6]太子太傅：官名，與太子少傅並稱二傅，三國時并攝東宫事務，與尚書、東曹并掌太子、諸侯官署選舉。西晋時下設丞、功曹、主簿等屬官。三品。

武帝崩，鑒與中護軍張劭監統山陵。[1]時大司馬、汝南王亮爲太傅楊駿所疑，[2]不敢臨喪，出營城外。時有告亮欲舉兵討駿，駿大懼，白太后令帝爲手詔，詔鑒及張劭使率陵兵討亮。劭，駿甥也，便率所領催鑒速發，鑒以爲不然，保持之，遣人密覘視亮，已别道還許昌，於是駿止，論者稱之。山陵訖，封昌安縣侯。[3]

[1]山陵：皇帝或皇后的墳墓。

[2]大司馬：官名，八公之一，位在上公之下、大將軍及三公之上，高級將帥，多爲大臣加官。一品。

[3]封昌安縣侯：中華本校勘記："以石尠、石定墓碣證之，'縣侯'當爲'公'字。參卷四校記。"

元康初，爲太尉。年八十餘，克壯慷慨，自遇若少年，時人美之。尋薨，謚曰元。子陋，字處賤，襲封，歷屯騎校尉。[1]

[1]屯騎校尉：官名，北軍五校尉之一，隸屬中領軍，掌本營騎士，戍衛京師。四品。

温羡

温羡，字長卿，太原祁人，[1]漢護羌校尉序之後也。[2]祖恢，[3]魏揚州刺史。父恭，濟南太守。[4]兄弟六人並知名於世，號曰"六龍"。羨少以朗寤見稱，[5]齊王攸辟爲掾，遷尚書郎。惠帝即位，拜豫州刺史，入爲散騎常侍，累遷尚書。及齊王冏輔政，以羨攸之故吏，意特親之，轉吏部尚書。

[1]祁：縣名，治所在今山西省祁縣東南祁城。

[2]護羌校尉：官名，監護内附羌人，戍衛邊塞，領羌人軍隊作戰。四品。

[3]恢：温恢，三國時太原祁（今山西省祁縣東南）人，字曼基。東漢末舉孝廉，任曹操丞相刺奸主簿，遷揚州刺史。曹魏建立後歷任侍中、魏郡太守、凉州刺史、領護羌校尉。

［4］濟南：郡名，治所在歷城縣（今山東省濟南市）。

［5］朗寤：聰明敏捷有悟性。

先是，張華被誅，冏建議欲復其官爵。論者或以爲非，羨駁之曰："自天子已下，争臣各有差，不得歸罪於一人也。故晏子曰：'爲己死亡，非其親昵，誰能任之？'[1]里克之殺二庶，[2]陳乞之立陽生，[3]漢朝之誅諸吕，皆積年之後乃得立事。未有事主見存，而得其志於數月之内者也。式乾之會，[4]張華獨諫。上宰不和，不能承風贊善，望其指麾從命，不亦難乎！況今皇后譖害其子，内難不預，禮非所在。[5]且后體齊於帝，尊同皇極，罪在枉子，事不爲逆，義非所討。今以華不能廢枉子之后，與趙盾不討殺君之賊同，[6]而貶責之，於義不經通也。"華竟得追復爵位。

［1］"爲己死亡"句：語見《左傳·襄公二十五年》。晏嬰説"若爲己死而爲己亡，非其私昵，誰敢任之？"意爲如果國君是爲自己而死，除了他最親近的人，誰還能和他一起赴死？

［2］里克之殺二庶：李克，春秋時晋國大夫。晋獻公卒，他殺荀息依遺命而立的奚齊及卓子，遣使迎立重耳。事見《左傳·僖公九年》《左傳·僖公十年》。

［3］陳乞之立陽生：陳乞，齊國大夫，一作田乞，又作陳僖子。齊景公時其以小斗收税，大斗出貸，深得民心。齊晏孺子元年（前489），其聯合鮑牧及諸大夫率兵衝入公宫，擊敗國惠子、高昭子，迎立公子陽生，是爲齊悼公，自爲相，開始了田氏專政。

［4］式乾之會：指在式乾殿討論愍懷太子廢立之事。見本書卷三六《張華傳》。

[5]禮非所在：在，殿本作“任”。

[6]趙盾不討殺君之賊：春秋時，晋襄公卒，繼位的靈公荒淫暴虐，趙盾多次勸諫，靈公不但不聽，反而對其屢加迫害。趙盾避禍出走，還未逃出國境，靈公便爲趙盾弟弟趙穿所殺。趙盾乃回朝迎立晋成公。太史記此事説：“趙盾弑其君。”趙盾認爲記得不對，太史説：“子爲正卿，亡不越竟，反不討賊，非子而誰？”

其後以從駕討成都王穎有勛，封大陵縣公，邑千八百户。出爲冀州刺史，[1]加後將軍。[2]范陽王虓敗於許昌也，[3]自牧冀州，羕乃避之。惠帝之幸長安，以羕爲中書令，不就。及帝還洛陽，徵爲中書監，加散騎常侍。未拜，會帝崩，懷帝即位，遷左光禄大夫、開府，領司徒，論者僉謂爲速。在位未幾，病卒，贈司徒，謚曰元。有三子：祇、允、裕。

[1]冀州：三國魏治所在信都縣（今河北省衡水市冀州區），西晋移治房子縣（今河北省高邑縣西南）。

[2]後將軍：官名，漢代爲重號將軍，與前、左、右將軍並爲上卿。魏晋以後權位漸低，僅爲將軍名號，略高於一般雜號將軍。三品。

[3]范陽王虓：司馬虓，字武會，本書卷三七有傳。　許昌：縣名，治所在許昌城（今河南省許昌市東）。

祇，字敬齊，太傅西曹掾。[1]允，字敬咸，太子舍人。裕，字敬嗣，尚武安長公主，官至左光禄大夫。

[1]太傅西曹掾：官名，太傅府西曹長官，掌府吏署諸事。

七品。

史臣曰：晋氏中朝，承累世之資，建兼并之業，衣冠斯盛，英彦如林。此數公者，或以雅望處臺槐，[1]或以高名居保傅，[2]自非一時之秀，亦曷能至于斯。惜其參緘於論道之辰，[3]獨善於兼濟之日，良圖鯁議，無足多談。然退己進賢，林叔弘推讓之美；自家刑國，宣伯協恭孝之規。子若之儒素爲基，偉容之苦節流譽，慶垂來葉，不亦宜哉！石鑒以公亮升，温羡以明寤顯，屬于危亂，不隕其名。歲寒見松柏之後彫，斯人之謂矣。

[1]臺槐：即三公。

[2]保傅：統稱教導天子及諸侯子弟的師、傅、保等官員。

[3]参：殿本作“三”。

贊曰：讓矣密陵，[1]孝哉廣陸。[2]欽既博雅，表亦貞肅。[3]鑒績克宣，[4]温聲載穆。同鏘玉振，争芬蘭郁。

[1]密陵：鄭袤。其封爲密陵侯。

[2]廣陸：李胤。起被封爲廣陸侯。

[3]貞肅：端方威重。

[4]克宣：得到宣揚。

晋書　卷四五

列傳第十五

劉毅 子暾 程衛　和嶠　武陔 弟茂　任愷 子罕　崔洪
郭奕　侯史光　何攀

劉毅

劉毅，字仲雄，東萊掖人。[1]漢城陽景王章之後。[2]父喈，丞相屬。毅幼有孝行，少厲清節，然好臧否人物，王公貴人望風憚之。僑居平陽，[3]太守杜恕請爲功曹，[4]沙汰郡吏百餘人，三魏稱焉。[5]爲之語曰：[6]“但聞劉功曹，不聞杜府君。”

[1]東萊：郡國名，治所在掖縣（今山東省萊州市）。

[2]漢城陽景王章：西漢宗室，齊悼惠王劉肥子。高后二年（前186），封朱虛侯，娶吕禄女爲妻。吕后死，與大臣周勃等誅諸吕，迎立文帝。被封城陽王，卒謚景。城陽景王，原本、殿本作“陽城景王”，宋本作“陽景王”，據中華本改。

[3]平陽：郡名，治所在平陽縣（今山西省臨汾市西南）。

[4]杜恕：三國時京兆杜陵（今陝西省西安市東南）人，字務

伯。杜畿子，歷任曹魏散騎黄門侍郎、弘農太守、河東太守、幽州刺史等。嘉平元年（249），持節護烏桓校尉，殺違例入塞之鮮卑侍從，被彈劾下獄，以父功免死，貶爲庶人。　功曹：官名，即功曹史。郡縣屬官，職掌人事，參與郡縣政務。兩晋時，不開府將軍、太子二傅、特進、郡縣皆置。

［5］三魏：即古代魏郡地區。西漢置魏郡，後來魏郡分置東西部都尉，故有“三魏”之稱。曹魏黄初以後，又指魏郡（治所在鄴縣，今河北省臨漳縣西南）、陽平郡（治所在元城縣，今河北省大名縣東北）、廣平郡（治所在曲梁侯國，今河北省邯鄲市永年區東南）。

［6］語：原本、宋本作“詔”，殿本作“語”，據殿本改。

魏末，本郡察孝廉，[1]辟司隸都官從事，[2]京邑肅然。毅將彈河南尹，[3]司隸不許，曰：“攫獸之犬，鼷鼠蹈其背。”毅曰：“既能攫獸，又能殺鼠，何損於犬！”投傳而去。[4]同郡王基薦毅於公府，[5]曰：“毅方正亮直，介然不群，[6]言不苟合，行不苟容。往日僑仕平陽，爲郡股肱，正色立朝，舉綱引墨，朱紫有分，[7]《鄭》《衛》不雜，[8]孝悌著於邦族，[9]忠貞效於三魏。昔孫陽取騏驥於吴坂，[10]秦穆拔百里於商旅。[11]毅未遇知己，無所自呈。前已口白，謹復申請。”太常鄭袤舉博士，[12]文帝辟爲相國掾，[13]辭疾，積年不就。時人謂毅忠於魏氏，而帝怒其顧望，將加重辟。毅懼，應命，轉主簿。[14]

［1］孝廉：漢代選拔人才的科目。

［2］司隸：官名，即司隸校尉，三國魏時先治弘農，後治河南，

轄司州所屬河南、河東、河内、弘農、平陽五郡。掌監察京師，糾察京都百官。西晋沿置。三品。　都官從事：官名，司隸校尉的屬官，舉奏彈劾不法官員。

［3］河南尹：官名，京都洛陽所在河南郡長官，主管京都事務。三品。

［4］傳：任官的憑證。

［5］王基：三國時東萊曲城（今山東省萊州市東北）人，字伯輿，一作伯興。從鄭玄學儒經。歷任郎中、中書侍郎、從事中郎。從征毌丘儉、諸葛誕，官至征南將軍、都督荆州諸軍事。

［6］介然不群：介，殿本作“挺”。

［7］朱紫：兩種顔色，此處指是非優劣。

［8］《鄭》《衛》：古代音樂。《鄭》，鄭聲，被斥爲淫聲。《衛》被認爲是亂世之音。

［9］孝悌：悌，殿本作“弟”。

［10］孫陽：即伯樂，春秋時秦國人，善相馬。《戰國策·楚策·汗明見春申君》：汗明對春申君説：“君亦聞驥乎？夫驥之齒至矣，服鹽車而上太行。蹄申膝折，尾湛胕潰，漉汁灑地，白汗交流；中阪遷延，負轅不能上。伯樂遭之，下車攀而哭之，解紵衣以冪之。驥於是俯而噴，仰而鳴，聲達於天。”

［11］百里：百里奚，春秋時秦國大夫。先爲虞國大夫，晋滅虞後入晋，又作爲晋獻公女兒陪嫁的媵臣入秦。後又逃至楚國。秦穆公聞其賢，用五張羊皮將其贖回，加以重用。

［12］太常：官名，漢代稱奉常，本掌禮樂宗廟、社稷祭祀，魏晋時此職掌歸尚書裁定，太常成爲閑職。三品。　鄭袤：字林叔，本書卷四四有傳。　博士：官名，此爲太常博士。魏晋時由於國子博士、太學博士專掌經學傳授、參議禮儀制度，遂别置太常博士，掌引導乘輿、擬議王公以下謚號、參議朝廷禮儀典章。六品。

［13］相國掾：官名，相國府屬吏。

［14］主簿：官名，開府屬官，典領文書籍簿，省録衆事，職權

甚重。

武帝受禪，爲尚書郎、駙馬都尉，[1]遷散騎常侍、國子祭酒。[2]帝以毅忠蹇正直，使掌諫官。轉城門校尉，[3]遷太僕，[4]拜尚書，[5]坐事免官。咸寧初，復爲散騎常侍、博士祭酒。[6]轉司隸校尉，[7]糾正豪右，京師肅然。司部守令望風投印綬者甚衆，時人以毅方之諸葛豐、蓋寬饒。[8]皇太子朝，鼓吹將入東掖門，[9]毅以爲不敬，止之於門外，奏劾保傅以下。詔赦之，然後得入。

[1]尚書郎：官名。東漢之制，取孝廉中之有才能者入尚書臺，在皇帝左右處理政務，初入臺稱守尚書郎中，滿一年稱尚書郎，滿三年稱侍郎。魏晋以後尚書各曹有侍郎、郎中等官，綜理職務，通稱爲尚書郎。六品。　駙馬都尉：官名，與奉車都尉、騎都尉並稱三都尉，多用於宗室、外戚、功臣子、貴族、近臣的加官，亦用於尚公主者。六品。

[2]散騎常侍：官名，三國魏文帝黄初年間置，侍從皇帝左右，諫諍得失，顧問應對，與侍中等共平尚書奏事。也用作宰相、諸公等加官，入宫議政。三品。　國子祭酒：官名，國子學的長官，主管國子學，掌教授儒學、參議禮制。五品。

[3]城門校尉：官名，掌京城諸城門警衛。新莽時稱城門將軍，東漢時復舊稱。掌管洛陽除北宫門之外的十一城門，位在北五校尉之上。三國、西晋沿置。四品。

[4]太僕：官名，掌皇帝車馬、田獵、兵器及全國牧業。三品。

[5]尚書：官名，東漢尚書臺六曹各置尚書，秩六百石。魏晋出爲朝官，分掌尚書省諸曹，品秩提高。三品。

[6]博士祭酒：官名，領諸五經博士，掌教授經學，備顧問應對。西晋爲太學之長，與國子學之長國子祭酒並隸太常。東晋南朝

以國子祭酒兼統國子、太學博士，此官或省。五品。

[7]司隸校尉：官名，三國魏時先治弘農，後治河南，轄司州所屬河南、河東、河內、弘農、平陽五郡。掌監察京師，糾察京都百官。西晋沿置。三品。原本、宋本無“校”字，殿本有，據殿本補。

[8]諸葛豐：西漢琅邪（今山東省諸城市）人，字少季。以明經爲郡文學，元帝時任司隸校尉，刺舉無所避。因懲治外戚許章，告光禄勛周堪忤旨而被免爲庶人，卒於家。　蓋寬饒：西漢魏郡（今河北省臨漳縣西南）人，字次公，以明經爲郡文學，舉孝廉方正，遷諫大夫，行郎中户將事。宣帝時爲太中大夫，使行風俗，多所稱舉貶黜，奉使稱意。擢爲司隸校尉，刺舉無所回避，小大輒舉，所劾奏衆多，皆恐懼莫敢犯禁。後被誣爲大逆不道，引佩刀自剄北闕下。

[9]鼓吹：帝王及高級官員儀仗中的樂隊，由管樂和打擊樂器組成，常用來賜予有軍功的高級武官。　東掖門：宫東旁小門。《初學記》卷二四《居處部·門》引《洛陽故宫記》：洛陽有南掖門、北掖門、東掖門、西掖門。

帝嘗南郊，禮畢，喟然問毅曰：“卿以朕方漢何帝也？”對曰：“可方桓靈。”[1]帝曰：“吾雖德不及古人，猶克己爲政。又平吴會，混一天下。方之桓靈，其已甚乎！”[2]對曰：“桓靈賣官，錢入官庫；陛下賣官，錢入私門。以此言之，殆不如也。”帝大笑曰：“桓靈之世，不聞此言。今有直臣，故不同也。”散騎常侍鄒湛進曰：[3]“世談以陛下比漢文帝，人心猶不多同。昔馮唐答文帝，[4]云不能用頗牧而文帝怒，[5]今劉毅言犯順而陛下歡。然以此相校，聖德乃過之矣。”帝曰：“我平天下而不封禪，焚雉頭裘，行布衣禮，卿初無言。今於小事，何見褒之甚？”湛曰：“臣聞猛獸在田，荷戈而出，凡人能之。蜂蠆作於懷袖，[6]勇夫爲之驚駭，出於意外故也。夫君臣有自然之尊卑，言語有自然之逆順。向劉毅始言，臣等莫不變色。陛下發不世之詔，出思慮之表，臣之喜慶，不亦宜乎！”

［1］桓靈：東漢桓帝劉志，在位期間先是外戚專政，然後宦官專權，黨錮之禍發生，政治日益黑暗。東漢靈帝劉宏，在位時宦官專政，黨禁再起，賣官鬻爵，民不聊生。

［2］其已甚乎：太過分了吧！

［3］鄒湛：字潤甫，本書卷九二有傳。

［4］馮唐答文帝：馮唐祖父爲趙人，漢文帝對馮唐夸贊趙將李齊之賢。馮唐説李齊不如廉頗和李牧。文帝説若得廉頗、李牧這樣的人爲將，就不擔心匈奴了。馮唐答道：“陛下雖有廉頗、李牧，不能用也。”見《漢書》卷五〇《張馮汲鄭傳》。

［5］頗牧：廉頗和李牧。廉頗，戰國時趙將，以勇氣聞於諸侯。趙惠文王時爲將伐齊，大破齊軍，拜爲上卿。趙孝成王時與樂乘率軍伐燕，迫使燕割地請和。後與樂乘不和，奔魏居大梁，後入楚。李牧，戰國時趙將，常駐守北部邊境，曾大敗匈奴，使之十餘年不敢犯境。趙王遷三年（前233），大敗秦軍於肥，因功封武安君。後屢敗秦軍，秦深以爲患，因行反間計，使其爲趙王所殺。

［6］蜂蠆（chài）：蜂和蠆。都是有毒刺的螫蟲。

在職六年，遷尚書左僕射。[1]時龍見武庫井中，帝親觀之，有喜色。百官將賀，毅獨表曰：“昔龍降鄭時門之外，子産不賀。[2]龍降夏庭，沫流不禁，卜藏其漦，[3]至周幽王，禍釁乃發。《易》稱‘潛龍勿用，陽在下也’。[4]證據舊典，無賀龍之禮。”詔報曰：“正德未修，誠未有以膺受嘉祥。省來示，以爲瞿然。[5]賀慶之事，宜詳依典義，動静數示。”[6]尚書郎劉漢等議，以爲：“龍體既蒼，雜以素文，意者大晋之行，[7]戢武興文之應也。[8]而毅乃引衰世妖異，以疑今之吉祥。又以龍在井爲潛，皆失其意。潛之爲言，隱而不見。今龍彩質明焕，示人以物，非潛之謂也。毅應推處。”[9]詔不聽。後陰氣解而復合，毅上言：“必有阿黨之臣，[10]奸以事君者，當誅而不誅故也。”

[1]尚書左僕射：官名，尚書省次官，輔助尚書令執行政務，參議大政，諫諍得失，監察糾彈百官。有時尚書省不置令，衹設左右僕射，此時左僕射居右僕射之上。三品。

[2]龍降鄭時門之外：《左傳·昭公十九年》：鄭國發大水，有龍出現於時門之外洧淵。國人請舉行禜祭，子産不讓，説：“我鬥，龍不我覿也。龍鬥，我獨何覿焉？禳之，則彼其室也。吾無求於龍，龍亦無求於我。”　子産：春秋時鄭國人，名僑，字子産，鄭穆公之孫，公子發之子，因又稱公孫僑。鄭簡公時執掌國政，作丘賦、鑄刑書、擇賢能、護鄉校，進行一系列改革。

[3]“龍降夏庭”句：事見《國語·鄭語》：夏之衰，有二神龍止於王庭。夏后卜殺之與去之與止之，莫吉。卜請其漦而藏之，吉。及周厲王之末，发而觀之，漦流于庭，化爲玄黿。后宫童妾遇之而孕，生褒姒。周幽王寵褒姒，欲殺申后所生太子而立褒姒子伯服，引起申戎之亂，西周因此而亡。

[4]“潛龍勿用”句：語見《易·乾卦·象》。

[5]瞿然：吃驚的樣子。

[6]動静數示：上報各種結果。

[7]意者：我以爲。意，宋本作“白”。

[8]戢：止息。

[9]推處：推罪處罰。

[10]阿黨：結黨。

毅以魏立九品，[1]權時之制，未見得人，而有八損，乃上疏曰：

臣聞：立政者，以官才爲本，[2]官才有三難，而興替之所由也。人物難知，一也；愛憎難防，二也；情僞難明，三也。今立中正，定九品，高下任意，榮辱在手。操人主之威福，奪天朝之權勢。愛憎決於心，情僞由於己。公無考校之負，私無告訐之忌。[3]用心百態，求者萬端。廉讓之風滅，苟且之俗成。天下訩訩，但争品位，不聞推讓，竊爲聖朝耻之。

[1]九品：此指九品官人法，亦稱九品中正制，即魏晋時期選官任人的制度。州郡中正將人才分爲上上、上中、上下、中上、中中、中下、下上、下中、下下九品，朝廷據此授官。

[2]官才：授人才以官。

[3]告訐：責人過失或揭人陰私；告發。

夫名狀以當才爲清，[1]品輩以得實爲平，安危之要，不可不明。清平者，政化之美也；枉濫者，亂敗之惡也，不可不察。然人才異能，備體者寡。[2]器有大小，達有早晚。前鄙後修，宜受日新之報；[3]抱正違時，宜有質直之稱；[4]度遠闕小，宜得殊俗之狀；任直不飾，宜得清實之譽；行寡才優，宜獲器任之用。是以三仁殊塗而同歸，[5]四子異行而均義。[6]陳平、韓信笑侮於邑里，[7]而收功於帝王；屈原、伍胥不容於人主，[8]而顯名於竹帛，[9]是篤論之所明也。

[1]名狀：對人才的介紹。

[2]備體：全面。

[3]日新：日後的新貌。

[4]質直：質樸正直。

[5]三仁：殷商的三位仁人：箕子、微子、比干。

[6]四子：四個傑出人物，道家、儒家、諸子中有多種説法。如儒家指孔子、孟子、曾子、子思。道家指老子、莊子、文子、列子。

[7]陳平：秦末陽武（今河南省原陽縣東南）人，少治黄老之術。秦末天下大亂，先後侍魏王咎、項羽，後歸劉邦。歷任都尉、亞將、護軍中尉，爲劉邦重要謀士，屢出奇計。漢朝建立後封户牖侯和曲逆侯。惠帝時歷任郎中令、左右丞相。吕后死，又與周勃等人誅除諸吕，迎立文帝。　韓信：秦末淮陰（今江蘇省淮安市淮陰區南）人，早年家貧，常從人寄食。後隨項羽起兵，因不受重用，轉投劉邦。受蕭何舉薦，拜大將軍。功勛卓著，爲漢初三傑之一。漢立封楚王，後貶爲淮陰侯。終爲吕后設計所殺。

[8]屈原：戰國時楚人，名平，字原。又名正則，字靈均。楚國貴族，任左徒、三閭大夫。爲人正道直行，對内主張明法度，任賢能；對外主張聯齊抗秦。因上官大夫讒言，被楚懷王疏遠。後被流放江南，因國都失守，無力回天，投汨羅江而死。　伍胥：春秋時人，名員，字子胥，楚國大夫伍奢之次子，伍尚之弟。楚平王七

年（前522）因費無忌迫害而出走吴國，助公子闔閭奪取王位，被任爲行人。屢立戰功，封於申，又稱申胥。吴王夫差時，因勸諫而被疏遠，最後自殺而死。

[9]竹帛：古代文字書寫的載體，後泛指書籍、史籍。

今之中正，不精才實，務依黨利；不均稱尺，務隨愛憎。所欲與者，獲虚以成譽；所欲下者，吹毛以求疵。高下逐强弱，是非由愛憎。隨世興衰，不顧才實，衰則削下，興則扶上，一人之身，旬日異狀。或以貨賂自通，或以計協登進，附託者必達，守道者困悴。無報於身，必見割奪；有私於己，必得其欲。是以上品無寒門，下品無勢族。暨時有之，皆曲有故。慢主罔時，實爲亂源。損政之道一也。

置州都者，[1]取州里清議，[2]咸所歸服，將以鎮異同，一言議。不謂一人之身，了一州之才，一人不審便坐之。若然，自仲尼以上，至於庖犧，莫不有失，則皆不堪，何獨責於中人者哉！若殊不修，自可更選。今重其任而輕其人，所立品格，還訪刁攸。[3]攸非州里之所歸，非職分之所置。今訪之，歸正於所不服，决事於所不職，以長讒構之源，以生乖争之兆，似非立都之本旨，理俗之深防也。主者既善刁攸，攸之所下而復選以二千石，已有數人。劉良上攸之所下，石公罪攸之所行，駁違之論横於州里，嫌仇之隙結於大臣。夫桑妾之訟，禍及吴楚；[4]鬥鷄之變，難興魯邦。[5]况乃人倫交争而部黨興，刑獄滋生而禍根結。損政之道二也。

[1]州都：州大中正的别稱。

[2]清議：東漢末社會風氣，士人領袖對時政與人物的品評，對所評對象影響極大。

[3]刁攸：西晉渤海饒安（今河北省鹽山縣西南）人，刁協之父，武帝時御史中丞。

[4]"桑妾之訟"句：《史記》卷三一《吴太伯世家》載："楚邊邑卑梁氏之處女與吴邊邑之女争桑，二女家怒相滅，兩國邊邑長聞之，怒而相攻，滅吴之邊邑。吴王怒，故遂伐楚，取兩都而去。"此句宋本作"桑妾之謂，尚及吴楚"。

[5]"鬥鷄之變"句：《左傳·昭公二十五年》載：魯國季氏、郈氏兩家的鷄相鬥，季氏給鷄披上鎧甲，郈氏給鷄做了金屬的距趾套。季孫意如發怒，侵占郈氏土地增建房屋，並且責備郈氏，郈昭伯也因此怨恨季孫意如。最後演變成魯國内亂。

本立格之體，[1]將謂人倫有序，若貫魚成次也。爲九品者，取下者爲格，謂才德有優劣，倫輩有首尾。今之中正，務自遠者，則抑割一國，使無上人；穢劣下比，則拔舉非次，并容其身。公以爲格，坐成其私。君子無大小之怨，[2]官政無繩奸之防。[3]使得上欺明主，下亂人倫。乃使優劣易地，[4]首尾倒錯。推貴異之器，使在凡品之下；負戴不肖，越在成人之首。損政之道三也。

[1]格：按照一定的標準取才。

[2]君子無大小之怨：原本、殿本作"君子無小人之怨"，宋

本作“君子無大小之怨”，據宋本、殿本改。

[3]繩奸：懲治奸邪。

[4]優劣易地：優劣顛倒。

陛下踐阼，開天地之德，弘不諱之詔，納忠直之言，以覽天下之情，太平之基，不世之法也。然賞罰，自王公以至於庶人，無不加法。置中正，委以一國之重，無賞罰之防。人心多故，清平者寡，故怨訟者衆。聽之則告訐無已，禁絶則侵枉無極，與其理訟之煩，猶愈侵枉之害。[1]今禁訟訴，則杜一國之口，培一人之勢，使得縱横，無所顧憚。諸受枉者抱怨積直，獨不蒙天地無私之德，而長壅蔽於邪人之銓。[2]使上明不下照，下情不上聞。損政之道四也。

[1]侵枉之害：侵，殿本作“清”。

[2]長壅蔽於邪人之銓：助長奸邪掌管選人任官的勢頭。

昔在前聖之世，欲敦風俗，鎮静百姓，隆鄉黨之義，[1]崇六親之行，[2]禮教庠序以相率，[3]賢不肖於是見矣。然鄉老書其善以獻天子，司馬論其能以官於職，[4]有司考績以明黜陟。[5]故天下之人退而修本，州黨有德義，朝廷有公正，浮華邪佞無所容厝。今一國之士多者千數，或流徙異邦，或取給殊方，面猶不識，况盡其才力！而中正知與不知，其當品狀，采譽於臺府，納毁於流言。任己則有不識之蔽，聽受則有彼此之偏。所知者以愛憎奪其平，所不知者以人事亂其度；既無鄉老紀行之譽，又非朝廷考績之課；[6] 遂使進官之人，棄近求遠，背本逐末。位以求成，不由行立，品不校功，黨譽虛妄。損政五也。

[1]鄉黨：同鄉，鄉親。

[2]六親：歷來説法不一，多指父子、兄弟、夫婦。

[3]庠序：學校。

[4]司馬：官名，州郡佐官。協助掌管治理州郡事務。

[5]黜陟：人才的進退，官吏的升降。黜，貶降、罷退。陟，提拔、升遷。

[6]考績之課：即考課，依據一定標準考核官吏政績的制度。一般分常課和大課。常課每年一次，大課三年一次。由兩個系統進行，一是中央課郡，郡課縣，即中央對地方的考課；一是公卿守相或各部門長官課其屬吏，即上級對下級的考課。均根據政績的殿最進行升降賞罰。

凡所以立品設狀者，求人才以理物也，非虛飾名譽，相爲好醜。雖孝悌之行，不施朝廷，故門外之事，以義斷恩。既以在官，職有大小，事有劇易，各有功報，此人才之實效，功分之所得也。今則反之，於限當報，雖職之高，還附卑品，無績於官，而獲高叙，是爲抑功實而隆虛名也。上奪天朝考績之分，下長浮華朋黨之士。[1] 損政六也。

[1]浮華朋黨之士：士，原本、宋本作“事”，殿本作“士”，

據殿本改。

凡官不同事，人不同能，得其能則成，失其能則敗。今品不狀才能之所宜，而以九等爲例。以品取人，或非才能之所長；以狀取人，則爲本品之所限。若狀得其實，猶品狀相妨，繫縶選舉，使不得精於才宜。況今九品，所疏則削其長，所親則飾其短。徒結白論，[1]以爲虛譽，則品不料能，百揆何以得理，[2]萬機何以得修？損政七也。

[1]徒結白論：不實的結論。
[2]百揆：各種政務。

前九品詔書，善惡必書，以爲褒貶，當時天下，少有所忌。今之九品，所下不彰其罪，所上不列其善，廢褒貶之義，任愛憎之斷，清濁同流，以植其私。故反違前品，大其形勢，以驅動衆人，使必歸己。進者無功以表勸，退者無惡以成懲。懲勸不明，則風俗污濁，天下人焉得不解德行而鋭人事？損政八也。

由此論之，選中正而非其人，授權勢而無賞罰，或缺中正而無禁檢，故邪黨得肆，枉濫縱横。雖職名中正，實爲奸府；事名九品，而有八損。或恨結於親親，猜生於骨肉，當身困於敵仇，子孫離其殃咎。[1]斯乃歷世之患，非徒當今之害也。是以時主觀時立法，防奸消亂，靡有常制，故周因於殷，有所損益。至於中正九品，上聖古賢皆所不爲，豈蔽於此事而有不周哉，將以政化之宜無取於此也。自魏立以來，未見其得人之功，而生仇薄之累。[2]毀風敗俗，無益於化，古今之失，莫大於此。愚臣以爲宜罷中正，除九品，棄魏氏之弊法，立一代之美制。

疏奏，優詔答之。後司空衛瓘等亦共表宜省九品，[3]復古鄉議里選。竟不施行。[4]

[1]離：遭受。

[2]仇薄：怨恨，仇視。

[3]司空：官名，魏晋南北朝爲名譽宰相，多爲大臣加官。晋八公之一，位在三公之末。一品。　衛瓘：字伯玉，本書卷三六有傳。

[4]竟不施行：殿本“竟”上有“帝”字。

毅夙夜在公，坐而待旦，言議切直，無所曲撓，爲朝野之所式瞻。[1]嘗散齋而疾，[2]其妻省之，毅便奏加妻罪而請解齋。妻子有過，立加杖捶，其公正如此。然以峭直，故不至公輔。帝以毅清貧，賜錢三十萬，日給米肉。年七十，告老。久之，見許，以光禄大夫歸第，[3]門施行馬，[4]復賜錢百萬。

[1]式瞻：瞻仰，視爲榜樣。

[2]散齋：結束齋戒。

[3]光禄大夫：官名，三公等大臣告老回家即拜此職，或作爲在朝顯職的加官。三品，開府位從公者一品。

[4]行馬：古代官署前攔阻人馬通行的木架。俗稱“鹿角”，亦稱“梐枑”。

後司徒舉毅爲青州大中正，[1]尚書以毅懸車致仕，[2]不宜勞以碎務。陳留相樂安孫尹表曰：[3]“禮，凡卑者執勞，尊者居逸，是順叙之宜也。司徒魏舒、司隸校尉嚴詢與毅年齒相近，[4]往者同爲散騎常侍，後分授外内之職，資塗所經，出處一致。今詢管四十萬户州，兼董司百寮，[5]總攝機要，舒所統殷廣，兼執九品，銓十六州論議，主者不以爲劇。毅但以知一州，便謂不宜累以碎事，於毅太優，詢、舒太劣。若以前聽致仕，不宜復與遷授位者，故光禄大夫鄭袤爲司空是也。夫知人則哲，惟帝難之。尚可復委以宰輔之任，不可諮以人倫之論，臣竊所未安。昔鄭武公年過八十，[6]入爲周司徒，雖過懸車之年，必有可用。毅前爲司隸，直法不撓，當朝之臣，多所案劾。諺曰：‘受堯之誅，不能稱堯。’直臣無黨，古今所悉。是以汲黯死於淮陽，[7]董仲舒裁爲諸侯之相。[8]而毅獨遭聖明，不離輦轂，[9]當世之士，咸以爲榮。毅雖身偏有風疾，而志氣聰明，一州品第，不足勞其思慮。毅疾惡之心小過，主者必疑其論議傷物，故高其優禮，令去事實，此爲機閣毅，[10]使絶人倫之路也。臣州茂德惟毅，越毅不用，則清談倒錯矣。”

[1]司徒：官名，西漢哀帝元壽二年（前1）改丞相爲大司徒，東漢光武帝時改名爲司徒，東漢末又改爲丞相。三國魏恢復三公制，改丞相爲司徒，管理民政。兩晋沿制，爲八公之一，在太尉之

下、司空之上。與丞相通職，一般不並置，爲名譽宰相。一品。青州：治所在臨淄縣（今山東省淄博市東北）。青，原本、宋本作“清”，殿本作“青”，據殿本改。

[2]懸車致仕：辭官退休，廢車不用。

[3]陳留：郡國名，治所在小黄縣（今河南省開封市東）。相：官名，郡國相，也稱内史。五品。　樂安：郡名，治所在高苑縣（今山東省鄒平市長山鎮）。

[4]魏舒：字陽元，本書卷四一有傳。　嚴詢：西晋人，任安北將軍、司隸校尉、散騎常侍等職。

[5]董司百寮：總統百官。

[6]鄭武公：春秋時鄭國國君，公元前770至前744年在位。名滑突，一作掘突。鄭桓公之子。夫人武姜，生太子寤生和少子叔段。武姜請立叔段爲太子，武公不許。死後太子即位，是爲鄭莊公。

[7]汲黯死於淮陽：汲黯，西漢濮陽（今河南省濮陽市西南）人，字長孺。景帝時任太子洗馬，武帝時爲謁者、東海太守。在郡有治績。後召爲主爵都尉。爲人耿直，敢直言相諫，號“汲直”。卒於淮陽太守任上。

[8]董仲舒：西漢廣川（今河北省景縣西南廣川鎮）人，少治《春秋》。景帝時任博士，武帝時任江都王相、中大夫。提出罷黜百家獨尊儒術，被武帝采納。主治《公羊春秋》學，宣傳天人感應。

[9]輦轂：皇帝的車輿，代指皇帝。

[10]機閣毅：把劉毅束之高閣，尊而不用。

於是青州自二品已上光禄勛石鑒等共奏曰：[1]“謹案陳留相孫尹表及與臣等書如左。臣州履境海岱，而參風齊魯，故人俗務本，而世敦德讓，今雖不充於舊，[2]而遺訓猶存，是以人倫歸行，士識所守也。前被司徒符，當參舉州大中正。僉以光禄大夫毅，純孝至素，著在鄉閭。忠允亮直，竭於事上，仕不爲榮，惟期盡節。正身率道，崇公忘私，行高義明，出處同揆。[3]故能令義士宗其風景，[4]州閭歸其清流。[5]雖年耆偏疾，而神明克壯，實臣州人士所思準繫者矣。[6]誠以毅之明格，不言而信，風之所動，清濁必偃，以稱一州咸同之望故也。[7]竊以爲禮賢尚德，教之大典，王制奪與，動爲開塞，而士之所歸，人倫爲大。臣等虚劣，雖言廢於前，今承尹書，敢不列啓。案尹所執，非惟惜名議於毅之身，亦通陳朝宜奪與大準。以爲尹言當否，應蒙評議。"

[1]光禄勛：官名，侍從皇帝左右，掌宫廷宿衛。西晋時兼掌原屬少府的一部分宫廷供御事務。三品。殿本於"光禄勛"上有"憑毅取正"四字。　石鑒：字林伯，本書卷四四有傳。

[2]不充於舊：充，殿本作"克"。

[3]出處同揆：出仕和隱退同爲一理。

[4]宗其風景：風度聲望爲衆人楷模。

[5]州閭歸其清流：宋本無"清"字。

[6]準繫：標準所在。　者矣：殿本無此二字。

[7]以稱一州咸同之望故也：殿本無"故"字。

由是毅遂爲州都，銓正人流，清濁區別，其所彈貶，自親貴者始。太康六年卒，武帝撫機驚曰："失吾名臣，不得生作三公！"即贈儀同三司，[1]使者監護喪事。羽林左監北海王宫上疏曰：[2]"中詔以毅忠允匪躬，[3]贈班臺司，斯誠聖朝考績以毅著勛之美事也。臣謹案，謚者行之迹，而號者功之表。今毅功德並立，而有號無謚，於義不體。臣竊以《春秋》之事求之，謚法主於行而不繫爵。[4]然漢魏相承，爵非列侯，則皆没而高行，[5]不加之謚，至使三事之賢臣，不如野戰之將。銘迹所殊，臣願聖世舉《春秋》之遠制，改列爵之舊限，使夫功行之實不相掩替，則莫不率賴。若以革舊毁制，非所倉卒，則毅之忠益，雖不攻城略地，論德進爵，亦應在例。臣敢惟行甫請周之義，謹牒毅功行如右。"帝出其表使八坐議之，[6]多同宫議。奏寢不報。二子：暾、總。

[1]儀同三司：即開府儀同三司，三國魏始置。爲大臣加號，意謂與太尉、司徒、司空三司待遇相同，許開設府署，任命僚屬。

[2]羽林左監：官名，隸屬羽林中郎將，主管羽林左騎。五品。

[3]忠允匪躬：忠誠恭謹，不顧自身。《易·蹇》："王臣蹇蹇，匪躬之故。"孔穎达疏："盡忠於君，匪以私身之故而不往濟君，故曰：匪躬之故。"。

[4]不繫爵：原本、宋本作"不繼爵"，殿本作"不繫爵"，據殿本、中華本校勘記改。

[5]則皆没而高行：皆，殿本作"雖"。

[6]八坐：即八座，尚書省高級官員的合稱。東漢用以稱尚書令、僕射、六曹尚書。魏晋以後，用以稱尚書令、左右僕射、諸曹尚書。無論共有幾人，皆沿用八座之稱。

暾，字長升，正直有父風。太康初爲博士，會議齊王攸之國，[1]加崇典禮，暾與諸博士坐議迕旨。武帝大怒，收暾等付廷尉。[2]會赦得出，免官。初，暾父毅疾馮紞奸佞，[3]欲奏其罪，未果而卒。至是，紞位宦日隆，暾慨然曰："使先人在，不令紞得無患。"

[1]齊王攸：司馬攸，字大猷，本書卷三八有傳。

[2]廷尉：官名，中央最高司法審判機構長官，負責會審朝中有罪文武大臣，覆核審决郡國疑獄等。三品。

[3]馮紞：字少胄，本書卷三九有傳。

後爲酸棗令，[1]轉侍御史。[2]會司徒王渾主簿劉輿獄辭連暾，[3]將收付廷尉。渾不欲使府有過，欲距劾自舉之。與暾更相曲直，渾怒，便遜位還第。[4]暾乃奏渾曰："謹案司徒王渾，蒙國厚恩，備位鼎司，[5]不能上佐天子，[6]調和陰陽，下遂萬物之宜，使卿大夫各得其所。敢因劉輿距扞詔使，私欲大府興長獄訟。昔陳平不答漢文之問，[7]邴吉不問死人之變，[8]誠得宰相之體也。既興刑獄，怨懟而退，舉動輕速，無大臣之節。請免渾官。右長史、楊丘亭侯劉肇，[9]便辟善柔，[10]苟於阿順。請大鴻臚削爵土。"[11]諸聞暾此奏者，皆嘆美之。

[1]酸棗：縣名，治所在今河南省延津縣西南。

[2]侍御史：官名，簡稱御史、侍御。御史臺屬官，曹魏時分掌治書、課第等八曹，尚書、符節等三臺。西晋時分掌吏、課第、直事、印、中都督、外都督、媒、符節、水、中壘、軍營、法、算十三曹。六品。

[3]王渾：字玄冲，本書卷四二有傳。　劉輿：字慶孫，本書卷六二有傳。

[4]遜位還第：讓位回家。

［5］鼎司：重臣的職位。

［6］天子：子，宋本作“日”。

［7］陳平不答漢文之問：不答漢文之問，即不直接回答漢文帝的問題。孝文帝詢問右丞相周勃天下一年決獄多少，一年錢穀出入多少。周勃全答不上來。又問左丞相陳平，陳平說：“陛下即問決獄，責廷尉；問錢穀，責治粟内史。”文帝問陳平管什麽，陳平説：“宰相者，上佐天子理陰陽，順四時，下育萬物之宜，外鎮撫四夷諸侯，内親附百姓，使卿大夫各得任其職焉。”

［8］邴吉不問死人之變：邴吉，即丙吉，西漢魯國（今山東省曲阜市）人，字少卿。熟習律令，歷任廷尉右監、大將軍長史、御史大夫、丞相等職。丙吉嘗出，逢群鬥死傷横道，過而不問。逢人逐牛，牛喘吐舌，乃止車詢問。人問其故，丙吉説：“民鬥相殺傷，長安令、京兆尹職所當禁備逐捕宰相不親小事，非所當於道路問也。方春少陽用事，未可大熱，恐牛近行用暑故喘，此時氣失節，恐有所傷害也。三公典調和陰陽，職當憂，是以問之。”

［9］右長史：官名，司徒府置長史，分左、右，領府中各曹。六品。

［10］便辟善柔：諂媚奉迎阿諛奉承。

［11］大鴻臚：官名，九卿之一，掌賓客迎送接待，贊襄引導朝會百官等。三品。

其後武庫火，尚書郭彰率百人自衛而不救火，[1] 暾正色詰之。彰怒曰：“我能截君角也。”[2] 暾勃然謂彰曰：“君何敢恃寵作威作福，天子法冠而欲截角乎！”求紙筆奏之，彰伏不敢言，衆人解釋，乃止。彰久貴豪侈，每出輒從百餘人。自此之後，務從簡素。

［1］郭彰：字叔武，本書卷四〇有傳。

［2］截君角：改變你頭上的官帽。意謂使丢官。

暾還太原内史，[1]趙王倫篡位，[2]假征虜將軍，[3]不受，與三王共舉義。惠帝復阼，暾爲左丞，正色立朝，三臺清肅。[4]尋兼御史中丞，[5]奏免尚書僕射、東安公繇及王粹、董艾等十餘人。[6]朝廷嘉之，遂即真。遷中庶子、左衛將軍、司隸校尉，[7]奏免武陵王澹及何綏、劉坦、温畿、李晅等。[8]長沙王乂討齊王冏，[9]暾豫謀，封朱虚縣公，千八百户。乂死，坐免。頃之，復爲司隸。

［1］太原：郡名，治所在晉陽縣（今山西省太原市西南）。　内史：官名，西晉武帝太康十年（289）改諸王國相爲内史，掌管民政。五品。周家禄《晉書校勘記》認爲："晉制，以郡爲國，内史治民事，若郡太守。國除爲郡，復稱太守。然二名往往混淆，史家亦互稱之。"

［2］趙王倫：司馬倫，字子彝，本書卷五九有傳。

［3］征虜將軍：既是武官名，也作爲高級文職官員的加官。三品。

［4］三臺：指尚書臺、御史臺、謁者臺。

［5］御史中丞：官名，御史大夫副手，掌監察、執法，爲京師顯官，職權甚重。四品。

［6］尚書僕射：官名，秦漢爲尚書令副貳，東漢建安四年（199）分置左、右，爲尚書省次官，三品。　東安公繇：司馬繇，字思玄，本書卷三八有傳。　王粹：弘農（今河南省靈寶市）人，歷任魏郡太守、北中郎將，附賈謐，與石崇、歐陽建、潘岳等爲"二十四友"。　董艾：司馬冏的心腹，司馬冏專權時，曾勢傾朝廷。

［7］中庶子：官名，即太子中庶子。太子侍從，掌侍從、奏事、

諫議等。五品。　左衛將軍：官名，三國魏咸熙二年（265），司馬炎即晋王位，分中衛將軍爲左、右衛將軍。掌佽飛虎賁及前驅、由基、强弩三部司馬，屬下還有虎賁、羽林、上騎、異力、命中共五部督，負責宫禁侍衛。西晋屬中軍將軍，後屬領軍將軍。爲禁衛軍主要統帥之一，權任很重。四品。

[8]武陵王澹：司馬澹，字思弘，本書卷三八有傳。　何綏：字伯蔚，本書卷三三有傳。　温畿：曾任荀晞部將，後任太子左率、御史中丞。

[9]長沙王乂：司馬乂，字士度，本書卷五九有傳。　齊王冏：司馬冏，字景治，本書卷五九有傳。

及惠帝之幸長安也，留暾守洛陽。河間王顒遣使鴆羊皇后，[1]暾乃與留臺僕射荀藩、河南尹周馥等上表，[2]理后無罪。語在后傳。顒見表，大怒，遣陳顔、吕朗率騎五千收暾，暾東奔高密王略。[3]會劉根作逆，[4]略以暾爲大都督，[5]加鎮軍將軍討根。[6]暾戰失利，還洛。至酸棗，值東海王越奉迎大駕。[7]及帝還洛，羊后反宫。后遣使謝暾曰："賴劉司隸忠誠之志，得有今日。"以舊勛復封爵，加光禄大夫。

[1]河間王顒：司馬顒，字文載，本書卷五九有傳。　羊皇后：惠帝皇后羊獻容，本書卷三一有傳。

[2]留臺：指古代帝王因故离京，奉命留守京師之官及其機構。　荀藩：字大堅，本書卷三九有傳。　周馥：字祖宣，本書卷六一有傳。

[3]高密王略：司馬略，字元簡，本書卷三七有傳。

[4]會劉根作逆：中華本校勘記："《惠紀》作'劉柏根'。"

[5]大都督：官名，高級軍事長官。三國初作爲加官於戰時臨時設置，後逐漸成爲常設加官官職，地位極高。

[6]鎮軍將軍：官名，三國時始置，西晋罷又復置。位在鎮軍大將軍下，與中軍將軍、撫軍將軍並爲三名號將軍，位比四鎮將軍。三品。

[7]東海王越：司馬越，字元超，本書卷五九有傳。

暾妻前卒，先陪陵葬。子更生初婚，家法，婦當拜墓，携賓客親屬數十乘，載酒食而行。先是，洛陽令王棱爲越所信，而輕暾，暾每欲繩之，棱以爲怨。時劉聰、王彌屯河北，[1]京邑危懼。棱告越，云暾與彌鄉親而欲投之。越嚴騎將追暾，右長史傅宣明暾不然。[2]暾聞之，未至墓而反，以正義責越，越甚慚。

[1]劉聰：字玄明，一名載，本書卷一〇二有載記。　王彌：本書卷一〇〇有傳。

[2]傅宣：字世弘，本書卷四七有傳。

及劉曜寇京師，[1]以暾爲撫軍將軍、假節、都督城守諸軍事。[2]曜退，遷尚書僕射。越憚暾久居監司，又爲衆情所歸，乃以爲右光禄大夫，[3]領太子少傅，[4]加散騎常侍。外示崇進，實奪其權。懷帝又詔暾領衛尉，[5]加特進。[6]後復以暾爲司隸，加侍中。[7]暾五爲司隸，允協物情故也。

[1]劉曜：字永明，本書卷一〇三有載記。

[2]撫軍將軍：官名，三國蜀漢、孫吴皆置，爲加官，以示權

重。晋沿置，與中軍將軍、鎮軍將軍並爲三名號將軍。三品。　假節：假以節杖。指大臣臨時持節出巡，爲權臣掌軍、秉政的地位象徵和政治待遇。　都督城守諸軍事：負責京師守備的最高軍事行政長官。

[3]右光禄大夫：官名，齊王曹芳正始元年（240）在光禄大夫上增置左、右，位在光禄大夫上。在朝顯職的加官，或授予年老有病致仕者，或授予死者。西晋時禄賜與特進同。二品，開府位從公者一品。

[4]領：以地位較高的官員兼理較低的職務。　太子少傅：官名，與太子太傅並稱二傅，三國時并攝東宫事務，與尚書、東曹并掌太子、諸侯官署選舉。西晋時下設丞、功曹、主簿等屬官。三品。

[5]衛尉：官名，掌宫廷禁衛，兼管武庫、冶鑄，領江北冶令三十九員、南北東西諸督冶掾。三品。

[6]特進：官名，三國兩晋時表示有特殊地位，或用作安置閑退大臣。二品。

[7]侍中：官名，東漢建安中與給事黄門侍郎出入禁中，省尚書事。曹魏時爲門下之侍中省長官，常侍衛皇帝左右，掌顧問應對、諫諍糾察、平議奏事、駁奏異議等，權力甚重。三品。

王彌入洛，百官殲焉。彌以暾鄉里宿望，故免於難。暾因説彌曰："今英雄競起，九州幅裂，有不世之功者，宇内不容。將軍自興兵已來，何攻不克，何戰不勝，而復與劉曜不協，宜思文種之禍，[1]以范蠡爲師。[2]且將軍可無帝王之意，東王本州，以觀事勢，上可以混一天下，下可以成鼎峙之事，豈失孫劉乎！蒯通有言，[3]將軍宜圖之。"彌以爲然，使暾于青州，與曹嶷謀，[4]且徵之。暾至東阿，[5]爲石勒游騎所獲，[6]見彌與嶷書而大怒，乃殺之。曒有二子：佑、白。

［1］文種：春秋時楚國郢城（今湖北省荆州市紀南城）人，字少禽，一作子禽。與范蠡入越，共事越王勾踐，任大夫。越國被吴國擊破，退守會稽，文種獻計向吴國請和，得免亡國。越國復仇後，范蠡勸文種功成身退，文種不聽。後勾踐聽信讒言，令文種自殺。

［2］范蠡：春秋末楚國宛（今河南省南陽市）人，字少伯，在楚國時與宛令文種爲友，後與文種一起入越國。吴越相争，越國失敗。兩國媾和後，范蠡隨越王入吴爲人質三年。越王返國後，發憤圖强，最後反手將吴國滅掉。功成之後，范蠡離開越國，泛海至齊國，稱鴟夷子皮，又到陶，改稱陶朱公，以經商成爲巨富。

［3］蒯通：即蒯徹。秦末范陽（今河北省定興縣南）人。秦末天下大亂，蒯通勸説范陽令徐公以城降武臣。楚漢戰争中，在韓信帳下，勸韓信以武力攻取齊地。韓信勢力强盛時，又勸韓信説："夫以足下之賢聖，有甲兵之衆，據强齊，從燕、趙，出空虚之地而制其後，因民之欲，西鄉爲百姓請命，則天下風走而響應矣，孰敢不聽！割大弱强，以立諸侯，諸侯已立，天下服聽而歸德於齊。案齊之故，有膠、泗之地，懷諸侯以德，深拱揖讓，則天下之君王相率而朝於齊矣。蓋聞天與弗取，反受其咎；時至不行，反受其殃。願足下孰慮之。"

［4］曹嶷：西晋人，王彌左長史、鎮東將軍，領青州刺史，與石勒通和，被授以東州大將軍、青州牧，封琅邪公，後爲石勒所殺。

［5］東阿：縣名，治所在今山東省陽穀縣東北阿城鎮。

［6］石勒：字世龍，本書卷一〇四有傳。

佑爲太傅屬。白，太子舍人。[1]白果烈有才用，東海王越忌之，竊遣上軍何倫率百餘人入暾第，爲劫取財物，殺白而去。

［1］太子舍人：官名，掌行書令、表啓等。初隸太子太傅、太子少傅，後隸太子詹事。七品。

總，字弘紀，好學直亮，後叔父彪，位至北軍中候。[1]

［1］北軍中候：官名，掌監屯騎校尉、越騎校尉、步兵校尉、長水校尉、射聲校尉所領北軍五營。魏晋時增設禁軍兵力，由地位更高的中領軍統轄，北軍五營作用漸輕，北軍中候置省無常，常與中領軍並置。五品。

程衛者，[1]字長玄，廣平曲周人也。[2]少立操行，强正方嚴。劉毅聞其名，辟爲都官從事。毅奏中護軍羊琇犯憲應死。[3]武帝與琇有舊，乃遣齊王攸喻毅，毅許之。衛正色以爲不可，徑自馳車入護軍營，收琇屬吏，考問陰私，先奏琇所犯狼籍，然後言於毅。由是名振遐邇，百官厲行。遂辟公府掾，遷尚書郎、侍御史，在職皆以事幹顯。補洛陽令，歷安定、頓丘太守，[4]所莅著績。卒於官。

［1］程衛者：殿本無“者”字。

［2］廣平：郡名，治所在曲梁侯國（今河北省邯鄲市永年區東南）。　曲周：縣名，治所在今河北省曲周縣東北。

［3］中護軍：官名，掌武官選舉，與中領軍同掌禁軍。曹魏四

品，晋三品。　羊琇：字稚舒，本書卷九三有傳。

[4]安定：郡名，西漢置，治所在高平縣（今寧夏回族自治區固原市），東漢治所在臨涇縣（今甘肅省鎮原縣東南），東晋改治安定縣（今甘肅省涇川縣北）。　頓丘：郡名，治所在頓丘縣（今河南省浚縣北）。

和嶠

和嶠，字長輿，汝南西平人也。[1]祖洽，[2]魏尚書令。[3]父逌，魏吏部尚書。[4]嶠少有風格，慕舅夏侯玄之爲人，[5]厚自崇重。有盛名於世，朝野許其能整風俗，理人倫。襲父爵上蔡伯，起家太子舍人。累遷潁川太守，[6]爲政清簡，甚得百姓歡心。太傅從事中郎庾敳見而嘆曰：[7]“嶠森森如千丈松，雖磥砢多節目，施之大廈，有棟梁之用。”[8]賈充亦重之，[9]稱於武帝，入爲給事黄門侍郎，[10]遷中書令，[11]帝深器遇之。舊監令共車入朝，時荀勖爲監，[12]嶠鄙勖爲人，以意氣加之，每同乘，高抗專車而坐。乃使監、令異車，自嶠始也。

[1]汝南：郡名，西晋治所在新息縣（今河南省息縣西南），東晋移治懸瓠城（今河南省汝南縣）。　西平：縣名，治所在今河南省西平縣西。

[2]洽：和洽，字陽士，汝南西平（今河南省西平縣西）人。東漢末避亂荆州，後歸附曹操。歷任曹魏侍中、郎中令、光禄勛、太常、廷尉、吏部尚書等職。

[3]尚書令：官名，秦漢時爲尚書署長官。秩位雖低，權力甚重。魏晋時沿置，爲尚書省長官，綜理全國政務，參議大政，爲高級政務長官。三品。

［4］吏部尚書：官名，三國魏時爲尚書省吏部曹長官，位居列曹尚書之上。三品。

［5］夏侯玄：三國時沛國譙縣（今安徽省亳州市）人，字太初，夏侯淵之孫，曹爽之姑子。善談名理，玄學家。

［6］潁川：郡名，治所在許昌縣（今河南省許昌市東）。

［7］太傅：官名，晋爲八公之一。位上公，太宰之下、太保之上。一品。　從事中郎：官名，東漢時爲大將軍屬官，地位較高。三國時爲將軍府或公府屬官。六品。此爲太傅府從事中郎。　庾敳：原本、宋本、殿本、中華本皆作“庾顗”，均誤。

［8］“嶠森森如千丈松”至“有棟梁之用”：按，文中庾敳感嘆“嶠森森如千丈松……有棟梁之用”的“嶠”，指温嶠而非和嶠。查卷五〇《庾敳傳》：“敳有重名，爲搢紳所推，而聚斂積實，談者譏之。都官從事温嶠奏之，敳更器嶠，目嶠森森如千丈松，雖礧砢多節，施之大厦，有棟梁之用。”再查卷六七《温嶠傳》：“温嶠字太真，司徒羡弟之子也……年十七，州郡辟召，皆不就。司隸命爲都官從事。散騎常侍庾敳有重名，而頗聚斂，嶠舉奏之，京都振肅。後舉秀才、灼然。司徒辟東閣祭酒，補上黨潞令。”二傳相呼應，佐證庾敳所贊之人是彈奏自己的温嶠。礌砢多節目，形容植物多節不光順。

［9］賈充：字公閭，本書卷四〇有傳。

［10］給事黄門侍郎：官名，魏晋時爲侍中省或門下省次官。與侍中俱掌門下衆事，職掌略同，地位隨皇帝旨意或侍中地位而定。五品。

［11］中書令：官名，掌收納尚書奏事，傳達皇帝詔旨。三國魏文帝初年分秘書置中書省，設中書監和中書令，職權甚重。三品。

［12］荀勖：字公曾，本書卷三九有傳。　監：中書監，官名，中書省長官之一。三國魏文帝初年分秘書置中書省，長官爲中書監、中書令。掌收納奏章、草擬詔令。平常不分高下，入朝時監略高於令。三品。

吴平，以參謀議功，賜弟郁爵汝南亭侯。嶠轉侍中，愈被親禮，與任愷、張華相善。[1]嶠見太子不令，[2]因侍坐曰："皇太子有淳古之風，而季世多僞，恐不了陛下家事。"帝默然不答。後與荀顗、荀勖同侍，[3]帝曰："太子近入朝，差長進，卿可俱詣之，粗及世事。"既奉詔而還，顗、勖並稱太子明識弘雅，[4]誠如明詔。嶠曰："聖質如初耳！"帝不悦而起。嶠退居，恒懷慨嘆，知不見用，猶不能已。在御坐言及社稷，未嘗不以儲君爲憂。[5]帝知其言忠，每不酬和。後與嶠語，不及來事。或以告賈妃，[6]妃銜之。太康末，爲尚書，以母憂去職。

[1]任愷：字元褒，本書卷四五有傳。　張華：字茂先，本書卷三六有傳。

[2]不令：不美，不好。

[3]荀顗：字景倩，本書卷三九有傳。

[4]明識弘雅：見識明澈、氣度高雅。

[5]儲君：宋本作"諸吕"。

[6]賈妃：惠帝皇后賈南風，本書卷三一有傳。

及惠帝即位，拜太子少傅，[1]加散騎常侍、光禄大夫。太子朝西宫，嶠從入。賈后使帝問嶠曰："卿昔謂我不了家事，[2]今日定云何？"嶠曰："臣昔事先帝，曾有斯言。言之不效，國之福也。臣敢逃其罪乎！"元康二年卒，贈金紫光禄大夫，[3]加金章紫綬，[4]本位如前。永平初，[5]策謚曰簡。[6]嶠家産豐富，擬於王者，然性至吝，以是獲譏於世，杜預以爲嶠有錢癖。[7]以弟郁子濟嗣，位至中書郎。[8]

[1]太子少傅：少，殿本作“太”。

[2]卿昔謂我不了家事：謂，原本、宋本作“爲”，殿本作“謂”，據殿本改。

[3]金紫光祿大夫：官名，對光祿大夫加金章紫綬，祿賜、班位、車服、佩玉等皆與特進同。二品。

[4]金章紫綬：黄金印章、紫色綬帶。

[5]永平：殿本作“永康”。

[6]策謚曰簡：中華本校勘記：“《斠注》：上文云元康二年卒，永平紀元在元康之前，不應先策謚而後卒也，此有誤文。按：殿本改‘永平’爲‘永康’。永康距元康凡九載，不應死後九年而後策謚。‘永平初’三字疑駁文。”

[7]杜預：字元凱，本書卷三四有傳。

[8]中書郎：官名，隸屬中書令。掌草擬詔書、外出執行重要使命等。亦作爲中書通事郎、中書侍郎的省稱。五品。

郁，字仲輿，才望不及嶠，而以清幹稱，歷尚書左右僕射、中書令、尚書令。洛陽傾没，奔於苟晞，[1]疾卒。

[1]苟晞：字道將，本書卷六一有傳。

武陔

武陔，字元夏，沛國竹邑人也。[1]父周，[2]魏衛尉。陔沉敏有器量，早獲時譽，與二弟韶叔夏、茂季夏並總角知名，[3]雖諸父兄弟及鄉閭宿望，莫能覺其優劣。同郡劉公榮有知人之鑒，常造周，周見其三子焉。[4]公榮曰："皆國士也。元夏最優，有輔佐之才，陳力就列，可爲亞公。[5]叔夏、季夏不減常伯，納言也。"[6]

[1]沛國：三國魏治所在沛縣（今江蘇省沛縣），西晋時治所在相縣（今安徽省濉溪縣西北）。　竹邑：縣名，治所在今安徽省宿州市北二十里老符離集。

[2]周：武周，三國時沛縣竹邑（今安徽省宿州市北二十里老符離集）人，字伯南，下邳令、護軍，位至光禄大夫。

[3]總角：童年。

[4]周見其三子：武周讓其三個兒子與劉公榮相見。

[5]可爲亞公：爲，殿本作"謂"。

[6]常伯：皇帝近臣泛稱。《尚書·主政》："王左右常伯、常任。"孔穎達疏："王之親近左右，常所長事，謂三公也。"　納言：侍中的别稱。職掌傳宣上命、受納奏言。

陔少好人倫，[1]與潁川陳泰友善。[2]魏明帝世，累遷下邳太守。[3]景帝爲大將軍，[4]引爲從事中郎，累遷司隸校尉，轉太僕卿。[5]初封亭侯，五等建，改封薛縣侯。文帝甚親重之，數與詮論時人。嘗問陳泰孰若其父群，[6]陔各稱其所長，以爲群、泰略無優劣，帝然之。

[1]少：原本作"小"，宋本、殿本作"少"，據宋本、殿本改。

[2]陳泰：三國時潁川許昌（今河南省許昌市東）人，字玄伯，陳群之子。歷任散騎侍郎、護匈奴中郎將、雍州刺史、征西將

軍、尚書僕射等職。

[3]下邳：郡國名，治所在下邳縣（今江蘇省睢寧縣古邳鎮東）。

[4]大將軍：官名，高級軍事統帥。曹魏時多以之屯駐長安，對付蜀漢，蜀漢以其爲最高軍事長官，孫吴則别置上大將軍居其上。西晋時爲八公之一，位居上公、大司馬下，三公之上。東晋時常專擅軍政事務。一品。

[5]太僕卿：官名，對太僕的尊稱。掌皇帝車馬、田獵、兵器及全國牧業。三品。

[6]嘗問：嘗，原本、宋本、殿本作"常"，據中華本改。群：陳群，三國時潁川許昌（今河南省許昌市東）人，歷任曹魏要職，官至司空。九品官人法的倡建者。

泰始初，拜尚書，掌吏部，遷左僕射、左光禄大夫、開府儀同三司。[1]陔以宿齒舊臣，名位隆重，自以無佐命之功，又在魏已爲大臣，不得已而居位，深懷遜讓，終始全潔，當世以爲美談。卒於位，謚曰定。子輔嗣。

[1]左光禄大夫：官名，齊王曹芳正始元年（240）在光禄大夫上增置左、右，位在光禄大夫上。在朝顯職的加官，或授予年老有病致仕者，或授予死者。西晋時禄賜與特進同。二品，開府位從公者一品。　開府儀同三司：官名，三國魏始置。爲大臣加號，意謂與太尉、司徒、司空三司待遇相同，許開設府署，任命僚屬。

韶，歷吏部郎、太子右衛率、散騎常侍。[1]

[1]吏部郎：官名，尚書省吏部曹長官通稱。亦稱郎中，資深

者可轉侍郎。屬吏部尚書，主管官吏選任、銓叙、調動事務，對五品以下官吏之任免有建議權。六品。　太子右衛率：官名，西晋武帝泰始五年（269）分太子衛率而置太子左右衛率，領精兵萬人，宿衛東宫，亦任征伐。五品。宋本於"太子右衛率"下有小字夾文"一作統非"四字。

茂，以德素稱，名亞於陔，爲上洛太守、散騎常侍、侍中、尚書。潁川荀愷年少於茂，[1]即武帝姑子，自負貴戚，欲與茂交，距而不答，由是致怨。及楊駿誅，[2]愷時爲僕射，以茂駿之姨弟，陷爲逆黨，遂見害。茂清正方直，聞於朝野，一旦枉酷，天下傷焉。侍中傅祗上表申明之，[3]後追贈光禄勛。

[1]荀愷：西晋人，任尚書僕射、司隸校尉等職。

[2]楊駿：字文長，本書卷四〇有傳。

[3]傅祗：字子莊，本書卷四七有傳。

任愷

任愷，字元褒，樂安博昌人也。[1]父昊，魏太常。愷少有識量，尚魏明帝女，累遷中書侍郎、員外散騎常侍。[2]晋國建，爲侍中，封昌國縣侯。

[1]博昌：縣名，治所在今山東省博興縣東南。

[2]中書侍郎：官名，三國魏文帝黄初初年設中書省，在長官中書監、中書令以下有通事郎，後增設中書郎，亦稱中書侍郎。掌草擬詔書，外出執行重要使命等。五品。　員外散騎常侍：官名，初爲正員之外添差之散騎常侍，無定員，三國魏後爲固定官員。職

閑位顯。三品。

愷有經國之幹，萬機小大多管綜之。[1]性忠正，以社稷爲己任，帝器而昵之，政事多諮焉。泰始初，鄭冲、王祥、何曾、荀顗、裴秀等各以老疾歸第。[2]帝優寵大臣，不欲勞以筋力，數遣愷諭旨於諸公，諮以當世大政，參議得失。愷惡賈充之爲人也，不欲令久執朝政，每裁抑焉。充病之，不知所爲。後承間言愷忠貞局正，宜在東宫，使護太子。帝從之，以爲太子少傅，而侍中如故，充計畫不行。會秦雍寇擾，[3]天子以爲憂。愷因曰："秦凉覆敗，關右騷動，此誠國家之所深慮。宜速鎮撫，使人心有庇。自非威望重臣有計略者，無以康西土也。"帝曰："誰可任者?"愷曰："賈充其人也。"中書令庾純亦言之，[4]於是詔充西鎮長安。充用荀勖計得留。

[1]小大：殿本作"大小"。

[2]鄭冲：字文和，本書卷三三有傳。　王祥：字休徵，本書卷三三有傳。　何曾：字穎考，本書卷三三有傳。　裴秀：字季彦，本書卷三五有傳。

[3]秦：秦州，治所在冀縣（今甘肅省甘谷縣東）。　雍：雍州，治所在姑臧縣（今甘肅省武威市）。東漢建安十八年（213）移治長安（今陝西省西安市西北）。

[4]庾純：字謀甫，本書卷五〇有傳。

充既爲帝所遇，欲專名勢，而庾純、張華、温顒、向秀、和嶠之徒皆與愷善，[1]楊珧、王恂、華廙等充所親敬,[2]於是朋黨紛然。帝知之，召充、愷宴於式乾殿，而謂充等曰："朝廷宜一，大臣當和。"充、愷各拜謝而罷。既而充、愷等以帝已知之而不責，結怨愈深，外相崇重，内甚不平。或爲充謀曰："愷總門下樞要，得與上親接，宜啓令典選，便得漸疏，此一都令史事耳。[3]且九流難精，間隙易乘。"充因稱愷才能，宜在官人之職。帝不之疑，謂充舉得其才。即日以愷爲吏部尚書，加奉車都尉。[4]

[1]向秀：字子期，本書卷四九有傳。

[2]楊珧：字文琚，本書卷四〇有傳。　王恂：字良夫，本書卷九三有傳。　華廙：字長駿，本書卷四四有傳。　親敬：宋本於"親敬"下有小字夾文"一作愛"三字。

[3]都令史：官名，即尚書都令史，尚書丞佐官，掌都省事務，監督諸曹尚書、尚書郎。位在令史之上。八品。

[4]奉車都尉：官名，魏晉時作加官，與駙馬都尉、騎都尉并號三都尉。六品。

愷既在尚書，選舉公平，盡心所職，然侍覲轉希。充與荀勖、馮紞承間浸潤,[1]謂愷豪侈，用御食器。充遣尚書右僕射、高陽王珪奏愷,[2]遂免官。有司收太官宰人檢覈,[3]是愷妻齊長公主得賜魏時御器也。愷既免而毁謗益至，帝漸薄之。然山濤明愷爲人通敏有智局,[4]舉爲河南尹。坐賊發不獲，又免官。復遷光禄勛。

[1]承間浸潤：找空子就進讒毁之言。浸潤，讒毁之言。《論語·顔淵》子曰："浸潤之譖，膚受之愬，不行焉，可謂明也已

矣。”邢昺疏引鄭玄曰：“譖人之言，如水之浸潤，漸以成之。”

［2］尚書右僕射：官名，尚書令副手，掌拆閱封緘奏章文書、參議政事、諫諍駁議、監察百官。位在左僕射之下。三品。　高陽王珪：司馬珪，字子璋，本書卷三七有傳。

［3］太官：官名，即太官令，亦作“大官令”。漢魏屬少府，兩晋隸屬光禄勛，掌宫廷飲食。七品。　宰人：宫中掌飲食之官。　檢覈：檢查核實。

［4］山濤：字巨源，本書卷四三有傳。

愷素有識鑒，加以在公勤恪，[1]甚得朝野稱譽。而賈充朋黨又諷有司奏愷與立進令劉友交關。[2]事下尚書，愷對不伏。尚書杜友、廷尉劉良並忠公士也，知愷爲充所抑，欲申理之，故遲留而未斷，以是愷及友、良皆免官。愷既失職，乃縱酒耽樂，極滋味以自奉養。初，何劭以公子奢侈，[3]每食必盡四方珍饌，愷乃逾之，一食萬錢，猶云無可下箸處。愷時因朝請，帝或慰諭之，愷初無復言，惟泣而已。後起爲太僕，轉太常。

［1］勤恪：勤勉恭謹。

［2］交關：串通勾結。

［3］何劭：字敬祖，何曾子，本書卷三三有傳。

初，魏舒雖歷位郡守，而未被任遇，愷爲侍中，薦舒爲散騎常侍。至是舒爲右光禄、開府，[1]領司徒，帝臨軒使愷拜授。[2]舒雖以弘量寬簡爲稱，時以愷有佐世器局，而舒登三公，愷止守散卿，莫不爲之憤嘆也。愷不得志，竟以憂卒，時年六十一，謚曰元，子罕嗣。

[1]開府：開設府署，辟置僚屬。魏晉時常以此作爲對高級官員的寵待。

[2]臨軒：皇帝不坐正殿而御前殿。殿前堂陛之間近檐處兩邊有檻楯，如車之軒，故稱。　拜授：授，原本、宋本作“受”，殿本作“授”，據殿本改。

罕，字子倫，幼有門風，才望不及愷，以淑行致稱，[1]爲清平佳士。歷黄門侍郎、散騎常侍、兖州刺史、大鴻臚。[2]

[1]淑行：美好的品行。

[2]黄門侍郎：官名，魏晉時爲侍中省或門下省次官。侍從皇帝，顧問應對，多以重臣或外戚子弟擔任，位頗重要。五品。　兖州：三國魏治所在廩丘縣（今山東省鄆城縣西），西晋惠帝末，兖州闔境淪没於石勒。東晋元帝僑置兖州，治京口（今江蘇省鎮江市）。

崔洪

崔洪，字良伯，博陵安平人也。[1]高祖寔，[2]著名漢代。父讚，[3]魏吏部尚書、左僕射，以雅量見稱。洪少以清厲顯名，骨鯁不同於物，人之有過，輒面折之，而退無後言。

[1]博陵：郡名，東漢置，治所在博陵縣（今河北省蠡縣南），西晋改爲國，治所在安平縣（今河北省安平縣）。　安平：縣名，治所在今河北省安平縣。

[2]寔：東漢博陵郡安平（今河北省安平縣）人，字子真，一

名臺，字元始。歷任議郎、大將軍司馬、五原太守。著有《政論》《四民月令》傳世。

[3]讚：中華本校勘記："《斠注》：《魏志·三少帝紀》注引《魏氏春秋》有尚書崔贊，《夏侯玄傳》及注引《冀州記》亦作'贊'，當即其人。"

武帝世，爲御史治書。[1]時長樂馮恢父爲弘農太守，[2]愛少子淑，欲以爵傳之。恢父終，服闋，[3]乃還鄉里，結草爲廬，陽瘖不能言，淑得襲爵。恢始仕爲博士祭酒，散騎常侍翟嬰薦恢高行邁俗，[4]侔繼古烈。洪奏恢不敦儒業，[5]令學生番直左右，雖有讓侯微善，不得稱無倫輩，嬰爲浮華之目。遂免嬰官，朝廷憚之。尋爲尚書左丞，[6]時人爲之語曰："叢生棘刺，來自博陵。在南爲鷂，在北爲鷹。"

[1]御史治書：官名，即治書侍御史，簡稱治書御史、御史治書、侍書。屬諸侍御史之一種，亦簡稱侍御史、侍御、御史。西漢時掌圖籍文書，東漢時屬御史臺，職掌也變爲審理疑獄、平廷尉奏事。魏晋南北朝時爲御史中丞佐貳，掌監察、彈劾高級官員，也奉命出使、緝拿犯官。六品。

[2]長樂：縣名，治所在今河南省安陽市東。　弘農：郡名，治所在弘農縣（今河南省靈寶市）。

[3]服闋：守喪期滿除去孝服。

[4]高行邁俗：高雅脱俗。

[5]不敦儒業：業，殿本作"素"。

[6]尚書左丞：官名，尚書省佐官，位次尚書，居尚書右丞上。與右丞共掌尚書都省庶務，率諸都令史監督稽核諸尚書曹、郎曹政

務。左丞又掌督録近道文書章奏，監察糾彈尚書令、僕射、尚書等文武百官，號稱“監司”，權勢甚重。六品。

遷吏部尚書，[1]舉用甄明，門無私謁。薦雍州刺史郤詵代己爲左丞。[2]詵後糾洪，洪謂人曰：“我舉郤丞而還奏我，是挽弩自射也。”詵聞曰：“昔趙宣子任韓厥爲司馬，[3]以軍法戮宣子之僕。宣子謂諸大夫曰：‘可賀我矣，吾選厥也任其事。’[4]崔侯爲國舉才，我以才見舉，惟官是視，各明至公，何故私言乃至此！”[5]洪聞其言而重之。

[1]遷吏部尚書：遷，中華本作“選”，原本、宋本、殿本作“遷”。

[2]郤詵：字廣基，本書卷五二有傳。

[3]趙宣子：趙盾，亦稱宣子、趙孟、宣孟。春秋時晋國人，趙衰之子。晋襄公任中軍帥，執掌國政。　韓厥：又稱韓獻子，春秋時晋國人。初被趙盾舉爲司馬，執法不徇私情。因功被任爲卿，歷任新中軍將、僕大夫、中軍帥等職。

[4]吾：殿本作“我”。

[5]何故私言乃至此：私，宋本作“斯”。中華本校勘記：“《初學記》一一引王隱《晋書》、《御覽》二一三引《晋書百官表志注》‘私’作‘其’。”

洪口不言貨財，手不執珠玉。汝南王亮常讌公卿，[1]以瑠璃鍾行酒。酒及洪，洪不執。亮問其故，對曰：“慮有執玉不趨之義，故爾。”然實乖其常性，故爲詭説。楊駿誅，洪與都水使者王佑親，[2]坐見黜。後爲大司農，[3]卒官。[4]子廓，散騎侍郎，[5]亦以正直稱。

[1]汝南王亮：司馬亮，字子翼，本書卷五九有傳。

[2]都水使者：官名，都水臺長官，掌管水利工程及設施。四品。　王佑：西晋太原晋陽（今山西省太原市西南）人，王濟從兄，任河東太守。

[3]大司農：官名，掌管全國財政和各地的屯田。三品。

[4]卒官：殿本作“卒於官”。

[5]散騎侍郎：官名，三國魏置。隸屬散騎省，侍從皇帝左右，顧問應對，諫諍拾遺，與散騎常侍、侍中等共平尚書奏事。五品。

郭奕[1]

郭奕，字大業，太原陽曲人也。[2]少有重名，故山濤稱其高簡有雅量。[3]初爲野王令，[4]羊祜常過之，[5]奕嘆曰：“羊叔子何必減郭大業！”少選復往，又嘆曰：“羊叔子去人遠矣。”遂送祜出界數百里，坐此免官。咸熙末，爲文帝相國主簿。[6]時鍾會反於蜀，[7]荀勖即會之從甥，少長會家，勖爲文帝掾，奕啓出之。帝雖不用，然知其雅正。

[1]郭奕：原本、宋本本卷及他卷皆作“郭弈”，殿本作“郭奕”，據殿本改。

[2]陽曲：縣名，治所在今山西省陽曲縣東北。

[3]故山濤稱其高簡有雅量：故山，原本作兩字空格，殿本衹一“山”字，宋本作“故山”，據宋本補。

[4]野王：縣名，治所在今河南省沁陽市。

[5]羊祜：字叔子，本書卷三四有傳。

［6］相國：官名，春秋戰國時稱宰輔大臣爲相國，秦漢時稱爲丞相。魏晋南北朝時不常置，職權品秩略同於丞相但位又比丞相尊貴，非尋常人臣之職。

［7］鍾會：三國時潁川長社（今河南省長葛市東）人，字士季。鍾繇之子。歷任秘書郎、尚書郎、中書侍郎、黄門侍郎、司隸校尉。破蜀後因與姜維謀叛，失敗被殺。

武帝踐阼，初建東宫，以奕及鄭默並爲中庶子。[1]遷右衛率、驍騎將軍，[2]封平陵男。咸寧初，遷雍州刺史、鷹揚將軍，[3]尋假赤幢曲蓋、鼓吹。[4]奕有寡姊，隨其之官，[5]姊下僮僕多有奸犯，而爲人所糾。奕省案畢，曰："大丈夫豈當以老姊求名？"遂遣而不問。時亭長李含有俊才，[6]而門寒爲豪族所排，奕用爲别駕，[7]含後果有名位，時以奕爲知人。

［1］鄭默：字思元，本書卷四四有傳。

［2］驍騎將軍：官名，三國魏爲内軍將領，統營兵。兩晋與領軍、護軍、左右衛、游擊諸將軍合稱六軍，擔當宿衛之任，是護衛宫廷的主要將領。四品。

［3］鷹揚將軍：官名，雜號將軍中地位較高者，曾作爲荆州、兖州等州刺史的加官。五品。

［4］赤幢：車輿上紅色的帷幔。　曲蓋：曲柄傘蓋。　鼓吹：帝王及高級官員儀仗中的樂隊，由管樂和打擊樂器組成，常用來賜予有軍功的高級武官。

［5］其：宋本作"奕"。

［6］亭長：地方基層長官，主捕盗賊、理詞訟。　李含：字世容，本書卷六〇有傳。含，宋本作"合"。

［7］别駕：官名，别駕從事、别駕從事史省稱。州部佐官，因

從刺史行部，别乘傳車，故稱。位居州吏之右。

太康中，徵爲尚書。奕有重名，當世朝臣皆出其下。時帝委任楊駿，奕表駿小器，不可任以社稷。帝不聽，駿後果誅。及奕疾病，詔賜錢二十萬，日給酒米。太康八年卒，太常上謚爲景。有司議以貴賤不同號，謚與景皇同，不可，請謚曰穆。詔曰："謚，所以旌德表行，案謚法一德不懈爲簡。奕忠毅清直，立德不渝。"於是遂賜謚曰簡。

侯史光

侯史光，字孝明，東萊掖人也。[1]幼有才悟，受學於同縣劉夏。舉孝廉，州辟别駕。咸熙初，爲洛陽典農中郎將，[2]封關中侯。

[1]掖：縣名，治所在今山東省萊州市。

[2]典農中郎將：官名，簡稱典農，掌管屯田事務、管理所部吏民，相當於郡守。六品。

泰始初，拜散騎常侍，尋兼侍中。與皇甫陶、荀廙持節循省風俗，[1]及還，奏事稱旨，轉城門校尉，進爵臨海侯。其年詔曰："光忠亮篤素，[2]有居正執義之心，歷職内外，恪勤在公，其以光爲御史中丞。雖屈其列校之位，亦所以伸其司直之才。"光在職寬而不縱。太保王祥久疾廢朝，[3]光奏請免之，詔優祥而寢光奏。

［1］皇甫陶：西晋人，任散騎常侍、右將軍，因與傅玄争吵喧嘩被劾免官。　持節：官員外出持有皇帝授予的節杖，代表高等權威，常用於軍事長官出征。

［2］忠亮篤素：忠誠堅貞淳厚樸實。

［3］太保：官名，史上屢次廢置，三國魏末年復置。晋爲八公之一，位上公，在太宰、太傅之下。安置元老重臣，無職掌。一品。

後遷少府，[1]卒官，詔賜朝服一具、衣一襲、錢三十萬、布百匹。及葬，又詔曰："光厲志守約，有清忠之節。家極貧儉，其賜錢五十萬。"光儒學博古，歷官著績，文筆奏議皆有條理。長子玄嗣，官至玄菟太守。[2]卒，子施嗣，[3]東莞太守。[4]

［1］少府：官名，掌管宫廷手工業。三品。

［2］玄菟：郡名，治所在高句麗縣（今遼寧省瀋陽市東）。

［3］子施嗣：中華本校勘記："《蔡豹傳》有'東莞太守侯史旄'，當即此人。'施''旄'二字形近，當有一誤。"

［4］東莞：郡名，東漢建安初置，治所在今山東省沂水縣東北，西晋元康間移治莒縣（今山東省莒縣）。

何攀

何攀，字惠興，蜀郡郫人也。[1]仕州爲主簿。屬刺史皇甫晏爲牙門張弘所害，[2]誣以大逆。時攀適丁母喪，[3]遂詣梁州拜表，[4]證晏不反，故晏冤理得申。王濬爲益州，[5]辟爲別駕。濬謀伐吴，遣攀奉表詣臺，口陳事機，詔再引見，乃令張華與攀籌量進討之宜。濬兼遣攀過羊祜,[6]面陳伐吴之策。攀善於將命,帝善之,詔攀參濬軍事。及孫皓降於濬,而王渾恚於後機,將攻濬,[7]攀勸濬送皓與渾,由是事解。以攀爲濬輔國司馬,[8]封關内侯。

[1]蜀郡:治所在成都縣(今四川省成都市)。　郫:縣名,治所在今四川省成都市郫都區。

[2]牙門:官名,牙門將,三國魏晋南北朝皆置,統兵武職,位在裨將軍下、郡守上。五品。

[3]丁:遭,逢。　喪:殿本作"憂"。

[4]梁州:三國曹魏治所在沔陽縣(今陝西省勉縣東),西晋移治南鄭縣(今陝西省漢中市東)。

[5]王濬:字士治,本書卷四二有傳。　益州:治所在成都縣(今四川省成都市)。

[6]羊祜:祜,原本、宋本作"祐",殿本作"祜",據其本傳、殿本改。

[7]將攻濬:將,殿本作"欲"。

[8]輔國司馬:官名,輔國將軍府司馬。將軍府的高級幕僚,掌參讚軍務、管理府内武職,位僅次於長史。七品。

轉滎陽令,[1]上便宜十事,甚得名稱。除廷尉平,[2]時廷尉卿諸葛冲以攀蜀士,輕之,及共斷疑獄,冲始嘆服。遷宣城太守,[3]不行,轉散騎侍郎。楊駿執政,多樹親屬,大開封賞,欲以恩澤自衛。攀以爲非,乃與石崇共立議奏之。[4]語在《崇傳》。帝不納。以豫誅駿功,封西城侯,邑萬户,賜絹萬匹,弟逢平鄉侯,兄子逵關中侯。[5]攀固讓所封户及絹之半,餘所受者分給中外宗親，略不入己。遷翊軍校尉，[6]頃之，出爲東羌校尉。[7]徵爲揚州刺史，[8]在任三年，遷大司農。轉兖州刺史，加鷹揚將軍，固讓不就。太常成粲、左將軍卞粹勸攀莅職，[9]中詔又加切厲，攀竟稱疾不起。

[1]滎陽：郡名，治所在滎陽縣（今河南省滎陽市東北）。

[2]廷尉平：官名，廷尉屬官，亦稱廷評、廷尉評。參議案例律條、覆核平决疑獄，可駁回廷尉所奏罪案。公牘須正、監、平三官聯署，以互相監督。六品。

[3]宣城：郡名，治所在宛陵縣（今安徽省宣城市）。

[4]石崇：字季倫，本書卷三三有傳。

[5]兄子逵：逵，原本、宋本作“達”，殿本作“逵”，據殿本改。

[6]翊軍校尉：官名，地位與北軍五校尉同。皇帝出行，與五校並行護駕。四品。

[7]東羌校尉：官名，亦稱護東羌校尉，掌管雍、秦、梁等州内羌族事務，領兵，下設東羌督、東羌獵將等部屬。四品。

[8]揚州：三國魏、吴各置揚州，魏治所在壽春縣（今安徽省壽縣），吴治所在建業縣（今江蘇省南京市）。西晋統一後復合，治所在建鄴縣（今江蘇省南京市）。

[9]成粲：西晋人，歷任侍中、北軍中候、太常。長於禮學，多次參與議論禮儀制度。　左將軍：官名，漢代爲重號將軍，與前、後、右將軍並爲上卿。魏晋時爲常設官職，權位較兩漢漸低，僅爲武官名號，略高於一般雜號將軍，不典禁兵。三品。　卞粹：字玄仁，本書卷七〇有傳。

及趙王倫篡位，遣使召攀，更稱疾篤。倫怒，將誅之，攀不得已，扶疾赴召。卒於洛陽，時年五十八。攀居心平允，莅官整肅，愛樂人物，敦儒貴才。爲梁、益二州中正，引致遺滯。巴西陳壽、閻乂，犍爲費立，皆西州名士，[1]並被鄉閭所謗，清議十餘年。攀申明曲直，咸免冤濫。攀雖居顯職，家甚貧素，無妾媵伎樂，惟以周窮濟乏爲事。子璋嗣，亦有父風。

[1]巴西：郡名，治所在閬中縣（今四川省閬中市）。　陳壽：字承祚，本書卷八二有傳。　犍爲：郡名，治所在武陽縣（今四川省眉山市彭山區東）。

史臣曰：幽厲不君，[1]上德猶懷進善；共、驩在位，[2]大聖之所不堪。况乎志士仁人，寧求苟合！懷其寵秩，所以繫其存亡者也。雖復自口銷金，[3]投光撫劍，[4]馳書北闕，[5]敗車猶踐，[6]而諫主不易，譏臣實難。劉毅一遇寬容，任和兩遭膚受，[7]詳觀餘烈，亦各其心焉。若夫武陔懷魏臣之志，崔洪愛郤詵之道，長升勸王彌之尊，何攀從趙倫之命，君子之人，觀乎臨事者也。

[1]幽厲不君：周幽王、周厲王没有國君之德。幽，周幽王，名宫涅。西周最後一個國王，周宣王之子。寵愛褒姒，廢太子申侯，立褒姒子伯服爲太子。申侯聯合犬戎將其推翻。厲，周厲王，名胡。周夷王之子。在位監視國人言行，國人不敢講話，道路以目。後被國人驅逐，死於彘（今山西省霍州市東北）。

[2]共：少皞氏之子共工。　驩：黄帝之子驩兜。上古傳説中的凶頑之主。

[3]雖復自口銷金：中華本校勘記：“‘自’疑‘百’字之誤。”

[4]投光撫劍：典出《漢書》卷五一《鄒陽傳》。鄒陽獄中上

梁王書説："臣聞明月之珠，夜光之璧，以暗投人於道，衆莫不按劍相眄者。何則？無因而至前也。"

［5］馳書北闕：典出《漢書》卷五一《枚乘傳》。枚乘之子枚皋，因得罪逃亡至長安。會赦，乃上書北闕，自陳是枚乘之子。漢武帝爲太子時便聞枚乘之名，及即位，以安車蒲輪徵之，不料枚乘年老，死於途中，武帝深以爲憾。聞書大喜，召入見待詔，善之。拜爲郎。

［6］敗車猶踐：典出《漢書》卷四九《袁盎傳》。孝文帝想駕車從陡坡上沖下來，袁盎勸諫説："臣聞千金之子不垂堂，百金之子不騎衡，聖主不乘危，不徼幸。今陛下騁六飛，馳不測山，有如馬驚車敗，陛下縱自輕，奈高廟、太后何？"

［7］兩遭膚受：雙雙遭受讒言之害。

贊曰：仲雄初令，忠謇揚庭。身方諸葛，帝擬桓靈。大業非楊，元褒誚賈。和氏條暢，[1]堪施大廈。崔門不謁，聲飛朝野。侯史、武陔，輔佐之才。何攀平允，冤濫多回。

［1］條暢：達觀，豁達。

晋書　卷四六

列傳第十六

劉頌　李重

劉頌

劉頌，字子雅，廣陵人，[1]漢廣陵厲王胥之後也。[2]世爲名族。同郡有雷、蔣、穀、魯四姓，皆出其下，時人爲之語曰："雷、蔣、穀、魯，劉最爲祖。"父觀，平陽太守。[3]頌少能辨物理，[4]爲時人所稱。察孝廉，[5]舉秀才，[6]皆不就。文帝辟爲相府掾，[7]奉使於蜀。時蜀新平，人饑土荒，頌表求振貸，不待報而行，由是除名。

[1]廣陵：三國時治淮陰縣（今江蘇省淮安市淮陰區西南甘羅城），東晋移治廣陵縣（今江蘇省揚州市西北蜀岡上）。

[2]廣陵厲王胥：劉胥，漢武帝之子，封廣陵王。好游樂，無法度，曾使女巫咒昭帝，圖謀帝位。宣帝即位後故伎重演，謀泄，被賜死。

[3]平陽：郡名，治所在平陽縣（今山西省臨汾市西南）。

[4]物理：事理。

[5]孝廉：漢代選拔人才的科目。

[6]秀才：察舉科目，州舉秀才，郡舉孝廉。

[7]相府掾：丞相府屬官。

武帝踐阼，拜尚書三公郎，[1]典科律，申冤訟。累遷中書侍郎。[2]咸寧中，詔頌與散騎郎白褒巡撫荆揚，[3]以奉使稱旨，轉黄門郎。[4]遷議郎，[5]守廷尉。[6]時尚書令史扈寅非罪下獄，[7]詔使考竟，頌執據無罪，寅遂得免，時人以頌比張釋之。[8]在職六年，號爲詳平。會滅吴，諸將争功，遣頌校其事，以王渾爲上功，[9]王濬爲中功。[10]帝以頌持法失理，[11]左遷京兆太守，[12]不行，轉任河内。[13]臨發，上便宜，多所納用。郡界多公主水碓，[14]遏塞流水，轉爲浸害，頌表罷之，百姓獲其便利。尋以母憂去職。服闋，[15]除淮南相。[16]在官嚴整，甚有政績。舊修芍陂，[17]年用數萬人，豪强兼并，孤貧失業，頌使大小戮力，計功受分，百姓歌其平惠。

[1]尚書三公郎：官名，省稱三公郎，尚書省三公曹長官。三國魏始置，亦稱郎中，資深者可轉侍郎。六品。

[2]中書侍郎：官名，三國魏文帝黄初初年設中書省，在長官中書監、中書令以下有通事郎，後增設中書郎，亦稱中書侍郎。掌草擬詔書，外出執行重要使命等。五品。

[3]散騎郎：官名，即散騎侍郎，三國魏置。隸屬散騎省，侍從皇帝左右，顧問應對、諫諍拾遺，與散騎常侍、侍中等共平尚書奏事。五品。　荆：荆州，三國時曹魏治所在新野縣（今河南省新野縣），孫吴治所在江陵縣（今湖北省江陵縣），西晋統一後治所在江陵縣（今湖北省江陵縣）。　揚：揚州，三國魏、吴各置揚州，

魏治所在壽春縣（今安徽省壽縣），吴治所在建業縣（今江蘇省南京市）。西晋統一後復合，治所在建鄴縣（今江蘇省南京市）。

［4］黄門郎：官名，黄門侍郎或給事黄門侍郎的省稱。五品。

［5］議郎：官名，西漢始置。魏晋時品秩雖低，名義清高。七品。

［6］守：暫時署理職務。多指官階低而署理較高的官職。　廷尉：官名，中央最高司法審判機構長官，負責會審朝中有罪文武大臣，覆核審決郡國疑獄等。三品。

［7］尚書令史：官名，尚書省屬官，尚書省諸曹均置，頗有實權。八品。

［8］張釋之：西漢南陽堵陽（今河南省方城縣東）人，字季。文帝時以貲爲騎郎。後補謁者，任謁者僕射，遷公車令。因以事劾奏太子，受文帝重視，拜爲太中大夫，又任廷尉。以用法持平著稱。

［9］王渾：字玄冲，本書卷四二有傳。

［10］王濬：字士治，本書卷四二有傳。

［11］持法失理：持，宋本作“折”。

［12］左遷：降職。　京兆：郡名，治所在長安縣（今陝西省西安市西北）。

［13］河内：郡名，治所在野王縣（今河南省沁陽市）。

［14］公主：宋本作“公王”。　水碓：利用水力舂米的器械。

［15］服闋：守喪期滿除去孝服。

［16］淮南：郡名，治所在壽春縣（今安徽省壽縣）。　相：官名，郡國相，也稱内史。五品。

［17］芍陂：又名龍泉陂，位於今安徽省壽縣南。

頌在郡上疏曰：

臣昔忝河内，[1]臨辭受詔：“卿所言悉要事，宜小大數以聞。恒苦多事，或不能悉有報，勿以爲疑。”臣受詔之日，喜懼交集，益思自竭，用忘其鄙，[2]願以螢燭，增暉重光。到郡草具所陳如左，未及書上，會臣嬰丁天罰，[3]寢頓累年，今謹封上前事。臣雖才不經國，言淺多違，猶願陛下垂省，使臣微誠得經聖鑒，不總棄於常案。如有足采，冀補萬一。

[1]忝：謙辭，有愧於。
[2]用忘其鄙：因此忘記了自己的淺陋。
[3]嬰丁天罰：指母親之喪。

伏見詔書，開啓土宇，以支百世，封建戚屬，咸出之藩，夫豈不懷，公理然也。樹國全制，始成於今，超秦、漢、魏氏之局節，[1]紹五帝三代之絶迹。功被無外，光流後裔，巍巍盛美，三五之君殆有慚德。[2]何則？彼因自然而就之，異乎絶迹之後更創之。雖然，封幼稚皇子於吴蜀，臣之愚慮，謂未盡善。夫吴越剽輕，[3]庸蜀險絶，此故變釁之所出，易生風塵之地。且自吴平以來，東南六州將士更守江表，此時之至患也。又内兵外守，吴人有不自信之心，宜得壯主以鎮撫之，[4]使内外各安其舊。又孫氏爲國，文武衆職，數擬天朝，一旦堙替，[5]同於編户。不識所蒙更生之恩，而灾困逼身，自謂失地，用懷不靖。今得長王以臨其國，隨才授任，文武並叙，士卒百役不出其鄉，求富貴者取之於國内。内兵得散，新邦又安，[6]兩獲其所，於事爲宜。宜取同姓諸王年二十以上人才高者，分王吴蜀。以其去近就遠，割裂土宇，令倍於舊。以徙封故地，用王幼稚，須皇子長乃遣君之，於事無晚也。急所須地，交得長主，此事宜也。臣所陳封建，今大義已舉，然餘衆事，儻有足采，以參成制，故皆并列本事。

[1]局節：局限。

[2]三五之君：三皇五帝。

[3]剽輕：强悍不怕死。輕，輕死，把死看得很輕。

[4]壯主：主，宋本、殿本作“王”。

[5]堙（yīn）替：衰敗。

[6]新邦又安：又，殿本作“乂”。

臣聞：不憚危悔之患，而願獻所見者，盡忠之臣也；垂聽逆耳，甘納苦言者，濟世之君也。臣以期運，[1]幸遇無諱之朝。雖當抗疏陳辭，[2]泛論政體，猶未悉所見，指言得失，徒荷恩寵，不異凡流。臣竊自愧，不盡忠規，無以上報，謹列所見如左。臣誠未自許所言必當，然要以不隱所懷爲上報之節。[3]若萬一足采，則微臣更生之年；如皆瞽妄，[4]則國之福也。願陛下缺半日之間，垂省臣言。

[1]期運：機運。

[2]雖當：當，宋本作“嘗”。

[3]所：原本作“爲”，宋本、殿本作“所”，據宋本、殿本改。

[4]瞽妄：瞎説妄論。

伏惟陛下雖應天順人，龍飛踐祚，爲創業之主，然所遇之時，實是叔世。[1]何則？漢末陵遲，閹豎用事，[2]小人專朝，君子在野，政荒衆散，遂以亂亡。魏武帝以經略之才，撥煩理亂，兼肅文教，積數十年，至於延康之初，然後吏清下順，法始大行。逮至文明二帝，奢淫驕縱，傾殆之主也。然内盛臺榭聲色之娱，外當三方英豪嚴敵，事成克舉，少有愆違，其故何也？實賴前緒，以濟勛業。然法物政刑，固已漸頽矣。自嘉平之初，晋祚始基，逮於咸熙之末，其間累年。雖鈇鉞屢斷，翦除凶醜，然其存者咸蒙遭時之恩，不軌於法。泰始之初，陛下踐阼，其所服乘皆先代功臣之胤，非其子孫，則其曾玄。古人有言，膏粱之性難正，[3]故曰時遇叔世。當此之秋，天地之位始定，四海洗心整綱之會也。然陛下猶以用才因宜，法寬有由，積之在素，異於漢魏之先；三祖崛起易朝之爲，未可一旦直繩御下，誠時宜也。然至所以爲政，矯世衆務，[4]自宜漸出公塗，法正威斷，日遷就肅。譬由行舟，雖不横截迅流，然俄向所趣，漸靡而往，終得其濟。積微稍著，以至於今，可以言政。而自泰始以來，將三十年，政功美績，未稱聖旨，凡諸事業，不茂既往。以陛下明聖，猶未及叔世之弊，[5]

以成始初之隆，傳之後世，不無慮乎！意者，[6]臣言豈不少概聖心夫！[7]

[1]叔世：末世，衰世。

[2]閹豎：宦官。

[3]膏粱：粱，宋本、殿本作“梁”。

[4]矯世衆務：矯正世間衆俗。

[5]猶未及叔世之弊：中華本校勘記：“《通鑑》八二‘及’作‘反’，論上下文義，作‘反’者是，‘及’蓋形近誤。”

[6]意者：我以爲。

[7]臣言豈不少概聖心夫：我所説的豈不是多多少少符合了聖心嗎！

顧惟萬載之事，理在二端。天下大器，一安難傾，一傾難正。故慮經後世者，必精目下之政，政安遺業，使數世賴之。若乃兼建諸侯而樹藩屏，深根固蒂，則祚延無窮，可以比迹三代。如或當身之政，遺風餘烈不及後嗣，雖樹親戚，而成國之制不建，使夫後世獨任智力以安大業。若未盡其理，雖經異時，憂責猶追在陛下，將如之何！願陛下善當今之政，樹不拔之勢，則天下無遺憂矣。

夫聖明不世及，[1]後嗣不必賢，此天理之常也。故善爲天下者，任勢而不任人。任勢者，諸侯是也；任人者，郡縣是也。郡縣之察，小政理而大勢危；諸侯爲邦，近多違而遠慮固。聖王推終始之弊，[2]權輕重之理，包彼小違以據大安，然後足以藩固内外，維鎮九服。[3]夫武王聖主也，成王賢嗣也，[4]然武王不恃成王之賢而廣封建者，慮經無窮也。且善言今者，必有驗之於古。唐虞以前，書文殘缺，其事難詳。至於三代，則並建明德，及興王之顯親，列爵五等，開國承家，以藩屏帝室，延祚久長，近者五六百歲，遠者僅將千載。逮至秦氏，罷侯置守，子弟不分尺土，孤立無輔，二世而亡。漢承周秦之後，雜而用之，前後二代各二百餘年。揆其封建不用，雖强弱不適，制度舛錯，不盡事中，然迹其衰亡，恒在同姓失職，諸侯微時，不在强盛。昔吕氏作亂，[5]幸賴齊代之援，[6]以寧社稷。七國叛逆，[7]梁王捍之，[8]卒弭其難。自是之後，威權削奪，諸侯止食租奉，甚者至乘牛車。是以王莽得擅本朝，遂其奸謀，傾蕩天下，毒流生靈。光武紹起，雖封樹子弟，而不建成國之制，祚亦不延。魏氏承之，圈閉親戚，幽囚子弟，是以神器速傾，天命移在陛下。長短之應，禍福之徵，可見於此。又魏氏雖正位居體，南面稱帝，然三方未賓，正朔有所不加，實有戰國相持之勢。大晋之興，宣帝定燕，太祖平蜀，陛下滅吴，可謂功格天地，土廣三王，舟車所至，人迹所及，皆爲臣妾，[9]四海大同，始於今日。宜承大勛之籍，及陛下盛明之時，開啓土宇，使同姓必王，建久安於萬載，垂長世於無窮。

[1]不世及：世所不及。

[2]推：宋本作“惟”。

[3]九服：王畿以外的九等地區。《周禮·夏官·職方氏》：“乃辨九服之邦國：方千里曰王畿，其外方五百里曰侯服，又其外方五百里曰甸服，又其外方五百里曰男服，又其外方五百里曰采服，又其外方五百里曰衛服，又其外方五百里曰蠻服，又其外方五百里曰夷服，又其外方五百里曰鎮服，又其外方五百里曰藩服。”

[4]嗣：原本、殿本作“王”，宋本作“嗣”，據宋本改。

[5]吕氏：西漢吕后家族，諸吕。劉邦去世後，太后吕雉臨朝稱制，立兄子吕臺、吕産、吕禄、吕臺子吕通四人爲王，封諸吕六人爲列侯。吕雉死後，諸吕圖謀叛亂，後被平定。

[6]齊代：齊指朱虚侯劉章，齊悼惠王劉肥之子。東牟侯劉興居，西漢宗室，齊悼惠王劉肥之子。代指代王劉恒，即後來的漢文帝。

[7]七國叛逆：漢高祖劉邦死後，同姓諸侯王的勢力膨脹，漢景帝即位後，采納晁錯的削藩建議，逐步削奪楚、趙、吴、膠西等國封邑，引起諸國不滿。景帝三年（前154），吴王劉濞聯合楚王戊、膠西王卬、膠東王雄渠、濟南王辟光、淄川王賢、趙王遂發動叛亂，後被平定。

[8]梁王：梁孝王劉武，漢文帝次子，母竇太后。吴楚七國之亂起，梁王城守睢陽，使叛軍不能越過睢陽，爲平定叛亂立有大功，受到朝廷重賞。

[9]皆爲臣妾：妾，宋本作“妄”。

臣又聞國有任臣則安，有重臣則亂。而王制，人君立子以適不以長，立適以長不以賢，此事情之不可易者也。而賢明至少，不肖至衆，此固天理之常也。物類相求，感應而至，又自然也。是以暗君在位，則重臣盈朝；明后臨政，則任臣列職。夫任臣之與重臣，俱執國統而立斷者也。然成敗相反，邪正相背，其故何也？重臣假所資以樹私，任臣因所籍以盡公。盡公者，政之本也；樹私者，亂之源也。推斯言之，則泰日少，亂日多，政教漸頽，欲國之無危，不可得也。又非徒唯然而已。借令愚劣之嗣，蒙先哲之遺緒，得中賢之佐，而樹國本根不深，無幹輔之固，則所謂任臣者化而爲重臣矣。何則？國有可傾之勢，則執權者見疑，衆疑難以自信，而甘受死亡者非人情故也。若乃建基既厚，藩屏强禦，雖置幼君赤子而天下不懼，曩之所謂重臣者，今悉反忠而爲任臣矣。何則？理無危勢，懷不自猜，忠誠得著，不惕於邪故也。聖王知賢哲之不世及，故立相持之勢以御其臣。是以五等既列，臣無忠慢，同於竭節，以徇其上。群后既建，繼體賢鄙，亦均一契，等於無慮。且樹國苟固，則所任之臣，得賢益理；次委中智，亦足以安。何則？勢固易持故也。

然則建邦苟盡其理，則無向不可。是以周室自成康以下，逮至宣王，宣王之後，到于赧王，其間歷載，朝無名臣，而宗廟不隕者，諸侯維持之也。故曰，爲社稷計，莫若建國。夫邪正逆順者，人心之所繫服也。今之建置，宜審量事勢，使諸侯率義而動，同忿俱奮，令其力足以維帶京邑。若包藏禍心，惕於邪而起，孤立無黨，所蒙之籍不足獨以有爲。然齊此甚難，陛下宜與達古今善識事勢之士深共籌之。建侯之理，使君樂其國，臣榮其朝，各流福祚，傳之無窮；上下一心，愛國如家，視百姓如子，然後能保荷天禄，兼翼王室。今諸王裂土，皆兼於古之諸侯，而君賤其爵，臣耻其位，莫有安志，其故何也？法同郡縣，無成國之制故也。今之建置，宜使率由舊章，一如古典。然人心繫常，不累十年，好惡未改，情願未移。臣之愚慮，以爲宜早創大制，遲回衆望，猶在十年之外，然後能令君臣各安其位，榮其所蒙，上下相持，用成藩輔。如今之爲，適足以虧天府之藏，徒棄穀帛之資，無補鎮國衛上之勢也。

古者封建既定，各有其國，後雖王之子孫，無復尺土，此今事之必不行者也。若推親疏，轉有所廢，以有所樹，則是郡縣之職，非建國之制。今宜豫開此地，令十世之内，使親者得轉處近。十世之遠，近郊地盡，然後親疏相維，不得復如十世之内。然猶樹親有所，遲天下都滿，已彌數百千年矣。[1]今方始封而親疏倒施，甚非所宜。宜更大量天下土田方里之數，都更裂土分人，以王同姓，使親疏遠近不錯其宜，然後可以永安。古者封國，大者不過土方百里，然後人數殷衆，境内必盈其力，足以備充制度。今雖一國周環近將千里，然力實寡，不足以奉國典。所遇不同，故當因時制宜，以盡事適今。宜令諸王國容少而軍容多，[2]然於古典所應有者悉立其制，然非急所須，漸而備之，不得頓設也。須車甲器械既具，群臣乃服彩章；倉廩已實，乃營宫室；百姓已足，乃備官司；境内充實，乃作禮樂。唯宗廟社稷，則先建之。至於境内之政，官人用才，自非内史、國相命於天子，[3]其餘衆職及死生之斷、穀帛資實、慶賞刑威、非封爵者，悉得專之。今臣所舉二端，蓋事之大較；其所不載，應在二端之屬者，以此爲率。[4]今諸國本一郡之政耳，若備舊典，則官司以數，事所不須，而以虚制損實力。至于慶賞刑斷，所以衛下之權，[5]不重則無以威衆人而衛上。故臣之愚慮，欲令諸侯權具，國容少而軍容多，然亦終於必備今事爲宜。

[1]數百千年：千，宋本作“十”。

[2]國容：國家的禮制儀節。《司馬法·天子之義》：“古者國容不入軍，軍容不入國。軍容入國則民德廢，國容入軍則民德弱。”　軍容：軍隊的禮儀法度。

[3]内史：官名，西晋武帝太康十年（289）改諸王國相爲内史，掌管民政。五品。周家禄《晋書校勘記》認爲：“晋制，以郡爲國，内史治民事，若郡太守。國除爲郡，復稱太守。然二名往往混淆，史家亦互稱之。”　國相：西漢初諸侯王國置相國、丞相。曹魏咸熙元年（264）封公侯伯子男爵，各有封國，相國乃各封國中的行政長官。武帝太康十年（289），改王國相爲内史，公國以下仍稱相。

[4]以此爲率：以此爲準則。

[5]所以衛下之權：中華本校勘記：“周校：‘御’誤‘衛’。”

周之建侯，長享其國，與王者並，遠者暨將千載，[1]近者猶數百年；漢之諸王，傳祚僅至曾玄。[2]人性不甚相遠，古今一揆，[3]而短長甚違，其故何邪？立意本殊而制不同故也。周之封建，使國重於君，公侯之身輕於社稷，故無道之君不免誅放。敦興滅繼絶之義，故國祚不泯。不免誅放，則群后思懼；胤嗣必繼，是無亡國也。諸侯思懼，然後軌道，下無亡國，天子乘之，理勢自安，此周室所以長在也。漢之樹置君國，輕重不殊，故諸王失度，[4]陷於罪戮，國隨以亡。不崇興滅繼絶之序，故下無固國。下無固國，天子居上，勢孤無輔，故奸臣擅朝，易傾大業。今宜反漢之弊，修周舊迹。國君雖或失道，陷於誅絶，又無子應除，苟有始封支胤，不問遠近，必紹其祚。若無遺類，則虛建之，須皇子生，以繼其統，然後建國無滅。又班固稱“諸侯失國亦猶網密”，[5]今又宜都寬其檢。且建侯之理，本經盛衰，大制都定，班之群后，著誓丹青，[6]書之玉版，藏之金匱，置諸宗廟，副在有司。寡弱小國猶不可危，豈況萬乘之主！承難傾之邦而加其上，則自然永久居重固之安，可謂根深華岳而四維之也。[7]臣之愚，願陛下置天下於自安之地，寄大業於固成之勢，則可以無遺憂矣。

[1]暨：宋本、殿本作“僅”。

[2]僅：宋本、殿本作“暨”。

[3]古今一揆：古今一理。

[4]諸王失度：諸，宋本作“誅”。

[5]失國：失，原本作“夫”，宋本、殿本作“失”，據宋本、殿本改。

[6]丹青：指史籍。古代丹册紀勛，青史紀事。

[7]根：宋本作“振”。

今閭閻少名士，[1]官司無高能，其故何也？清議不肅，[2]人不立德，行在取容，[3]故無名士。下不專局，[4]又無考課，[5]吏不竭節，故無高能。無高能，則有疾世事；少名士，則後進無準，故臣思立吏課而肅清議。夫欲富貴而惡貧賤，人理然也。聖王大諳物情，[6]知不可去，故直同公私之利，而詭其求道，使夫欲富者必先由貧，欲貴者必先安賤。安賤則不矜，不矜然後廉耻厲；守貧者必節欲，節欲然後操全。以此處務，乃得盡公。盡公者，富貴之徒也；爲無私者終得其私，故公私之利同也。今欲富者不由貧自得富，欲貴者不安賤自得貴，公私之塗既乖，而人情不能無私，私利不可以公得，則恒背公而横務。[7]是以風節日頹，公理漸替，人士富貴，非軌道之所得。以此爲政，小大難期。[8]然教頹來既久，難反一朝。又世放都靡，[9]營欲比肩，[10]群士渾然，庸行相似，不可頓肅，甚殊黜陟也。[11]且教不求盡善，善在抑尤，[12]同侈之中，猶有甚泰。使夫昧適情之樂者，損其顯榮之貴，俄在不鮮之地；[13]約己潔素者，[14]蒙儉德之報，列于清官之上。二業分流，令各有蒙。然俗放都奢，不可頓肅，故臣私慮，願先從事於漸也。

[1]閭閻：里巷。宋本、殿本作“閻閭”。

[2]清議：東漢末社會風氣，士人領袖對時政與人物的品評，對所評對象影響極大。

[3]行在取容：行爲旨在取悦於君主。

[4]專局：專，宋本作“尊”。

[5]考課：古代考核官吏政績的制度。根據考核結果分别等差，決定升降賞罰。

[6]諳物情：諳，宋本作“謂”。

[7]恒背公而横務：背公而縱私。

[8]小大難期：大，原本、宋本作“在”，殿本作“大”，據殿本、中華本校勘記改。

[9]世放都靡：世上都風靡仿效。

[10]營欲比肩：鑽營私利者比比皆是。

[11]黜陟：人才的進退，官吏的升降。黜，貶降、罷退。陟，提拔、升遷。

[12]善在抑尤：善在抑止惡劣。

[13]俄在不鮮之地：突然處於不善美的境地。

[14]約己潔素者：己，宋本作“約”。

天下至大，萬事至衆，人君至少，同於天日，[1]故非垂聽所得周覽。是以聖王之化，執要而已，委務於下而不以事自嬰也。[2]分職既定，無所與焉，非憚日昃之勤，[3]而牽於逸豫之虞，[4]誠以政體宜然，事勢致之也。何則？夫造創謀始，逆暗是非，[5]以別能否，甚難察也。既以施行，因其成敗，以分功罪，甚易識也。易識在考終，難察在造始，故人君恒居其易則安，人臣不處其難則亂。今陛下每精事始而略於考終，故群吏慮事懷成敗之懼輕，飾文采以避目下之譴重，此政功所以未善也。今人主能恒居易執要以御其下，然後人臣功罪形於成敗之徵，無逃其誅賞。故罪不可蔽，功不可誣。功不可誣，[6]則能者勸；罪不可蔽，則違慢日肅，此爲國之大略也。臣竊惟陛下聖心，[7]意在盡善，懼政有違，故精事始，以求無失。又以衆官勝任者少，故不委務，寧居日昃也。臣之愚慮，竊以爲今欲盡善，故宜考終。何則？精始難校故也。又群官多不勝任，亦宜委務，使能者得以成功，不能者得以著敗。[8]敗著可得而廢，功成可得遂任，然後賢能常居位以善事，暗劣不得以尸禄害政。[9]如此不已，則勝任者漸多，經年少久，[10]即群司遍得其人矣。此校才考實政之至務也。今人主不委事仰成，而與諸下共造事始，則功罪難分。下不專事，居官不久，故能否不别。何以驗之？今世士人決不悉良能也，又決不悉疲軟也。然今欲舉一忠賢，不知所賞；求一負敗，不知所罰。及其免退，自以犯法耳，[11]非不能也。登進者自以累資及人間之譽耳，非功實也。若謂不然，則當今之政未稱聖旨，[12]此其徵也。陛下御今法爲政將三十年，而功未日新，其咎安在？古人有言：“琴瑟不調，甚者必改而更張。”凡臣所言，誠政體之常，然古今異宜，[13]所遇不同。陛下縱未得盡仰成之理，都委務於下，至於今事應奏御者，[14]蠲除不急，使要事得精可三分之二。

[1]同於天日：於，宋本作“放”。

[2]以事自嬰：以事務纏住自己。

[3]日昃：太陽偏西。比喻勤勞。昃，宋本作“昊”，本卷下文“寧居日昃”同。

[4]牽於逸豫之虞：對安樂的憂慮牽繞於心。

[5]逆暗是非：預先明辨是非。

[6]功不可誣：原本無此四字，宋本、殿本有，據宋本、殿本補。

[7]惟：宋本作“隱”。

[8]著敗：顯著的失敗。

[9]尸禄：空食俸禄無所作爲。

[10]經年少久：少，宋本作“小”。

[11]自以犯法耳：自，宋本作“目”。

[12]未稱聖旨：未，宋本作“乃”。

[13]古今異宜：古今，宋本作“有不”。

[14]至於：於，宋本作“如”。

古者六卿分職，[1]冢宰爲師。[2]秦漢已來，九列執事，[3]丞相都總。[4]今尚書制斷，[5]諸卿奉成，於古制爲重，事所不須，[6]然今未能省并。可出衆事付外寺，使得專之，尚書爲其都統，若丞相之爲。惟立法創制，死生之斷，除名流徙，[7]退免大事，及連度支之事，[8]臺乃奏處。其餘外官皆專斷之，歲終臺閣課功校簿而已。[9]此爲九卿造創事始，[10]斷而行之，尚書書主，賞罰繩之，其勢必愈考成司非而已。[11]於今親掌者動受成於上，上之所失，[12]不得復以罪下，歲終事功不建，不知所責也。夫監司以法舉罪，獄官案劾盡實，法吏據辭守文，大較雖同，然至於施用，監司與夫法獄體宜小異。獄官唯實，法吏唯文，監司則欲舉大而略小。[13]何則？夫細過微闕，謬妄之失，此人情之所必有，而悉糾以法，則朝野無全人，[14]此所謂欲理而反亂者也。

［1］六卿：周代六官：天官冢宰，地官司徒，春官宗伯，夏官司馬，秋官司寇，冬官司空。

［2］塚宰爲師：塚宰，六卿之首，亦稱太宰。《尚書·周官》："塚宰掌邦治，統百官，均四海。"師，同"帥"。

［3］九列執事：九卿各負責一部具體事務。

［4］丞相：官名，漢代丞相秉承皇帝詔命，處理全國政務、總領朝廷百官，全國政務無所不綜，位及尊隆。

［5］尚書：此指尚書令或尚書僕射等尚書省長官。

［6］事所不須：所，宋本作"而"。

［7］流徙：徙，宋本作"徒"。

［8］度支：規劃計算支出。《禮記·王制》"五穀皆入，然後制國用"。鄭玄注："制國用，如今度支經用。"

［9］臺閣：尚書省的别稱。

［10］造創事始：始，宋本作"功"。

［11］而已：宋本無"已"字。

［12］上之所失：上，原本作"下"，宋本、殿本作"上"，據宋本、殿本改。

[13]監司：司，原本作“用”，宋本、殿本作“司”，據宋本、殿本改。

[14]則朝野無全人：全，原本、宋本作“立”，殿本作“全”，據殿本、中華本校勘記改。

故善爲政者，綱舉而網疏，[1]綱舉則所羅者廣，網疏則小必漏，[2]所羅者廣則爲政不苛，[3]此爲政之要也。而自近世以來，爲監司者，類大綱不振而微過必舉。微過不足以害政，舉之則微而益亂；大綱不振，則豪强横肆，豪强横肆，則百姓失職矣，此錯所急而倒所務之由也。今宜令有司反所常之政，使天下可善化。及此非難也，人主不善碎密之案，必責犯强舉尤之奏，當以盡公，則害政之奸自然禽矣。夫大奸犯政而亂兆庶之罪者，[4]類出富强，而豪富者其力足憚，其貨足欲，是以官長顧勢而頓筆。下吏縱奸，懼所司之不舉，則謹密網以羅微罪。使奏劾相接，狀似盡公，而撓法不亮固已在其中矣。[5]非徒無益於政體，清議乃由此而益傷。古人有言曰：“君子之過，如日之蝕焉。”[6]又曰：“過而能改。”[7]又曰：“不貳過。”[8]凡此數者，皆是賢人君子不能無過之言也。苟不至於害政，則皆天網之所漏；所犯在甚泰，然後王誅所必加，此舉罪淺深之大例者也。

[1]網疏：網，宋本作“綱”。

[2]網疏則小必漏：中華本校勘記：“‘小必漏’，《群書治要》

三〇作‘小罪必漏’，有‘罪’字義長。”

[3]所羅者廣則爲政不苛：中華本校勘記：“《群書治要》三〇作‘所羅者廣，則大罪不縱，則甚泰必刑；微過必漏，則爲政不苛’，今本恐有脱誤。”

[4]兆庶：百姓。

[5]撓法不亮：枉法不實。

[6]君子之過，如日之蝕焉：語見《論語·子張》：“子貢曰：‘君子之過也，如日月之食焉：過也，人皆見之；更也，人皆仰之。’”

[7]過而能改：語見《左傳·宣公二年》：晋靈公荒暴，士季勸諫説：“人誰無過？過而能改，善莫大焉。”

[8]不貳過：語見《論語·雍也》孔子説：“有顔回者好學，不遷怒，不貳過。”

故君子得全美以善事，不善者必夷戮以警衆，此爲政誅赦之準式也。何則？所謂賢人君子，[1]苟不能無過，小疵不可以廢其身，而輒繩以法，則愧於明時。何則？雖有所犯，輕重甚殊，於士君子之心受責不同而名不異者，故不軌之徒得引名自方，[2]以惑衆聽，因名可亂，假力取直，故清議益傷也。凡舉過彈違，將以肅風論而整世教，今舉小過，[3]清議益頽。是以聖人深識人情而達政體，故其稱曰：“不以一眚掩大德。”[4]又曰：“赦小過，舉賢才。”又曰：“無求備於一人。”[5]故冕而前旒，充纊塞耳，意在善惡之報必取其尤，然後簡而不漏，大罪必誅，法禁易全也。何則？害法在犯尤，而謹搜微過，何異放兕豹於公路，[6]而禁鼠盗於隅隙。

古人有言，“鈇鉞不用而刀鋸日弊，[7]不可以爲政”，此言大事緩而小事急也。時政所失，少有此類，陛下宜反而求之，乃得所務也。

[1]所謂：謂，原本、殿本作“爲”，宋本作“謂”，據宋本改。

[2]自方：自比。

[3]今：宋本作“令”。

[4]眚：過錯，過失。

[5]無求備於一人：語見《論語·微子》：周公謂魯公曰：“君子不施其親，不使大臣怨乎不以。故舊無大故，則不棄也。無求備於一人！”

[6]兕豹：指猛獸。

[7]鈇鉞不用而刀鋸日弊：斧鉞不用而完好，刀鋸常用則一天比一天破舊。

夫權制不可以經常，政乖不可以守安，此言攻守之術異也。百姓雖愚，望不虚生，[1]必因時而發。有因而發，則望不可奪；[2]事變異前，則時不可違。明聖達政，應赴之速，不及下車，故能動合事機，大得人情。昔魏武帝分離天下，使人役居户，各在一方；既事勢所須，且意有曲爲，權假一時，以赴所務，非正典也。然逡巡至今，[3]積年未改，百姓雖身丁其困，而私怨不生，誠以三方未悉蕩并，知時未可以求安息故也。是以甘役如歸，視險若夷。至于平吴之日，[4]天下懷静，而東南二方，六州郡兵，[5]將士武吏，戍守江表，或給京城運漕，父南子北，室家分離，咸更不寧。又不習水土，運役勤瘁，[6]並有死亡之患，勢不可久。此宜大見處分，以副人望。魏氏錯役，亦應改舊。此二者各盡其理，然黔首感恩懷德，[7]謳吟樂生必十倍於今也。自董卓作亂以至今，[8]近出百年，四海勤瘁，丁難極矣。六合渾并，始於今日，兆庶思寧，非虚望也。然古今異宜，所遇不同，誠亦未可以希遵在昔，息放馬牛；[9]然使受百役者不出其國，兵備待事其鄉，實在可爲。縱復不得悉然爲之，[10]苟盡其理，可盡三分之二，[11]吏役可不出千里之内。但如斯而已，天下所蒙已不訾矣。[12]

[1]望不虚生：宋本無“生”字。

[2]望不可奪：宋本無“可”字。

[3]逡巡：拖延，遷延。

[4]平吴：宋本乙作“吴平”。

[5]六州郡兵：宋本無“州”字。

[6]運役勤瘁：宋本“役”字下有小字夾注“一作者”三字。

[7]然黔首感恩懷德：殿本“然”下有“後”字。

[8]董卓：東漢末隴西臨洮（今甘肅省岷縣）人，字仲穎。本爲凉州豪强，靈帝時歷任中郎將、前將軍、并州牧等職。應何進之招進京殺宦官，進京後專權，廢少帝立獻帝。因受關東諸侯討伐，焚燒洛陽宫室，遷獻帝於長安。後爲部將吕布所殺。

[9]息放：宋本、殿本作“放息”。

[10]不得悉然爲之：宋本作“不得悉然然爲之”。

[11]可盡三分之二：盡，宋本、殿本作“静”。

[12]不訾：不計其數。

政務多端，世事之未盡理者，難遍以疏舉，振領總綱，要在三條。凡政欲静，静在息役，息役在無爲。倉廩欲實，實在利農，利農在平糴。爲政欲著信，著信在簡賢，簡賢在官久。官久非難也，連其班級，自非才宜，不得傍轉以終其課，則事善矣。平糴已有成制，其未備者可就周足，則穀積矣。無爲匪他，却功作之勤，抑似益而損之利。[1]如斯而已，則天下静矣。此三者既舉，雖未足以厚化，然可以爲安有餘矣。夫王者之利，在生天地自然之財，農是也。所立爲指於此，事誠有功益。苟或妨農，[2]皆務所息，此悉似益而損之謂也。然今天下自有事所必須，不得止已，或用功甚少而所濟至重。目下爲之，雖少有廢，而計終已大益。農官有十百之利，及有妨害，在始似如未急，終作大患，宜逆加功，[3]以塞其漸。如河汴將合，沉萊苟善，則役不可息。諸如此類，亦不得已已。然事患緩急，權計輕重，自非近如此類，準以爲率，乃可興爲，其餘皆務在静息。然能善算輕重，權審其宜，知可興可廢，甚難了也，自非上智遠才，不幹此任。夫創業之美，勛在垂統，使夫後世蒙賴以安。其爲安也，雖昏猶明，雖愚若智。濟世功者，實在善化之爲，要在静國。至夫修飾官署，凡諸作役務爲恒傷過泰，不患不舉，此將來所不須於陛下而自能者也。至於仰蒙前緒，所憑日月者，實在遺風繫人心，餘烈匡幼弱，而今勤所不須，以傷所憑。鈞此二者，何務孰急，陛下少垂恩回慮，詳擇所安，則大理盡矣。

[1]抑似益而損之利：制止表面有利實則有害的行爲。
[2]苟或：或，宋本作“足”。
[3]逆加功：預先加强防範。

世之私議，竊比陛下於孝文。臣以爲聖德隆殺，[1]將在乎後，[2]不在當今。何則？陛下龍飛鳳翔，應期踐阼，有創業之勛矣。掃滅强吴，[3]奄征南海，又有之矣。以天子之貴，而躬行布衣之所難，孝儉之德，冠於百王，又有之矣。履宜無細，動成軌度，又有之矣。若善當身之政，建藩屏之固，使晉代久長，後世仰瞻遺迹，校功考事，實與湯武比隆，何孝文足云！臣之此言，非臣下褒上虚美常辭，其事實然。若所以資爲安之理，或未盡善，則恐良史書勛，不得遠盡弘美，甚可惜也。然不可使夫知政之士得參聖慮，經年少久，[4]終必有成。願陛下少察臣言。

又論肉刑，見《刑法志》。詔答曰：“得表陳封國之制，宜如古典，任刑齊法，宜復肉刑，及六州將士之役，居職之宜，諸所陳聞，具知卿之乃心爲國也。[5]動静數以聞。”

[1]聖德隆殺：聖德的升降。
[2]將在乎後：後，宋本作“人”。

[3]掃滅强吴：掃，宋本作“埽”。

[4]經年少久：少，宋本作“小”。

[5]具知卿之乃心爲國也：原本、宋本作“具之知卿乃心爲國也”，殿本“之”挪“卿”後，據殿本、中華本校勘記改。

元康初，從淮南王允入朝。[1]會誅楊駿，[2]頌屯衛殿中，其夜，詔以頌爲三公尚書。[3]又上疏論律令事，爲時論所美。久之，轉吏部尚書，[4]建九班之制，欲令百官居職希遷，考課能否，明其賞罰。賈郭專朝，[5]仕者欲速，竟不施行。

[1]淮南王允：司馬允，字欽度，本書卷六四有傳。

[2]楊駿：字文長，本書卷四〇有傳。

[3]三公尚書：官名，領尚書省三公曹，掌斷獄。三品。

[4]吏部尚書：官名，三國魏時爲尚書省吏部曹長官，位居列曹尚書之上。三品。

[5]賈郭：賈后之族兄賈模、從舅郭彰，分别任侍中和右衛將軍，並以才望居位，與楚王司馬瑋、東安公司馬繇分掌朝政。

及趙王倫之害張華也，[1]頌哭之甚慟。聞華子得逃，喜曰：“茂先，卿尚有種也！”倫黨張林聞之，大怒，憚頌持正而不能害也。孫秀等推崇倫功，[2]宜加九錫，[3]百僚莫敢異議。頌獨曰：“昔漢之錫魏，魏之錫晉，皆一時之用，非可通行。今宗廟久安，[4]雖嬖后被退，勢臣受誅，周勃誅諸吕而尊孝文，[5]霍光廢昌邑而奉孝宣，[6]並無九錫之命。違舊典而習權變，非先王之制。[7]九錫之議，請無所施。”張林積忿不已，以頌爲張華之黨，將害之。孫秀曰："誅張、裴已傷時望，[8]不可復誅頌。"林乃止。於是以頌爲光禄大夫，[9]門施行馬。[10]尋病卒，使使者吊祭，賜錢二十萬、朝服一具，謚曰貞。中書侍郎劉沉議，[11]頌當時少輩，應贈開府。[12]孫秀素恨之，不聽。頌無子，養弟和子雍早卒，更以雍弟詡子隱爲適孫，襲封。[13]永康元年，詔以頌誅賈謐督攝衆事有功，[14]追封梁鄒縣侯，[15]食邑千五百户。

[1]趙王倫：司馬倫，字子彝，本書卷五九有傳。　張華：字茂先，本書卷三六有傳。

[2]孫秀：西晋琅邪臨沂（今山東省臨沂市）人，趙王倫心腹。趙王倫執政後任中書令，威震朝廷。趙王倫稱帝，任侍中、中書監、驃騎將軍。趙王倫失敗後被殺。

[3]九錫：《漢書》卷六《武帝紀》顏師古注引應劭曰："一曰車馬，二曰衣服，三曰樂器，四曰朱户，五曰納陛，六曰虎賁百人，七曰鈇鉞，八曰弓矢，九曰秬鬯。此皆天子制度，尊之，故事事錫與，但數少耳。"

[4]久安：久，宋本作"乂"。

[5]周勃誅諸吕而尊孝文：吕后死，諸吕謀爲亂，周勃聯合陳平、劉姓宗室等共平諸吕，迎立文帝。

[6]霍光廢昌邑而奉孝宣：《漢書》卷六八《霍光傳》載：漢昭帝去世，霍光迎昌邑王劉賀即帝位。不久以其行淫亂危社稷將其廢掉，迎立宣帝劉詢。

[7]非先王之制：制，宋本作"效"。

[8]裴：裴頠，字逸民，本書卷三五有傳。

[9]光禄大夫：官名，三公等大臣告老回家即拜此職，或作爲在朝顯職的加官。三品，開府位從公者一品。

[10]行馬：古代官署前攔阻人馬通行的木架。俗稱"鹿角"，

亦稱“梐枑”。

[11]劉沉：字道真，本書卷八九有傳。

[12]開府：開設府署，辟置僚屬。魏晋時常以此作爲對高級官員的寵待。

[13]更以雍弟詡子隔爲適孫，襲封：中華本校勘記：“劉頌前無所封，則‘襲封’者，‘襲’下文所追封之‘梁鄒縣侯’。《傳》文先叙‘襲封’，後叙‘追封’，失之疏略。”

[14]賈謐：字長深，本書卷四〇有傳。

[15]“永康元年”至“梁鄒縣侯”：中華本校勘記：“誅張華、裴頠及劉頌之死並在永康元年，追封劉頌當在趙王倫被殺以後，‘永康’疑爲‘永寧’之誤。”

頌弟彪，字仲雅，參安東軍事。伐吴，獲張悌，[1]累官積弩將軍。[2]及武庫火，彪建計斷屋，得出諸寶器。歷荆州刺史。[3]次弟仲，字世混，歷黄門郎、滎陽太守，[4]未之官，卒。

[1]張悌：字巨先，襄陽（今湖北省襄陽市）人，歷任孫吴屯騎校尉、丞相、軍師。版橋兵敗爲晋軍所殺。

[2]積弩將軍：官名，魏晋時置。領禁衛營兵，隸中領軍。四品。

[3]荆州：此時治所在江陵縣（今湖北省江陵縣）。

[4]滎陽：郡名，治所在滎陽縣（今河南省滎陽市東北）。

初，頌嫁女臨淮陳矯，[1]矯本劉氏子，與頌近親，出養於姑，改姓陳氏。中正劉友譏之，[2]頌曰：“舜後姚虞、陳田本同根系，[3]而世皆爲婚，禮律不禁。今與此同義，爲婚可也。”友方欲列上，爲陳騫所止，[4]故得不劾。頌問明法掾陳默、蔡畿曰：[5]“鄉里誰最屈？”二人俱云：“劉友屈。”頌作色呵之，畿曰：“友以私議冒犯明府爲非，然鄉里公論稱屈。”友辟公府掾、尚書郎、黄沙御史。[6]

[1]臨淮：郡國名，治所在盱眙縣（今江蘇省盱眙縣東北）。陳矯：三國時廣陵東陽（今江蘇省盱眙縣東）人，字季弼，本姓劉，嗣外祖改姓陳。歷曹魏武、文、明三帝，歷任司空掾、征南將軍長史、樂陵太守、魏郡太守，官至尚書令。

[2]中正：魏晋時期評定士人品第的官員。郡設中正，州設大中正。朝廷根據中正所評士人的品第授予官職。

[3]舜後姚虞、陳田本同根系：舜，稱虞舜，又姓姚，故云本同根系。春秋時齊國田氏，又作陳氏，故云本同根系。

[4]陳騫：《世説新語·方正》注引《晋陽秋》：“騫字休淵。”本書卷三五有傳。

[5]明法掾：官名，廷尉屬官，由明曉法律者擔任。

[6]黄沙御史：官名，黄沙獄治書侍御史的簡稱。西晋武帝置，主管詔獄案件審理及覆核廷尉所處理案件。六品。

李重

李重，字茂曾，江夏鍾武人也。[1]父景，[2]秦州刺史、都亭定侯。[3]重少好學，有文辭；早孤，與群弟居，以友愛著稱。弱冠爲本國中正，[4]遜讓不行。後爲始平王文學，[5]上疏陳九品曰：“先王議制，以時因革，因革之理，唯變所適。九品始於喪亂，軍中之政，誠非經國不刊之法也。且其檢防轉碎，徵刑失實，[6]故朝野之論，僉謂驅動風俗，爲弊已甚。而至於議改，又以爲疑。臣以革法創制，當先盡開塞利害之理，舉而錯之，使體例大通而無否滯亦未易故也。古者諸侯之治，分土有常，國有定主，人無異望，卿大夫世禄，仕無出位之思，臣無越境之交，上下體固，人德歸厚。秦反斯道，罷侯置守，風俗淺薄，自此來矣。漢革其弊，斟酌周秦，並建侯守，亦使分土有定，而牧司必各舉賢，貢士任之鄉議，事合聖典，比踪三代。方今聖德之隆，光被四表，兆庶顒顒，欣睹太平。然承魏氏彫弊之迹，人物播越，仕無常朝，人無定處，郎吏蓄於軍府，豪右聚於都邑，事體駁錯，與古不同。謂九品既除，宜先開移徙，聽相并就。且明貢舉之法，不濫於境外，則冠帶之倫將不分而自均，即土斷之實行矣。[7]又建樹官司，功在簡久。階級少，則人心定；久其事，則政化成。而能否著，此三代所以直道而行也。[8]以爲選例九等，當今之要，所宜施用也。聖王知天下之難，常從事於其易，故寄隱括於閭伍，[9]則邑屋皆爲有司。若任非所由，事非所覈，則雖竭聖智，猶不足以贍其事。由此而觀，誠令二者既行，即人思反本，修之於鄉，嘩競自息，[10]而禮讓日隆矣。”

[1]江夏：郡名，三國魏治所在上昶城（今湖北省雲夢縣），西晋移治安陸縣（今湖北省安陸市西南）。　鍾武：縣名，治所在今湖南省衡陽市西。

[2]父景：中華本校勘記：“《魏志·李通傳》注引王隱《晋書》‘景’作‘秉’，則其人本名‘秉’。此作‘景’，蓋唐人避嫌

名（唐高祖之父昞）改。”

［3］秦州：治所在冀縣（今甘肅省甘谷縣東）。

［4］弱冠：指男子二十歲時。《禮記·曲禮上》：“二十曰弱，冠。”年少爲弱，待至二十，即爲成年，舉行冠禮。

［5］始平王：西晋始平王有二，一爲武帝子司馬裕，咸寧三年（277）正月丙子朔始封，庚寅即卒；二爲司馬瑋，此始平王當爲此人。　文學：官名，魏晋太子、諸王及世子均置，掌各級教育文事。

［6］徵刑失實：中華本校勘記：“《斠注》：‘刑’當從《通典》一四作‘形’。”

［7］土斷：指讓士人各回自鄉，人有定處。

［8］此三代：此，原本、殿本作“在”，宋本作“此”，據宋本改。

［9］隱括：核查，清查。

［10］嘩競自息：嘩，殿本、宋本作“華”。

遷太子舍人，[1]轉尚書郎。[2]時太中大夫恬和表陳便宜，[3]稱漢孔光、魏徐幹等議，[4]使王公已下制奴婢限數，及禁百姓賣田宅。中書啓可，[5]屬主者爲條制。重奏曰：“先王之制，士農工商有分，不遷其業，所以利用厚生，各肆其力也。《周官》以土均之法，經其土地井田之制，而辨其五物九等貢賦之序，[6]然後公私制定，[7]率土均齊。自秦立阡陌，建郡縣，而斯制已没。降及漢魏，因循舊迹，王法所峻者，唯服物車器有貴賤之差，令不僭擬以亂尊卑耳。至於奴婢私産，則實皆未嘗曲爲之立限也。八年《己巳詔書》申明律令，[8]諸士卒百工以上，所服乘皆不得違制。若一縣一歲之中，有違犯者三家，洛陽縣十家已上，官長免。如詔書之旨，法制已嚴。今如和所陳而稱光、幹之議，此皆衰世逾侈，當時之患。然盛漢之初不議其制，光等作而不行，非漏而不及，能而不用也。蓋以諸侯之軌既滅，[9]而井田之制未復，則王者之法不得制人之私也。人之田宅既無定限，則奴婢不宜偏制其數，懼徒爲之法，實碎而難檢。方今聖明垂制，[10]每尚簡易，法禁已具，和表無施。”

[1]太子舍人：官名，掌行書令、表啓等。初隸太子太傅、太子少傅，後隸太子詹事。七品。

[2]尚書郎：官名。東漢之制，取孝廉中之有才能者入尚書臺，在皇帝左右處理政務，初入臺稱守尚書郎中，滿一年稱尚書郎，滿三年稱侍郎。魏晋以後尚書各曹有侍郎、郎中等官，綜理職務，通稱爲尚書郎。六品。

[3]太中大夫：官名，侍從皇帝左右，掌顧問應對、參謀議政、奉詔出使。多由寵臣貴戚出任。七品。

[4]孔光：西漢曲阜（今山東省曲阜市）人，字子夏，孔子十四世孫。成帝時舉博士，以高第爲尚書。歷任僕射、尚書令、光禄大夫、給事中、光禄勛、丞相。與大司空何武等奏請限民名田及奴婢。　徐幹：東漢末北海劇縣（今山東省壽光市南）人，字偉長。“建安七子”之一。建安中任曹操司空軍謀祭酒掾屬、五官中郎將文學。主張分職設官、循名責實、察舉取士。著有《中論》二十篇。文集已佚，明清有輯本。

[5]中書：中書省，官署名，爲掌管機要、出納政令章奏的宫廷政治機構，收納群臣奏疏，草擬皇帝詔令，兼領修史，記録起居，權任頗重。

［6］五物九等貢賦之序：《周禮·地官·大司徒》："以土均之法，辨五物九等，制天下之地征。"鄭玄注："九等，騂剛、赤緹之屬；征，税也。"

［7］公私：原本作"分司"，宋本、殿本作"公私"，據宋本、殿本改。

［8］則實皆未嘗曲爲之立限也。八年《己巳詔書》：本段文字宋本多有出入，作"實曲爲立限也。遂去八年《己巳詔書》"。

［9］既滅：滅，原本、宋本作"減"，殿本作"滅"，據殿本改。

［10］聖明垂制：聖，宋本作"盛"。

又司隸校尉石鑒奏，[1]鬱林太守介登役使所監，[2]求召還；尚書荀愷以爲遠郡非人情所樂，[3]奏登貶秩居官。重駁曰："臣聞立法無制，所以齊衆檢邪，非必曲尋事情，而理無所遺也。[4]故所滯者寡，而所濟者衆。今如登郡比者多，[5]若聽其貶秩居官，動爲準例，懼庸才負遠，必有黷貨之累，非所以肅清王化，輯寧殊域也。臣愚以爲宜聽鑒所上，先召登還，且使體例有常，不爲遠近異制。"詔從之。

［1］司隸校尉：官名，三國魏時先治弘農，後治河南，轄司州所屬河南、河東、河内、弘農、平陽五郡。掌監察京師，糾察京都百官。西晋沿置。三品。　石鑒：字林伯，本書卷四四有傳。

［2］鬱林：郡名，西漢元鼎六年（前111）置，治所在布山縣（今廣西壯族自治區桂平市西南古城）。

［3］尚書：此指尚書僕射。　荀愷：西晋人，任尚書僕射、司隸校尉等職。

[4]理無所遺：遺，殿本作“道”。

[5]今如登郡比者多：像介登任太守那樣的郡多。

太熙初，遷廷尉平。[1]駁廷尉奏邯鄲醉等，[2]文多不載。再遷中書郎，[3]每大事及疑議，輒參以經典處決，多皆施行。遷尚書吏部郎，[4]務抑華競，不通私謁，特留心隱逸，由是群才畢舉，拔用北海西郭湯、琅邪劉珩、燕國霍原、馮翊吉謀等爲秘書郎及諸王文學，[5]故海内莫不歸心。時燕國中正劉沉舉霍原爲寒素，[6]司徒府不從，沉又抗詣中書奏原，而中書復下司徒參論。[7]司徒左長史荀組以爲：[8]“寒素者，當謂門寒身素，無世祚之資。原爲列侯，顯佩金紫，先爲人間流通之事，晚乃務學，少長異業，年逾始立，草野之譽未洽，德禮無聞，不應寒素之目。”重奏曰：“案如《癸酉詔書》，廉讓宜崇，浮競宜黜。其有履謙寒素靖恭求己者，應有以先之。如詔書之旨，以二品繫資，或失廉退之士，故開寒素以明尚德之舉。司徒總御人倫，實掌邦教，當務峻準評，以一風流。然古之厲行高尚之士，或栖身巖穴，或隱迹丘園，或克己復禮，或耄期稱道，出處默語，唯義所在。未可以少長異操，[9]疑其所守之美，而遠同終始之責，非所謂擬人必於其倫之義也。[10]誠當考之於邦黨之倫，審之於任舉之主。沉爲中正，親執銓衡。[11]陳原隱居求志，篤古好學，學不爲利，行不要名，絶迹窮山，韞韣道藝，[12]外無希世之容，内全遁逸之節，[13]行成名立，搢紳慕之，委質受業者千里而應，有孫孟之風，[14]嚴鄭之操。[15]始舉原，先諮侍中、領中書監華，[16]前州大中正、後將軍嬰，[17]河南尹軼。[18]去三年，諸州還朝，幽州刺史許猛特以原名聞，[19]擬之西河，[20]求加徵聘。如沉所列，州黨之議既舉，又刺史班詔表薦，如此而猶謂草野之譽未洽，德禮無聞，舍所徵檢之實，而無明理正辭，以奪沉所執。且應二品，非所求備。但原定志窮山，修述儒道，義在可嘉。若遂抑替，將負幽邦之望，傷敦德之教。如詔書所求之旨，應爲二品。”詔從之。

[1]廷尉平：官名，廷尉屬官，亦稱廷評、廷尉評。参議案例律條、覆核平决疑獄，可駁回廷尉所奏罪案。公牘須正、監、平三官聯署，以互相監督。六品。

[2]廷尉：官名，中央最高司法審判機構長官，負責會審朝中有罪文武大臣，覆核審决郡國疑獄等。三品。　辭：殿本作“醳”。

[3]中書郎：官名，隸屬中書令。掌草擬詔書，外出執行重要使命等。亦作爲中書通事郎、中書侍郎的省稱。五品。

[4]尚書吏部郎：官名，尚書省吏部曹長官通稱。亦稱郎中，資深者可轉侍郎。屬吏部尚書，主管官吏選任、銓叙、調動事務，對五品以下官吏之任免有建議權。六品。

[5]北海：郡名，治所在劇縣（今山東省昌樂縣西）。　琅邪：封國名，治所在今山東省臨沂市。　燕國：郡國名，漢高帝置，治所在薊縣（今北京市西南）。　霍原：字休明，本書卷九四有傳。　馮翊：郡名，三國魏以左馮翊改置，治所在臨晋縣（今陝西省大荔縣）。　秘書郎：官名，秘書令屬官，掌管文書機要，亦掌整理典籍、考核舊文。六品。

[6]寒素：漢晋選拔士人的科目名。晋葛洪《抱樸子·審舉》：“故時人語曰：舉秀才，不知書；察孝廉，父别居；寒素清白濁如

泥，高第良將怯如鷄。”

［7］司徒：官名，西漢哀帝元壽二年（前1）改丞相爲大司徒，東漢光武帝時改名爲司徒，東漢末又改爲丞相。三國魏恢復三公制，改丞相爲司徒，管理民政。兩晋沿制，爲八公之一，在太尉之下、司空之上。與丞相通職，一般不並置，爲名譽宰相。一品。

［8］司徒左長史：官名，司徒府掾屬之長，佐司徒總管府内諸曹。長史如分左、右，則左高於右。六品。　荀組：字大章，本書卷三九有傳。

［9］未可以少長異操：宋本“操”下有“用”字。

［10］擬人必於其倫：與其同類的人相比。

［11］銓衡：選拔官吏。

［12］韞韣：懷有，懷藏。韞，原本、宋本作“藴”，宋本“藴”下且無“韣”字，殿本作“緼”，據中華本改。

［13］遁逸：隱逸。

［14］孫孟：指荀况和孟軻。

［15］嚴鄭：指漢代隱士嚴君平和鄭子真。《漢書》卷七二《王貢兩龔鮑傳》：谷口有鄭子真，蜀有嚴君平，皆修身自保，非其服弗服，非其食弗食。成帝時，元舅大將軍王鳳以禮聘子真，子真遂不詘而終。君平卜筮於成都市，裁日閲數人，得百錢足自養，則閉肆下簾而授《老子》。

［16］侍中：官名，東漢建安中與給事黄門侍郎出入禁中，省尚書事。曹魏時爲門下之侍中省長官，常侍衛皇帝左右，掌顧問應對、諫諍糾察、平議奏事、駁奏異議等，權力甚重。三品。　領：以地位較高的官員兼理較低的職務。　中書監：官名，中書省長官之一。三國魏文帝初年分秘書置中書省，長官爲中書監、中書令。掌收納奏章、草擬詔令。平常不分高下，入朝時監略高於令。三品。

［17］後將軍：官名，漢代爲重號將軍，與前、左、右將軍並爲上卿。魏晋以後權位漸低，僅爲將軍名號，略高於一般雜號將軍。

三品。

[18]河南尹：官名，京都洛陽所在河南郡長官，主管京都事務。三品。

[19]幽州：治所在薊縣（今北京市西南）。

[20]西河：指孔子弟子子夏。《禮記·檀弓上》："（子夏）退而老於西河之上。"

重與李毅同爲吏部郎，[1]時王戎爲尚書，[2]重以清尚見稱，毅淹通有智識，雖二人操異，然俱處要職，戎以識會待之，各得其所。毅，字茂彦，舊史闕其行事。于時内官重，外官輕，兼階級繁多，重議之，見《百官志》。[3]又上疏曰："凡山林避寵之士，雖違世背時，出處殊軌，[4]而先王許之者，嘉其服膺高義也。昔先帝患風流之弊，而思反純朴，乃諮詢朝衆，搜求隱逸。咸寧二年，始以太子中庶子徵安定皇甫謐，[5]四年又以博士徵南安朱冲，[6]太康元年，復以太子庶子徵冲，雖皆以病疾不至，而朝野悦服。陛下遠邁先帝禮賢之旨，臣訪冲州邑，言其雖年近耋耄，[7]而志氣克壯，耽道窮藪，老而彌新，操尚貞純，所居成化，誠山栖耆德，足以表世篤俗者也。臣以爲宜垂聖恩，及其未没，顯加優命。"時朝廷政亂，竟不能從。出爲行討虜護軍、平陽太守，[8]崇德化，修學校，表篤行，拔賢能，清簡無欲，正身率下，在職三年，[9]彈黜四縣。弟嶷亡，表去官。

[1]吏部郎：官名，尚書省吏部曹長官通稱。亦稱郎中，資深者可轉侍郎。屬吏部尚書，主管官吏選任、銓叙、調動事務，對五

品以下官吏之任免有建議權。六品。

[2]王戎：字濬冲，本書卷四三有傳。

[3]見《百官志》：本書無《百官志》，有《職官志》。但不載李重之議。

[4]出處：出仕和隱退。

[5]太子中庶子：官名，太子侍從，掌侍從、奏事、諫議等。五品。　安定：郡名，西漢置，治所在高平縣（今寧夏回族自治區固原市），東漢治所在臨涇縣（今甘肅省鎮原縣東南），東晋改治安定縣（今甘肅省涇川縣北）。　皇甫謐：字士安，本書卷五一有傳。

[6]徵南安朱冲：南安，原本、殿本作“安南”，宋本作“南安”，據宋本、中華本校勘記改。

[7]耋耄：指八九十歲的年齡。

[8]行：兼攝官職。　討虜護軍：官名，西晋置於西北地區，統兵，多由郡守兼任。魏晋時常隨征伐目的，置諸雜號，如征蜀護軍、平虜護軍、揚威護軍等，職如將軍，而地位稍遜同號將軍，資歷稍淺之統帥常授此。五品。

[9]在職三年：三，宋本作“二”。

永康初，趙王倫用爲相國左司馬，[1]以憂逼成疾而卒，時年四十八。家貧，宅宇狹小，無殯斂之地，詔於典客署營喪。[2]追贈散騎常侍，[3]謚曰成。子式，有美名，官至侍中，咸和初卒。

[1]相國：官名，春秋戰國時稱宰輔大臣爲相國，秦漢時稱爲丞相。魏晋南北朝時不常置，職權品秩略同於丞相但位又比丞相尊貴，非尋常人臣之職。　左司馬：官名，相府的高級幕僚。與右司馬掌參讚軍務、管理府内武職，位僅次於長史。六品。

［2］典客署：官署名，掌接待少數民族等事務，隸屬大鴻臚。

［3］散騎常侍：官名，三國魏文帝黄初年間置，侍從皇帝左右，諫諍得失，顧問應對，與侍中等共平尚書奏事。也用作宰相、諸公等加官，入宫議政。三品。

史臣曰：子雅束髮登朝，[1]竭誠奉國，廣陳封建，深中機宜，詳辨刑名，該覈政體。[2]雖文慚華婉，[3]而理歸切要。游目西京，望賈誼而非遠；[4]眷言東國，顧郎顗而有餘。[5]逮元康之間，賊臣專命，舉朝戰慄，苟避俎醢；[6]頌以此時，忠鯁不撓，哭張公之非罪，拒趙王之妄錫，雖古遺直，[7]何以尚兹。至於緣其私議，不平劉友，異夫憎而知善，舉不避仇者歟！李重言因革之理，駁田産之制，詞愜事當，蓋亹亹可觀。[8]及鋭志銓衡，留心隱逸，濬冲期之識會，豈虚也哉！

［1］束髮：代指成童之年。賈誼《新書·容經》："古者年九歲入就小學，蹍小節焉，業小道焉；束髮就大學，蹍大節焉，業大道焉。"

［2］該覈：廣泛考核。

［3］文慚華婉：文字説不上優美。

［4］賈誼：西漢洛陽（今河南省洛陽市）人。文帝時爲博士，後遷至太中大夫。建議改正朔、定官名、興禮樂、削藩王。因大臣周勃、灌嬰等譖毁，被貶爲長沙王太傅。

［5］郎顗：東漢北海安丘（今山東省安丘市西南）人，字雅光。少傳父業，善占卜星算。隱居海畔教授，門徒常數百人。順帝時公車徵至京師，向朝廷陳説便宜之事，又推薦黄瓊、李固等参政。特詔拜郎中，後辭病歸家。

[6]俎醢：古代酷刑，把人剁成肉醬。

[7]雖古遺直：宋本無"雖"字。

[8]亹亹：論説打動人心。

贊曰：劉頌剛直，義形於詞。自下摩上，彼實有之。李重清雅，志乃無私。推賢拔滯，嘉言在兹。懋哉兩哲，[1]邦家之基。

[1]懋：美好。

晋書　卷四七

列傳第十七

傅玄 子咸 咸子敷 咸從父弟祗 祗子宣 暢

傅玄

傅玄，字休奕，北地泥陽人也。[1]祖燮，[2]漢漢陽太守。[3]父幹，[4]魏扶風太守。[5]玄少孤貧，博學善屬文，解鍾律。性剛勁亮直，不能容人之短。郡上計吏再舉孝廉，[6]太尉辟，[7]皆不就。州舉秀才，[8]除郎中，[9]與東海繆施俱以時譽選入著作，[10]撰集魏書。後參安東、衛軍軍事，[11]轉温令，[12]再遷弘農太守，[13]領典農校尉。[14]所居稱職，數上書陳便宜，多所匡正。五等建，封鶉觚男。武帝爲晋王，以玄爲散騎常侍。[15]及受禪，進爵爲子，加駙馬都尉。[16]

［1］北地：郡名，三國魏治所在祋祤城（今陝西省銅川市耀州區東），西晋治所在泥陽縣（今甘肅省寧縣東南）。

［2］燮：傅燮，東漢北地靈州（今寧夏回族自治區靈武市北）

人。字南容，本字幼起，慕南容三復白珪，乃易字。靈帝時任護軍司馬、安定都尉、議郎、漢陽太守。中平四年（187），韓遂、王國軍圍漢陽，傅燮戰死。

［3］漢陽：東漢永平十七年（74）以天水郡改名，治所在冀縣（今甘肅省甘谷縣東）。

［4］幹：原本、殿本作"韓"，宋本作"幹"，據宋本改。

［5］扶風：三國魏以右扶風改置，治所在槐里縣（今陝西省興平市阜寨鎮南佐村）。西晉改爲扶風國，治所在郿縣（今陝西省眉縣東渭河北岸）。

［6］上計吏：亦稱計吏，地方政府派赴中央呈遞計簿的官員。　孝廉：漢代選拔人才的科目。

［7］太尉：官名，曹操爲丞相後，太尉府屬官歸相府，晉時太尉雖爲八公之一、三公之首，實爲名譽宰相，多爲大臣加官。一品。

［8］秀才：察舉科目，州舉秀才，郡舉孝廉。

［9］郎中：官名，尚書省郎曹長官。位次尚書、左右丞，分曹執行政務。與"尚書郎"互稱。六品。

［10］東海：郡名，治所在郯縣（今山東省郯城縣北）。　著作：官名，即著作郎。三國時爲著作局長官，隸屬中書省。西晉時著作局別自置省，長官仍爲著作郎，改隸屬秘書省。西晉後亦稱大著作郎、大著作、著作，掌國史及起居注的修撰。兩晉南北朝時爲清要之官，多由有名望的文學之士擔任，也用司空、侍中、尚書等官典領。職閑位重，南朝時多爲貴族起家官。六品。

［11］參安東、衛軍軍事：官名，安東將軍府和衛將軍府參軍事。參軍事，亦作參軍，謂參謀軍事。兩晉公府、軍府皆置。

［12］温：縣名，治所在今河南省温縣西南。

［13］弘農：郡名，治所在弘農縣（今河南省靈寶市）。

［14］領：以地位較高的官員兼理較低的職務。　典農校尉：官名，掌管屯田事務、管理所部吏民，相當於郡守。六品。

[15]散騎常侍：官名，三國魏文帝黄初年間置，侍從皇帝左右，諫諍得失，顧問應對，與侍中等共平尚書奏事。也用作宰相、諸公等加官，入宫議政。三品。

[16]駙馬都尉：官名，與奉車都尉、騎都尉並稱三都尉，多用於宗室、外戚、功臣子、貴族、近臣的加官，亦用於尚公主者。六品。

帝初即位，廣納直言，開不諱之路，玄及散騎常侍皇甫陶共掌諫職。[1]玄上疏曰："臣聞先王之臨天下也，明其大教，長其義節；道化隆於上，清議行於下，上下相奉，人懷義心。亡秦蕩滅先王之制，以法術相御，而義心亡矣。近者魏武好法術，而天下貴刑名；魏文慕通達，[2]而天下賤守節。其後綱維不攝，[3]而虚無放誕之論盈於朝野，使天下無復清議，而亡秦之病復發於今。陛下聖德，龍興受禪，弘堯舜之化，開正直之路，體夏禹之至儉，綜殷周之典文，臣咏嘆而已，將又奚言！惟未舉清遠有禮之臣，以敦風節；未退虚鄙，以懲不恪，[4]臣是以猶敢有言。"詔報曰："舉清遠有禮之臣者，此尤今之要也。"乃使玄草詔進之。玄復上疏曰：

臣聞舜舉五臣，[5]無爲而化，用人得其要也。天下群司猥多，不可不審得其人也。不得其人，一日則損不貲，[6]況積日乎！典謨曰"無曠庶官"，言職之不可久廢也。諸有疾病滿百日不差，宜令去職，優其禮秩而寵存之，既差而後更用。臣不廢職於朝，國無曠官之累，此王政之急也。

[1]皇甫陶：西晋人，任散騎常侍、右將軍，因與傅玄争吵喧嘩被劾免官。

[2]魏文慕通達：達，原本、宋本作“遠”，殿本作“達”，據殿本、中華本校勘記改。

[3]綱維不攝：綱紀崩壞。

[4]不恪：不敬。

[5]五臣：《論語·泰伯》：“舜有臣五人，而天下治。”何晏注：“孔曰：‘禹、稷、契、皋陶、伯益。’”

[6]不貲：不計其數。

臣聞先王分士農工商以經國制事，各一其業而殊其務。[1]自士已上子弟，爲之立太學以教之，[2]選明師以訓之，各隨其材優劣而授用之。農以豐其食，工以足其器，商賈以通其貨。故雖天下之大，兆庶之衆，無有一人游手。分數之法，周備如此。漢魏不定其分，百官子弟不修經藝而務交游，未知莅事而坐享天禄；農工之業多廢，或逐淫利而離其事；徒繫名於太學，然不聞先王之風。今聖明之政資始，而漢魏之失未改，散官衆而學校未設，游手多而親農者少，工器不盡其宜。臣以爲亟定其制，通計而天下若干人爲士，足以副在官之吏；若干人爲農，三年足有一年之儲；若干人爲工，足其器用；若干人爲商賈，足以通貨而已。尊儒尚學，貴農賤商，此皆事業之要務也。

[1]各一其業：一，殿本作“業”。

[2]太學：古代設於京城的最高學府，主要從事儒學教育。

前皇甫陶上事，欲令賜拜散官皆課使親耕，[1]天下享足食之利。禹稷躬稼，祚流後世，是以《明堂》、《月令》著帝籍之制。伊尹古之名臣，[2]耕於有莘；[3]晏嬰齊之大夫，[4]避莊公之難，[5]亦耕於海濱。昔者聖帝明王，賢佐俊士，皆嘗從事於農矣。[6]王人賜官，冗散無事者，不督使學，則當使耕，無緣放之使坐食百姓也。今文武之官既衆，而拜賜不在職者又多，加以服役爲兵，不得耕稼，當農者之半，南面食禄者參倍於前。[7]使冗散之官農，而收其租税，家得其實，而天下之穀可以無乏矣。夫家足食，爲子則孝，爲父則慈，爲兄則友，爲弟則悌。天下足食，則仁義之教可不令而行也。爲政之要，計人而置官，分人而授事，士農工商之分不可斯須廢也。若未能精其防制，[8]計天下文武之官足爲副貳者使學，其餘皆歸之於農。若百工商賈有長者，亦皆歸之於農。務農若此，何有不贍乎！《虞書》曰："三載考績，三考黜陟幽明。"是爲九年之後乃有遷叙也。故居官久，則念立慎終之化；居不見久，則競爲一切之政。[9]六年之限，日月淺近，不周黜陟。陶之所上，義合古制。

[1]散官：有官名而無固定職事之官。

[2]伊尹：輔佐商湯及其後代外丙、仲壬、太甲的賢臣。

[3]有莘：有莘氏，古方國名，其女嫁給商湯。

[4]晏嬰：即晏子。春秋時夷濰（今山東省高密市）人，字平仲。齊國大夫，機智善辯，敢於諫諍，生活節儉。歷事齊靈公、莊

公、景公三朝。

[5]避莊公之難：《左傳·襄公二十五年》：崔杼殺了齊莊公，晏嬰認爲，國君爲國而死，則臣下也爲他而死；爲國而逃亡，則臣下也爲他而逃亡。如果國君爲自己而死、爲自己而逃亡，就不能爲他而死、爲他而亡了。於是來到莊公屍體旁，大哭一場，然後離開。

[6]嘗：宋本作“當”。

[7]南面食禄者：宋本無“南”字。

[8]若未能精其防制：未，殿本作“果”。

[9]一切之政：權宜之政。

> 夫儒學者，王教之首也。尊其道，貴其業，重其選，猶恐化之不崇；忽而不以爲急，臣懼日有陵遲而不覺也。仲尼有言：“人能弘道，非道弘人。”然則尊其道者，非惟尊其書而已，尊其人之謂也。貴其業者，不妄教非其人也。重其選者，不妄用非其人也。若此，而學校之綱舉矣。

書奏，帝下詔曰：“二常侍懇懇於所論，可謂乃心欲佐益時事者也。而主者率以常制裁之，豈得不使發憤耶！二常侍所論，或舉其大較而未備其條目，亦可便令作之，然後主者八坐廣共研精。[1]凡關言於人主，人臣之所至難。而人主若不能虚心聽納，自古忠臣直士之所慷慨，至使杜口結舌。每念於此，未嘗不嘆息也。故前詔敢有直言，勿有所距，庶幾得以發懞補過，獲保高位。苟言有偏善，情在忠益，雖文辭有謬誤，言語有失得，皆當曠然恕之。古人猶不拒誹謗，况皆善意在可采録乎！近者孔晁、綦毋龢皆按以輕慢之罪，[2]所以皆原，欲使四海知區區之朝無諱言之忌也。”俄遷侍中。[3]

[1]八坐：即八座，尚書省高級官員的合稱。東漢用以稱尚書令、僕射、六曹尚書。魏晋以後，用以稱尚書令、左右僕射、諸曹尚書。無論共有幾人，皆沿用八座之稱。

[2]綦毋龢：原本作“綦母和”，宋本、殿本作“綦毋龢”，據宋本、殿本改。

[3]侍中：官名，東漢建安中與給事黄門侍郎出入禁中，省尚書事。曹魏時爲門下之侍中省長官，常侍衛皇帝左右，掌顧問應對、諫諍糾察、平議奏事、駁奏異議等，權力甚重。三品。

初，玄進皇甫陶，及入而抵，玄以事與陶争，言諠嘩，爲有司所奏，二人竟坐免官。

泰始四年，以爲御史中丞。[1]時頗有水旱之災，玄復上疏曰：

臣聞聖帝明王受命，天時未必無灾，是以堯有九年之水，湯有七年之旱，惟能濟之以人事耳。故洪水滔天而免沉溺，野無生草而不困匱。伏惟陛下聖德欽明，時小水旱，人未大飢，下祗畏之詔，[2]求極意之言，同禹湯之罪己，侔周文之夕惕。臣伏歡喜，上便宜五事：[3]

[1]御史中丞：官名，御史大夫副手，掌監察、執法，爲京師顯官，職權甚重。四品。

[2]祗畏：敬畏。此處爲敬順天意，畏天之罰。

[3]便宜：有利國家合乎時宜。

其一曰，耕夫務多種而耕暵不熟，[1]徒喪功力而無收。又舊兵持官牛者，官得六分，士得四分；自持私牛者，與官中分，施行來久，衆心安之。今一朝减持官牛者，官得八分，士得二分；持私牛及無牛者，官得七分，士得三分，人失其所，必不歡樂。臣愚以爲宜佃兵持官牛者與四分，持私牛與官中分，則天下兵作歡然悦樂，愛惜成穀，無有損棄之憂。

［1］耕暵：莊稼枯萎不熟。

其二曰，以二千石雖奉務農之詔，猶不勤心以盡地利。昔漢氏以墾田不實，徵殺二千石以十數。臣愚以爲宜申漢氏舊典，以警戒天下郡縣，皆以死刑督之。

其三曰，以魏初未留意於水事，先帝統百揆，[1]分河堤爲四部，[2]並本凡五謁者，以水功至大，與農事並興，非一人所周故也。今謁者一人之力，行天下諸水，無時得遍。伏見河堤謁者車誼不知水勢，轉爲他職，更選知水者代之。可分爲五部，使各精其方宜。

［1］百揆：各種政務。

［2］分河堤爲四部：指晋武帝以前，前後左右四部水衡都尉，各有河堤謁者作爲屬官。

其四曰，古以步百爲畝，[1]今以二百四十步爲一畝，所覺過倍。近魏初課田，不務多其頃畝，但務修其功力，故白田收至十餘斛，[2]水田收數十斛。自頃以來，日增田頃畝之課，而田兵益甚，功不能修理，至畝數斛已還，或不足以償種。非與曩時異天地，横遇灾害也，其病正在於務多頃畝而功不修耳。竊見河堤謁者石恢甚精練水事及田事，知其利害，乞中書召恢，[3]委曲問其得失，必有所補益。

[1]步：古長度單位。歷代定制的實際長度不一。周代以八尺爲步，秦代以六尺爲步，舊制以營造尺五尺爲步。

[2]白田：旱田。

[3]中書：中書省，官署名。三國魏文帝初年分秘書省置，爲掌管機要、出納政令章奏的宫廷政治機構，收納群臣奏疏，草擬皇帝詔令，兼領修史、記録皇帝起居。以中書監、令爲長官，下設通事郎、著作郎等官。

其五曰，臣以爲胡夷獸心，不與華同，鮮卑最甚。本鄧艾苟欲取一時之利，[1]不慮後患，使鮮卑數萬散居人間，[2]此必爲害之勢也。秦州刺史胡烈素有恩信於西方，[3]今烈往，[4]諸胡雖已無惡，必且消弭，然獸心難保，不必其可久安也。若後有動釁，烈計能制之。惟恐胡虜適困於討擊，便能東入安定，[5]西赴武威，[6]外名爲降，可動復動。此二郡非烈所制，則惡胡東西有窟穴浮游之地，故復爲患，無以禁之也。[7]宜更置一郡於高平川，[8]因安定西州都尉募樂徙民，重其復除以充之，以通北道，漸以實邊。詳議此二郡及新置郡，皆使并屬秦州，令烈得專御邊之宜。

詔曰："得所陳便宜，言農事得失及水官興廢，又安邊御胡政事寬猛之宜，申省周備，一二具之，此誠爲國大本，當今急務也。如所論皆善，深知乃心，廣思諸宜，動静以聞也。"

[1]鄧艾：三國時義陽棘陽（今河南省南陽市南）人，字士載。歷任典農綱紀、尚書郎、討寇將軍、汝南太守、兖州刺史。平蜀漢有功，官至太尉。後爲鍾會所誣，以檻車徵回京師，中途爲衛瓘所殺。

[2]鮮卑：我國古代北方少數民族，有拓拔、宇文、慕容、秃髮、乞伏、段諸部。此指慕容部。

[3]秦州：治所在冀縣（今甘肅省甘谷縣東）。　胡烈：三國時安定臨涇（今甘肅省鎮原縣東南）人，胡遵之子。

[4]今烈往：殿本"今"下有"令"字。

[5]安定：郡名，西漢置，治所在高平縣（今寧夏回族自治區固原市），東漢治所在臨涇縣（今甘肅省鎮原縣東南），東晋改治安定縣（今甘肅省涇川縣北）。

[6]武威：縣名，治所在今甘肅省民勤縣東北。

[7]無以禁之也：宋本無"以"字。

[8]高平川：即寧夏回族自治區境内的清水河流域。

五年，遷太僕。[1]時比年不登，羌胡擾邊，詔公卿會議。玄應對所問，陳事切直，雖不盡施行，而常見優容。轉司隸校尉。[2]

[1]太僕：官名，掌皇帝車馬、田獵、兵器及全國牧業。三品。

[2]司隸校尉：官名，三國魏時先治弘農，後治河南，轄司州所屬河南、河東、河内、弘農、平陽五郡。掌監察京師，糾察京都百官。西晋沿置。三品。

獻皇后崩於弘訓宫，[1]設喪位。舊制，司隸於端門外坐，在諸卿上，絶席。[2]其入殿，按本品秩在諸卿下，以次坐，不絶席。而謁者以弘訓宫爲殿内，[3]制玄位在卿下。玄恚怒，厲聲色而責謁者。謁者妄稱尚書所處，玄對百僚而罵尚書以下。御史中丞庾純奏玄不敬，[4]玄又自表不以實，坐免官。然玄天性峻急，不能有所容；每有奏劾，或值日暮，捧白簡，整簪帶，竦踴不寐，坐而待旦。於是貴游懾伏，臺閣生風。[5]尋卒於家，時年六十二，謚曰剛。

[1]獻皇后崩於弘訓宫：原本無“弘訓宫”三字，宋本、殿本有，據宋本、殿本補。

[2]絶席：單獨的座位。

[3]謁者：官名，謁者臺屬官。掌賓禮司儀、傳宣詔命、奉命出使等。又有監國謁者，監視諸侯王，權勢頗重。七品。

[4]庾純：字謀甫，本書卷五〇有傳。

[5]臺閣：泛指中央朝廷機構。

玄少時避難於河内，[1]專心誦學，後雖顯貴，而著述不廢。撰論經國九流及三史故事，評斷得失，各爲區例，名爲《傅子》，爲内、外、中篇，凡有四部、六録，合百四十首，數十萬言，并文集百餘卷行於世。玄初作内篇成，子咸以示司空王沉。[2]沉與玄書曰："省足下所著書，言富理濟，經論政體，存重儒教，足以塞楊墨之流遁，[3]齊孫孟於往代。[4]每開卷，未嘗不嘆息也。'不見賈生，自以過之，乃今不及'，[5]信矣！"

[1]河内：郡名，治所在野王縣（今河南省沁陽市）。

[2]司空：官名，魏晋南北朝爲名譽宰相，多爲大臣加官。晋八公之一，位在三公之末。一品。　王沉：字處道，本書卷三九有傳。

[3]楊：楊朱，又稱楊子、陽生、陽子居。戰國時魏國人，其學説與墨翟俱稱顯學，對當時社會影響頗大。　墨：墨翟，戰國時魯人，曾爲宋國大夫。其學説稱爲墨家學派，主張兼愛、尚賢、非攻等，與儒家並稱"儒墨顯學"。　流遁：耽樂放縱。

[4]孫孟：指荀况和孟軻。

[5]"不見賈生"句：漢文帝語。《史記》卷八四《屈原賈生列傳》：孝文帝問賈誼鬼神之事，賈誼因具道所以然之狀。孝文帝説："吾久不見賈生，自以爲過之，今不及也。"

其後追封清泉侯。子咸嗣。

咸，字長虞，剛簡有大節。風格峻整，[1]識性明悟，疾惡如仇，推賢樂善，常慕季文子、仲山甫之志。[2]好屬文論，雖綺麗不足，而言成規鑒。潁川庾純常嘆曰：[3]"長虞之文近乎詩人之作矣！"

[1]峻整：嚴肅莊重。

[2]季文子：即季孫行父，春秋時魯國人。季友之孫。自魯宣

公八年（前601）執政，歷宣公、成公、襄公三朝。執政期間實行改革，按畝收税，按丘徵收軍賦。　仲山甫：周宣王大臣，又稱樊仲、樊穆仲。

［3］潁川：郡名，治所在許昌縣（今河南省許昌市東）。

咸寧初，襲父爵，拜太子洗馬，[1]累遷尚書右丞。[2]出爲冀州刺史，[3]繼母杜氏不肯隨咸之官，自表解職。三旬之間，遷司徒左長史。[4]時帝留心政事，詔訪朝臣政之損益。咸上言曰："陛下處至尊之位，而修布衣之事，親覽萬機，勞心日昃。[5]在昔帝王，躬自菲薄，[6]以利天下，未有逾陛下也。然泰始開元以暨於今，十有五年矣。而軍國未豐，百姓不贍，一歲不登便有菜色者，誠由官衆事殷，復除猥濫，[7]蠶食者多而親農者少也。臣以頑疏，謬忝近職，[8]每見聖詔以百姓饑饉爲慮，無能云補，伏用慚恧，敢不自竭，以對天問。舊都督有四，[9]今并監軍，[10]乃盈於十。夏禹敷土，分爲九州，今之刺史，幾向一倍。户口比漢十分之一，而置郡縣更多。空校牙門，[11]無益宿衛，而虚立軍府，動有百數。五等諸侯，復坐置官屬。諸所寵給，皆生於百姓。一夫不農，有受其饑，今之不農，不可勝計。縱使五稼普收，僅足相接；暫有灾患，便不繼贍。以爲當今之急，先并官省事，静事息役，上下用心，惟農是務也。"

［1］太子洗馬：官名，東宫屬官。掌太子圖籍、經書，太子出行則前導威儀。七品。　咸寧初，襲父爵，拜太子洗馬：中華本校勘記："據《類聚》一〇〇、《御覽》一一引傅咸《自叙》，其爲太

子洗馬在泰始九年，此列襲爵後，不確。”

［2］尚書右丞：官名，尚書省佐官，位次尚書，居尚書左丞下。與左丞共掌尚書都省庶務，率諸都令史監督稽核諸尚書曹、郎曹政務，糾舉彈劾百官。右丞又掌本省庫藏廬舍，督録遠道州郡文書章奏，凡兵士百官名籍、内外庫藏穀帛、刑獄訴訟、軍械、田地、州郡租布、行政區劃、州郡縣長官免贈收捕等文書奏事皆屬之。六品。

［3］冀州：三國魏治所在信都縣（今河北省衡水市冀州區），西晋移治房子縣（今河北省高邑縣西南）。

［4］司徒左長史：官名，司徒府掾屬之長，佐司徒總管府内諸曹。長史如分左、右，則左高於右。六品。

［5］勞心日昃：終日勞心。

［6］躬自菲薄：親自實行簡約生活。

［7］復除猥濫：免除賦税過多過濫。

［8］謬忝近職：愧任高官。

［9］都督：領兵將帥。

［10］監軍：官名，軍隊出征所置官員，掌監視將帥，權勢頗重。四品。

［11］空校牙門：官名，空置的校尉、牙門將。

咸在位多所執正。豫州大中正夏侯駿上言，[1]魯國小中正、司空司馬孔毓，[2]四移病所，不能接賓，求以尚書郎曹馥代毓，[3]旬日復上毓爲中正。司徒三却，[4]駿故據正。咸以駿與奪惟意，乃奏免駿大中正。司徒魏舒，[5]駿之姻屬，屢却不署，咸據正甚苦。舒終不從，咸遂獨上。舒奏咸激訕不直，[6]詔轉咸爲車騎司馬。[7]

［1］豫州：曹魏時治所在安城縣（今河南省正陽縣東北），西

晋移治陳縣（今河南省周口市淮陽區）。　大中正：州一級評定士人品第的官員。　夏侯駿：駿，原本、宋本作“俊”，殿本作“駿”，據殿本、中華本校勘記改。本卷下文此人名同。

［2］魯國：治所在魯縣（今山東省曲阜市東）。　司空司馬：官名，司空府的高級幕僚。掌參讚軍務、管理府内武職，位次於長史。六品。

［3］尚書郎：官名。東漢之制，取孝廉中之有才能者入尚書臺，在皇帝左右處理政務，初入臺稱守尚書郎中，滿一年稱尚書郎，滿三年稱侍郎。魏晋以後尚書各曹有侍郎、郎中等官，綜理職務，通稱爲尚書郎。六品。

［4］司徒：官名，西漢哀帝元壽二年（前1）改丞相爲大司徒，東漢光武帝時改名爲司徒，東漢末又改爲丞相。三國魏恢復三公制，改丞相爲司徒，管理民政。兩晋沿制，爲八公之一，在太尉之下、司空之上。與丞相通職，一般不並置，爲名譽宰相。一品。　三却：三次回避。

［5］魏舒：字陽元，本書卷四一有傳。

［6］激訕：激烈地毁謗。

［7］車騎司馬：官名，車騎將軍府屬官。將軍府的高級幕僚，掌參讚軍務、管理府内武職，位僅次於長史。六品。

咸以世俗奢侈，又上書曰：“臣以爲穀帛難生，而用之不節，無緣不匱。故先王之化天下，食肉衣帛，皆有其制。竊謂奢侈之費，甚於天灾。古者堯有茅茨，今之百姓競豐其屋。古者臣無玉食，今之賈豎皆厭粱肉。古者后妃乃有殊飾，今之婢妾被服綾羅。古者大夫乃不徒行，今之賤隸乘輕驅肥。古者人稠地狹而有儲蓄，由於節也；今者土廣人稀而患不足，由於奢也。欲時之儉，當詰其奢；奢不見詰，轉相高尚。昔毛玠爲吏部尚書，[1]時無敢好衣美食者。魏武帝嘆曰：‘孤之法不如毛尚書。’令使諸部用心，[2]各如毛玠，風俗之移，在不難矣。”又議移縣獄於郡及二社應立，朝廷從之。遷尚書左丞。[3]

[1]毛玠：東漢末陳留平丘（今河南省封丘縣東）人，字孝先。歷任曹操治中從事、丞相東曹掾、尚書僕射。因不滿崔琰被殺，遭誣陷下獄，賴侍中和洽等人相救，得以無恙，卒於家。　吏部尚書：官名，三國魏時爲尚書省吏部曹長官，位居列曹尚書之上。三品。

[2]令使諸部用心：中華本校勘記：“《御覽》二一四引《傅咸集表》‘令’作‘今’，宜從之。”

[3]尚書左丞：官名，尚書省佐官，位次尚書，居尚書右丞上。與右丞共掌尚書都省庶務，率諸都令史監督稽核諸尚書曹、郎曹政務。左丞又掌督録近道文書章奏，監察糾彈尚書令、僕射、尚書等文武百官，號稱“監司”，權勢甚重。六品。

惠帝即位，楊駿輔政。[1]咸言於駿曰：“事與世變，禮隨時宜，諒闇之不行尚矣。[2]由世道彌薄，權不可假，故雖斬焉在疚，而躬覽萬機也。逮至漢文，以天下體大，服重難久，遂制既葬而除。[3]世祖武皇帝雖大孝烝烝，亦從時釋服，制心喪三年，至於萬機之事，則有不遑。今聖上欲委政於公，諒闇自居，此雖謙尚之心，而天下未以爲善。天下未以爲善者，以億兆顒顒，[4]戴仰宸極，聽於冢宰，懼天光有蔽。人心既已若此，而明公處之固未爲易也。竊謂山陵之事既畢，[5]明公當思隆替之宜。周公聖人，猶不免謗。以此推之，周公之任既未易而處，况聖上春秋非成王之年乎！得意忘言，言未易盡。苟明公有以察其悾款，[6]言豈在多。”時司隸荀愷從兄喪，[7]自表赴哀，詔聽之而未下，愷乃造駿。咸因奏曰：“死喪之戚，兄弟孔懷。[8]同堂亡隕，方在信宿，聖恩矜憫，聽使臨喪。詔未下而便以行造，急諂媚之敬，無友于之情。[9]宜加顯貶，以隆風教。”帝以駿管朝政，有詔不問，駿甚憚之。咸復與駿箋諷切之，駿意稍折，漸以不平。由是欲出爲京兆、弘農太守，[10]駿甥李斌説駿，不宜斥出正人，乃止。

[1]楊駿：字文長，本書卷四〇有傳。

[2]諒闇：皇帝居喪。

[3]既葬而除：葬畢脱去凶服。

[4]顒顒：期待盼望的樣子。

[5]山陵：皇帝陵墓。

[6]悾款：誠懇。

[7]司隸：司隸校尉省稱。三國魏時先治弘農，後治河南，轄司州所屬河南、河東、河内、弘農、平陽五郡。掌監察京師，糾察京都百官。西晋沿置。三品。　荀愷：西晋人，任尚書僕射、司隸校尉等職。

[8]兄弟孔懷：兄弟思念之情。典出《詩·小雅·常棣》：“死喪之威，兄弟孔懷。”鄭玄箋：“維兄弟之親，甚相思念。”

[9]友于：借指兄弟。

[10]京兆：郡名，治所在長安縣（今陝西省西安市西北）。

駿弟濟素與咸善，[1]與咸書曰：“江海之流混混，故能成其深廣也。天下大器，未可稍了，[2]而相觀每事欲了。生子癡，了官事，官事未易了也。了事正作癡，復爲快耳！左丞總司天臺，[3]維正八坐，此未易居。以君盡性而處未易居之任，益不易也。想慮破頭，故具有白。”咸答曰：“衛公云，酒色之殺人，此甚於作直。坐酒色死，人不爲悔。逆畏以直致禍，此由心不直正，欲以苟且爲明哲耳！自古以直致禍者，當自矯枉過直，或不忠允，欲以亢厲爲聲，故致忿耳。安有悾悾爲忠益，[4]而當見疾乎！”居無何，駿誅。咸轉爲太子中庶子，[5]遷御史中丞。

[1]濟：楊濟，西晋人，楊駿弟，字文通，本書卷四〇有傳。

[2]未可稍了：不能够非常清楚地認識。

[3]天臺：尚書臺、尚書省。

[4]悾悾：忠厚可信任。《論語·泰伯》：“狂而不直，侗而不愿，悾悾而不信，吾不知之矣。”邢昺疏：“悾悾，愨也。謹愨之人宜信而乃不信。”

[5]太子中庶子：官名，太子侍從，掌侍從、奏事、諫議等。五品。

時太宰、汝南王亮輔政，[1]咸致書曰：“咸以爲太甲、成王年在蒙幼，[2]故有伊周之事。[3]聖人且猶不免疑，況臣既不聖，王非孺子，而可以行伊周之事乎！上在諒闇，聽於冢宰，而楊駿無狀，便作伊周，自爲居天下之安，所以至死。其罪既不可勝，亦是殿下所見。[4]駿之見討，發自天聰，孟觀、李肇與知密旨耳。[5]至於論功，當歸美於上。觀等已數千户縣侯，聖上以駿死，莫不欣悦，故論功寧厚，以叙其歡心。此群下所宜以實裁量，而遂扇動，東安封王，[6]孟李郡公，餘侯伯子男，既妄有加，復又三等超遷。此之熏赫，震動天地，自古以來，封賞未有若此者也。無功而厚賞，莫不樂國有禍，禍起當復有大功也。人而樂禍，其可極乎！作此者，皆由東安公。謂殿下至止，當有以正之。正之以道，衆亦何所怒乎！衆之所怒，在於不平耳。而今皆更倍論，莫不失望。咸之愚冗，不惟失望而已，竊以爲憂。又討駿之時，殿下在外，實所不綜。今欲委重，故令殿下論功。論功之事，實未易可處，莫若坐觀得失，有居正之事宜也。"

[1]太宰：官名，即太師，因避司馬師名諱而改名太宰。八公之一，居上公之首，爲宰相之任。一品。 汝南王亮：司馬亮，字子翼，本書卷五九有傳。

[2]太甲：商王，名至，湯之孫，太丁之子。在王位時，不遵湯法，亂德，被伊尹囚禁於桐宫。 成王：周成王，姬姓，名誦。周武王之子，繼位時年幼，由周公旦輔政。

[3]伊周：伊尹、周公。伊尹是輔佐商湯及其後代外丙、仲壬、太甲的賢臣，周公是輔佐周武王、成王的重臣。

[4]所見：見，宋本作"具"。

[5]孟觀：字叔時，本書卷六〇有傳。 李肇：西晋人，任殿中中郎、積弩將軍。

[6]東安封王：東安公司馬繇，字思玄，本書卷三八有傳。楊駿被誅殺後封王。

咸復以亮輔政專權，又諫曰："楊駿有震主之威，委任親戚，此天下所以諠嘩。今之處重，宜反此失。謂宜静默頤神，有大得失，乃維持之；自非大事，一皆抑遣。比四造詣，[1]及經過尊門，冠蓋車馬，填塞街衢，此之翕習，[2]既宜弭息。又夏侯長容奉使爲先帝請命，祈禱無感，先帝崩背，宜自咎責，而自求請命之勞，而公以爲少府。私竊之論，云長容則公之姻，故至於此。一犬吠形，群犬吠聲，懼於群吠，遂至叵聽也。[3]咸之爲人，不能面從而有後言。嘗觸楊駿，幾爲身禍；况於殿下，而當有惜！往從駕，殿下見語：'卿不識韓非逆鱗之言耶，[4]而欻摩天子逆鱗！'自知所陳，誠額額觸猛獸之鬚耳。所以敢言，庶殿下當識其不勝區區。前摩天子逆鱗，欲以盡忠；今觸猛獸之鬚，非欲爲惡，必將以此見恕。"亮不納。長容者，夏侯駿也。

[1]比四造詣：近來四次到門拜訪。

[2]翕習：威盛的樣子。

[3]叵聽：不能够聽，不可聽。另《三國志》卷二二《衛臻傳》裴松之注引《傅咸集》之傅咸與汝南王司馬亮箋："一犬吠形，群犬吠聲，懼於群犬，遂至回聽。""叵"作"回"，意亦通，附於此。宋本作"巨"。

[4]韓非逆鱗之言：語見《韓非子·説難》："夫龍之爲蟲也，柔可狎而騎也，然其喉下有逆鱗徑尺，若人有嬰之者則必殺人。人主亦有逆鱗，説者能無嬰人主之逆鱗則幾矣。"

會丙寅，[1]詔群僚舉郡縣之職以補内官。咸復上書曰："臣咸以爲夫興化之要，在於官人。[2]才非一流，職有不同。譬諸林木，洪纖枉直，各有攸施。故明揚逮於仄陋，[3]疇咨無拘内外。内外之任，[4]出處隨宜，中間選用，惟内是隆；外舉既頽，復多節目，競内薄外，遂成風俗。此弊誠宜亟革之，當内外通塞無所偏耳。既使通塞無偏，若選用不平，有以深責；責之苟深，無憂不平也。且膠柱不可以調瑟，[5]况乎官人而可以限乎！[6]伏思所限者，以防選用不能出人。不能出人，當隨事而制，無須限法。法之有限，其於致遠，無乃泥乎！[7]或謂不制其法，以何爲貴？[8]臣聞刑懲小人，義責君子，君子之責，在心不在限也。正始中，任何晏以選舉，[9]内外之衆職各得其才，粲然之美於斯可觀。如此，非徒御之以限，法之所致，乃委任之由也。委任之懼，甚於限法。是法之失，非己之尤，尤不在己，責之無懼，所謂‘齊之以刑，人免而無耻’者也。[10]苟委任之，一則慮罪之及，二則懼致怨謗。己快則朝野稱咏，不善則衆惡見歸，此之戰戰，孰與倚限法以苟免乎！”

[1]丙寅：丙，原本作“寅”，“景”爲“丙”的避諱字，以後本卷凡遇此避諱字均徑改，不再出注。

[2]官人：授人以官，即用人。

[3]明揚逮於仄陋：在下層人中選拔人才。明揚，選拔，任用。仄陋，簡陋，此指居住簡陋的下層人。

[4]疇咨無拘内外。内外之任：原本、殿本作“疇咨無拘内外之任”，少“内外”二字，宋本作“疇咨無拘内外之任内外之任”，多“之任”二字，據中華本調整。

[5]膠柱不可以調瑟：柱，琴瑟上系弦的木柱。把木柱用膠粘

住，便不能調音了。

［6］況乎官人而可以限乎：宋本無“乎”字。

［7］無乃泥乎：恐怕會受到阻礙吧！

［8］以何爲貴：貴，原本、宋本、殿本作“責”，據中華本改。

［9］何晏：三國魏南陽宛（今河南省南陽市）人，字平叔，玄學家。曹爽親信，官至尚書，典選舉，司馬懿政變後被殺。

［10］“齊之以刑”句：語出《論語·爲政》。意爲用刑罰約束百姓，則百姓皆巧詐苟免而無愧耻之心。

咸再爲本郡中正，遭繼母憂去官。[1]頃之，起以議郎，[2]長兼司隸校尉。咸前後固辭，不聽，敕使者就拜，咸復送還印綬。公車不通，催使攝職。咸以身無兄弟，喪祭無主，重自陳乞，乃使於官舍設靈坐。咸又上表曰：“臣既駑弱，不勝重任。加在哀疚，假息日闋，[3]陛下過意，授非所堪。披露丹款，歸窮上聞，謬詔既往，終然無改。臣雖不能滅身以全禮教，義無靦然，虚忝隆寵。前受嚴詔，視事之日，私心自誓，隕越爲報。[4]以貨賂流行，所宜深絶，切敕都官，[5]以此爲先。而經彌日月，未有所得。斯由陛下有以獎厲，慮於愚戇，將必死繫，故自掩檢以避其鋒耳。[6]在職有日，既無赫然之舉，又不應弦垂翅，[7]人誰復憚？故光禄大夫劉毅爲司隸，[8]聲震内外，遠近清肅。非徒毅有王臣匪躬之節，亦由所奏見從，威風得伸也。”詔曰：“但當思必應繩中理，[9]威風自伸，何獨劉毅！”

［1］母憂：母喪。

［2］議郎：官名，西漢始置。魏晋時品秩雖低，名義清高。

七品。

[3]假息日闋：苟延殘喘時日將盡。

[4]隕越爲報：以死爲報。

[5]都官：都官郎，尚書省都官曹長官，亦稱都官郎中，資深勤能者可轉侍郎。掌刑獄。六品。

[6]掩檢：檢，宋本作“撿”。

[7]應弦垂翅：箭發禽落，形容打擊精準。

[8]光禄大夫：官名，三公等大臣告老回家即拜此職，或作爲在朝顯職的加官。三品，開府位從公者一品。　劉毅：字仲雄，本書卷四五有傳。

[9]應繩中理：合規合理。

時朝廷寬弛，豪右放恣，交私請託，朝野溷淆。咸奏免河南尹澹、左將軍倩、廷尉高光、兼河南尹何攀等，[1]京都肅然，貴戚懾伏。咸以“聖人久於其道，天下化成。是以唐虞三載考績，九年黜陟。[2]其在《周禮》，三年大比。孔子亦云：‘三年有成。’而中間以來，長吏到官，未幾便遷，百姓困於無定，吏卒疲於送迎”。時僕射王戎兼吏部，[3]咸奏：“戎備位臺輔，[4]兼掌選舉，不能謐静風俗，以凝庶績，至今人心傾動，[5]開張浮競。中郎李重、李義不相匡正。[6]請免戎等官。”詔曰：“政道之本，誠宜久於其職，咸奏是也。戎職在論道，吾所崇委，其解禁止。”御史中丞解結以咸劾戎爲違典制，[7]越局侵官，干非其分，奏免咸官。詔亦不許。

[1]河南尹：官名，京都洛陽所在河南郡長官，主管京都事務。三品。　澹：華澹，西晋平原（今山東省平原縣西南）人，華軼之

父。　左將軍：官名，漢代爲重號將軍，與前、後、右將軍並爲上卿。魏晋時爲常設官職，權位較兩漢漸低，僅爲武官名號，略高於一般雜號將軍，不典禁兵。三品。　廷尉：官名，中央最高司法審判機構長官，負責會審朝中有罪文武大臣，覆核審决郡國疑獄等。三品。　高光：字宣茂，本書卷四一有傳。　何攀：字惠興，本書卷四五有傳。

[2]黜陟：人才的進退，官吏的升降。黜，貶降、罷退。陟，提拔、升遷。

[3]僕射：官名，秦漢爲尚書令副貳，東漢建安四年（199）分置左、右，爲尚書省次官。三品。　王戎：字濬冲，本書卷四三有傳。　吏部：官名，指吏部尚書，三國魏時爲尚書省吏部曹長官，位居列曹尚書之上。三品。

[4]臺輔：三公宰相之位。

[5]至今人心傾動：今，宋本作“令”。

[6]中郎：官名，屬郎官。原來分屬五官、左、右中郎將，魏晋有時不置三署，但仍置中郎，無固定職掌，作爲儲備人才。八品。　李重：字茂曾，本書卷四六有傳。　李義：中華本校勘記：“勞校：‘義’當作‘毅’。按：《李重傳》可證。”　匡正：匡，宋本作“臣”。

[7]解結：字叔連，本書卷六〇有傳。

咸上事以爲“按令，御史中丞督司百僚。皇太子以下，其在行馬内，[1]有違法憲者皆彈糾之。雖在行馬外，而監司不糾，亦得奏之。如令之文，[2]行馬之内有違法憲，謂禁防之事耳。宫内禁防，外司不得而行，故專施中丞。今道路橋梁不修，鬥訟屠沽不絶，如此之比，中丞推責州坐，即今所謂行馬内語施於禁防。既云中丞督司百僚矣，何復説行馬之内乎！既云百僚，而不得復説行馬之内者，内外衆官謂之百僚，則通内外矣。司隸所以不復説行馬内外者，禁防之事已於中丞説之故也。中丞、司隸俱糾皇太子以下，則共對司内外矣，不爲中丞專司内百僚，司隸專司外百僚。自有中丞、司隸以來，更互奏内外衆官，維所糾得無内外之限也。[3]而結一旦横挫臣，臣前所以不羅縷者，[4]冀因結奏得從私願也。今既所願不從，而敕云但爲過耳，非所不及也，以此見原。臣忝司直之任，宜當正己率人，若其有過，不敢受原。是以申陳其愚，司隸與中丞俱共糾皇太子以下，則從皇太子以下無所不糾也。得糾皇太子而不得糾尚書，臣之暗塞既所未譬。皇太子爲在行馬之内邪，皇太子在行馬之内而得糾之，尚書在行馬之内而不得糾，無有此理。此理灼然，而結以此挫臣。臣可無恨耳，其於觀聽，無乃有怪邪！臣識石公前在殿上脱衣，爲司隸荀愷所奏，先帝不以爲非，於時莫謂侵官；今臣裁糾尚書，而當有罪乎？”咸累自上稱引故事，條理灼然，朝廷無以易之。

[1]行馬：古代官署前攔阻人馬通行的木架。俗稱“鹿角”，亦稱“梐枑”。

[2]如今之文：今，宋本作“令”。

[3]維所糾得：維，宋本、殿本作“惟”。

[4]羅縷：枚舉陳述。

吴郡顧榮常與親故書曰：[1]“傅長虞爲司隸，勁直忠果，劾按驚人。雖非周才，偏亮可貴也。”元康四年卒官，時年五十六。詔贈司隸校尉，朝服一具、衣一襲、錢二十萬，謚曰貞。有三子：敷、晞、纂。長子敷嗣。

［1］吳郡：治所在吳縣（今江蘇省蘇州市）。　顧榮：字彦先，本書卷六八有傳。

敷，字穎根，清静有道，素解屬文。除太子舍人，[1]轉尚書郎、太傅參軍，[2]皆不起。永嘉之亂，避地會稽，[3]元帝引爲鎮東從事中郎。[4]素有羸疾，頻見敦喻，辭不獲免，輿病到職。數月卒，時年四十六。晞亦有才思，爲上虞令，[5]甚有政績，卒於司徒西曹屬。[6]

［1］太子舍人：官名，掌行書令、表啓等。初隸太子太傅、太子少傅，後隸太子詹事。七品。

［2］太傅參軍：官名，太傅府幕僚。參軍，亦作參軍事，謂參謀軍事。兩晋公府、軍府皆置。

［3］會稽：郡名，治所在山陰縣（今浙江省紹興市）。

［4］從事中郎：官名，東漢時爲大將軍屬官，地位較高。三國時爲將軍府或公府屬官。六品。此爲鎮東將軍府從事中郎。

［5］上虞：縣名，治所在今浙江省紹興市上虞區。

［6］司徒西曹屬：官名，司徒府西曹次官，如果西曹掾闕則爲西曹長官。

祗，字子莊。父暇，[1]魏太常。[2]祗性至孝，早知名，以才識明練稱。武帝始建東宫，起家太子舍人，累遷散騎、黄門郎，[3]賜爵關内侯，食邑三百户。母憂去職。及葬母，詔給太常五等吉凶導從。其後諸卿夫人葬給導從，[4]自此始也。服終，爲滎陽太守。[5]自魏黄初大水之後，河濟泛溢，鄧艾嘗著《濟河論》，[6]開石門而通之，至是復浸壞。祇乃造沉萊堰，[7]至今兖豫無水患，百姓爲立碑頌焉。尋表兼廷尉，遷常侍、左軍將軍。[8]

[1]嘏：傅嘏，三國時北地泥陽（今甘肅省寧縣東南）人，字蘭石。歷任曹魏尚書郎、黄門侍郎、河南尹、尚書等職。從征毌丘儉有功，進封陽鄉侯。

[2]太常：官名，漢代稱奉常，本掌禮樂宗廟、社稷祭祀，魏晋時此職掌歸尚書裁定，太常成爲閑職。三品。

[3]散騎：官名，散騎侍郎的省稱。五品。中華本將“散騎”和“黄門郎”連在一起爲“散騎黄門郎”。史無此官職，應頓開。　黄門郎：官名，黄門侍郎或給事黄門侍郎的省稱。五品。

[4]諸卿夫人：夫人，原本作“大夫”，宋本、殿本作“夫人”，據宋本、殿本改。

[5]滎陽：郡名，治所在滎陽縣（今河南省滎陽市東北）。

[6]嘗：原本、宋本、殿本作“常”，通“嘗”，此據中華本改。

[7]沉萊堰：萊，原本作“菜”，宋本、殿本作“萊”，據宋本、殿本改。

[8]常侍：官名，散騎常侍、散騎中常侍、通直散騎常侍、員外散騎常侍等官的簡稱。三品。　左軍將軍：官名，與前軍、後軍、右軍合稱四軍，領營兵千人，掌宿衛。初屬中軍將軍，後屬領軍將軍。四品。

及帝崩，梓宫在殯，[1]而太傅楊駿輔政，欲悦衆心，議普進封爵。祇與駿書曰：“未有帝王始崩，臣下論功者也。”駿不從。入爲侍中。時將誅駿，而駿不之知。祇侍駿坐，而雲龍門閉，[2]内外不通。祇請與尚書武茂聽國家消息，[3]揖而下階。茂猶坐，祇顧曰：“君非天子臣邪！今内外隔絶，不知國家所在，何得安坐！”茂乃驚起。駿既伏誅，裴楷息瓚，[4]駿之婿也，爲亂兵所害。尚書左僕射荀愷與楷不平，[5]因奏楷是駿親，收付廷尉。祇證楷無罪，有詔赦之。時又收駿官屬，祇復啓曰：“昔魯芝爲曹爽司馬，[6]斬關出赴爽，宣帝義之，尚遷青州刺史。[7]駿之僚佐不可加罰。”詔又赦之。祇多所維正皆如此。

[1]梓宫：皇帝的棺材。

[2]雲龍門：洛陽宫門。《後漢書》卷四〇《班彪傳下》李賢注引戴延之記曰：“端門東有崇賢門，次外有雲龍門。”

[3]尚書：官名，東漢尚書臺六曹各置尚書，秩六百石。魏晋出爲朝官，分掌尚書省諸曹，品秩提高。三品。　武茂：武陔弟，字季夏，本書卷一五有傳。　國家消息：皇帝的音信。

[4]瓚：裴瓚，字國寶，本書卷三五有傳。

[5]尚書左僕射：官名，尚書省次官，輔助尚書令執行政務，參議大政，諫諍得失，監察糾彈百官。有時尚書省不置令，祇設左右僕射，此時左僕射居右僕射之上。三品。

[6]魯芝：字世英，本書卷九〇有傳。　曹爽：三國時沛國譙縣（今安徽省亳州市）人，字昭伯，曹真子。明帝死，受遺詔與司馬懿共同輔政。後與司馬懿争權，爲司馬懿所殺。

[7]青州：治所在臨淄縣（今山東省淄博市東北）。

除河南尹，未拜，遷司隸校尉。以討楊駿勛，當封郡公八千户，固讓，減半，降封靈川縣公，[1]千八百户，餘二千二百户封少子暢爲武鄉亭侯。又以本封賜兄子雋爲東明亭侯。[2]

[1]降封靈川縣公：中華本校勘記："《諸史考異》：據《宋書·傅弘之傳》'靈川'當作'靈州'。按：據《後漢書·傅燮傳》，靈州爲傅祗祖籍。"

[2]兄子雋：雋，宋本作"儁"。

楚王瑋之矯詔也，[1]祗以聞奏稽留，免官。期年，遷光禄勛，[2]復以公事免。氐人齊萬年舉兵反，[3]以祗爲行安西軍司，[4]加常侍，率安西將軍夏侯駿討平之。[5]遷衛尉，[6]以風疾遜位，就拜常侍，食卿禄秩，賜錢及床帳等。尋加光禄大夫，門施行馬。

[1]楚王瑋：司馬瑋，字彦度，本書卷五九有傳。

[2]光禄勛：官名，侍從皇帝左右，掌宫廷宿衛。西晋時兼掌原屬少府的一部分宫廷供御事務。三品。

[3]氐人：古代生活在西北地區的少數民族。　齊萬年：西晋時關中人，氐族。元康六年（296）稱帝，元康九年被晋左積弩將軍孟觀擊敗，被俘。

[4]行：兼攝官職。　安西軍司：官名，安西將軍府軍師。軍司，官名，即軍師，因避司馬師諱，故改。佐主帥統軍隊，負有匡正監察主帥之責，地位很高，常繼任主帥。

[5]安西將軍：官名，東漢建安年間置，與安東、安南、安北合稱四安將軍，爲出鎮某一地區的軍事長官，或作爲刺史等兼理軍務的加官，權任頗重。三品，加持節都督者二品。

[6]衛尉：官名，掌宫廷禁衛，兼管武庫、冶鑄，領江北冶令三十九員、南北東西諸督冶掾。三品。

及趙王倫輔政，[1]以爲中書監，[2]常侍如故，以鎮衆心。祗辭之以疾，倫遣御史輿祗就職。王戎、陳準等相與言曰：[3]"傅公在事，吾屬無憂矣。"其爲物所倚信如此。[4]

[1]趙王倫：司馬倫，字子彝，本書卷五九有傳。

[2]中書監：官名，中書省長官之一。三國魏文帝初年分秘書置中書省，長官爲中書監、中書令。掌收納奏章、草擬詔令。平常不分高下，入朝時監略高於令。三品。

[3]陳準：西晋人，歷任太尉、光禄大夫、中書令、録尚書事，封廣陵公。

[4]其爲物所倚信如此：中華本校勘記："《册府》四五八'物'上有'人'字。"

倫篡，又爲右光禄、開府，[1]加侍中。惠帝還宫，祗以經受僞職請退，不許。初，倫之篡也，孫秀與義陽王威等十餘人預撰儀式禪文。[2]及倫敗，齊王冏收侍中劉逵，常侍騶捷、杜育，黄門郎陸機，右丞周導、王尊等付廷尉。[3]以禪文出中書，復議處祗罪，會赦得原。後以禪文草本非祗所撰，於是詔復光禄大夫。子宣，尚弘農公主。

[1]右光禄：官名，即右光禄大夫。齊王曹芳正始元年（240）在光禄大夫上增置左、右，位在光禄大夫上。在朝顯職的加官，或

授予年老有病致仕者，或授予死者。西晋時禄賜與特進同。二品，開府位從公者一品。　開府：開設府署，辟置僚屬。魏晋時常以此作爲對高級官員的寵待。

[2]孫秀：西晋琅邪臨沂（今山東省臨沂市）人，趙王倫心腹。趙王倫執政後任中書令，威震朝廷。趙王倫稱帝，任侍中、中書監、驃騎將軍。趙王倫失敗後被殺。　義陽王威：司馬威，河間王司馬洪之子，封章武王，後出繼義陽王司馬望。

[3]齊王冏：司馬冏，字景治，本書卷五九有傳。　杜育：西晋襄城人，歷任常侍、右將軍、汝南太守等。　陸機：字士衡，本書卷五四有傳。

尋遷太子少傅，[1]上章遜位還第。及成都王穎爲太傅，[2]復以祗爲少傅，加侍中。懷帝即位，遷光禄大夫、侍中，未拜，加右僕射、中書監。時太傅東海王越輔政，[3]祗既居端右，每宣君臣謙光之道，由此上下雍穆。祗明達國體，朝廷制度多所經綜。歷左光禄、開府，行太子太傅，[4]侍中如故。疾篤遜位，不許。遷司徒，以足疾，詔版輿上殿，不拜。

[1]太子少傅：官名，與太子太傅並稱二傅，三國時并攝東宫事務，與尚書、東曹并掌太子、諸侯官署選舉。西晋時下設丞、功曹、主簿等屬官。三品。

[2]成都王穎：司馬穎，字章度，本書卷五九有傳。　太傅：官名，晋爲八公之一。位上公，太宰之下、太保之上。一品。

[3]東海王越：司馬越，字元超，本書卷五九有傳。

[4]太子太傅：見“太子少傅”注釋。

大將軍苟晞表請遷都,[1]使祇出詣河陰,[2]修理舟楫，爲水行之備。及洛陽陷没，遂共建行臺,[3]惟祇爲盟主，以司徒、持節、大都督諸軍事傳檄四方。[4]遣子宣將公主與尚書令和郁赴告方伯徵義兵,[5]祇自屯盟津小城,[6]宣弟暢行河陰令，以待宣。祇以暴疾薨，時年六十九。祇自以義誠不終，力疾手筆敕厲其二子宣、暢，辭旨深切，覽者莫不感激慷慨。祇著文章駁論十餘萬言。

[1]大將軍：官名，高級軍事統帥。曹魏時多以之屯駐長安，對付蜀漢，蜀漢以其爲最高軍事長官，孫吴則别置上大將軍居其上。西晋時爲八公之一，位居上公、大司馬下，三公之上。東晋時常專擅軍政事務。一品。　苟晞：字道將，本書卷六一有傳。

[2]河陰：縣名，治所在今河南省洛陽市東北。

[3]行臺：臺省在外者。將帥出征時隨其所駐之地設立的代表中央的政務機構。

[4]持節：官員外出持有皇帝授予的節杖，代表高等權威，常用於軍事長官出征。　大都督諸軍事：官名，即所駐地區最高軍事行政長官，加“大”字，以示權重。

[5]尚書令：官名，秦漢時爲尚書署長官。秩位雖低，權力甚重。魏晋時沿置，爲尚書省長官，綜理全國政務，參議大政，爲高級政務長官。三品。　和郁：字仲輿，本書卷四五有傳。

[6]盟津小城：即孟津戍，又稱孟津關，位於今河南省孟津縣東北黄河岸。

宣，字世弘。年六歲喪繼母，哭泣如成人，中表異之。[1]及長，好學，趙王倫以爲相國掾、尚書郎、太子中舍人，[2]遷司徒西曹掾。[3]去職，累遷爲秘書丞、驃騎從事中郎。[4]惠帝至自長安，以宣爲左丞，不就，遷黄門郎。懷帝即位，轉吏部郎，[5]又爲御史中丞。卒年四十九，無子，以暢子冲爲嗣。

[1]中表：指與祖父、父親的姐妹的子女的親戚關係，或與祖母、母親的兄弟姐妹的子女的親戚關係。

[2]相國掾：官名，相國府屬吏。　太子中舍人：官名，簡稱太子中舍、中舍人、中舍。東宫屬官，其中有才學者與中庶子共掌東宫文翰及奏事文書，侍從規諫太子。位在太子中庶子下、太子洗馬上。六品。

[3]司徒西曹掾：官名，司徒府西曹長官，掌府吏署諸事。七品。

[4]秘書丞：官名，秘書監次官。負責典籍圖書的管理和整理，爲清要之官，多由士族高門擔任。六品。　從事中郎：官名，東漢時爲大將軍屬官，地位較高。三國時爲將軍府或公府屬官。六品。此爲驃騎將軍府從事中郎。

[5]轉吏部郎，又爲御史中丞：宋本作“轉爲御史中丞”。吏部郎，官名，尚書省吏部曹長官通稱。亦稱郎中，資深者可轉侍郎。屬吏部尚書，主管官吏選任、銓叙、調動事務，對五品以下官吏之任免有建議權。六品。

暢，字世道。年五歲，父友見而戲之，解暢衣，取其金環與侍者，暢不之惜，以此賞之。年未弱冠，甚有重名。以選入侍講東宫，爲秘書丞。尋没於石勒，[1]勒以爲大將軍右司馬。[2]諳識朝儀，恒居機密，勒甚重之。作《晋諸公叙讚》二十二卷，[3]又爲《公卿故事》九卷。咸和五年卒。子咏，過江爲交州刺史、太子右率。[4]

［1］石勒：字世龍，本書卷一〇四有載記。

［2］大將軍右司馬：官名，大將軍府的高級幕僚。與左司馬掌參讚軍務、管理府内武職，位僅次於長史。六品。

［3］《晋諸公叙讚》：叙讚，原本作“讚叙”，宋本、殿本作“叙讚”，據宋本、殿本改。

［4］交州：又稱交阯，公元前2世紀初南越王趙佗置，後屬西漢。東漢改爲交州，治所在番禺縣（今廣東省廣州市）。三國時移治龍編縣（今越南社會主義共和國河北省仙游縣東）。　太子右率：官名，即太子右衛率。西晋武帝泰始五年（269）分太子衛率而置太子左、右衛率，領精兵萬人，宿衛東宫，亦任征伐。五品。

史臣曰：武帝覽觀四方，平章百姓，[1]永言啓沃，[2]任切争臣。傅玄，體强直之姿，懷匪躬之操，[3]抗辭正色，補闕弼違，諤諤當朝，不忝其職者矣。及乎位居三獨，[4]彈擊是司，遂能使臺閣生風，貴戚斂手。雖前代鮑葛，[5]何以加之！然而惟此褊心，乏弘雅之度，驟聞競爽，爲物議所譏，惜哉！古人取戒於韋弦，[6]良有以也。長虞風格凝峻，弗墜家聲。及其納諫汝南，[7]獻書臨晋，[8]居諒直之地，有先見之明矣。傅祗，名父之子，早樹風猷，崎嶇危亂之朝，匡救君臣之際，卒能保全禄位，可謂有道存焉。

［1］平章百姓：辨别彰明各官員的職守。《尚書·堯典》：“九族既睦，平章百姓。”

[2]永言啓沃：讓臣下竭誠忠告。《尚書·説命上》："啓乃心，沃朕心。"孔穎達疏："當開汝心所有，以灌沃我心。"

[3]匪躬之操：忠誠忘我的節操。

[4]三獨：御史中丞、司隸校尉與尚書令，朝會時坐皆專席，號"三獨坐"。

[5]鮑：鮑永，東漢初上黨屯留（今山西省長治市屯留區南）人，字君長。新莽時任郡功曹，更始政權時任尚書僕射。後歸附劉秀，歷任諫議大夫、魯郡太守、司隸校尉。因劾奏光武帝叔父趙王劉良，舉朝肅然。後以忤旨出爲東海相、兖州牧。任職三年病卒。葛：諸葛豐，西漢琅邪（今山東省諸城市）人，字少季。以明經爲郡文學，元帝時任司隸校尉，刺舉無所避。因懲治外戚許章，告光禄勛周堪忤旨而被免爲庶人，卒於家。

[6]韋弦：皮繩和弓弦，用以自我警示的兩種東西。《韓非子·觀行》："西門豹之性急，故佩韋以自緩；董安于之性緩，故佩弦以自急。"

[7]納言汝南：指傅咸勸諫汝南王司馬亮之事。

[8]獻書臨晋：指傅咸勸諫臨晋侯楊駿之事。

贊曰：鶉觚貞諒，[1]實惟朝望。志厲强直，性乖夷曠。[2]長虞剛簡，無虧風尚。子莊才識，爰膺衮職。忠績未申，泉途遽逼。

[1]鶉觚貞諒：鶉觚，指傅玄，曾被封爲"鶉觚男"。貞諒，純美獨特，忠正誠信。

[2]性乖夷曠：性格不是平和曠達。

晉書　卷四八

列傳第十八

向雄　段灼　閻纘 子亨

向雄

向雄，字茂伯，河內山陽人也。[1]父韶，彭城太守。雄初仕郡爲主簿，[2]事太守王經。[3]及經之死也，雄哭之盡哀，市人咸爲之悲。後太守劉毅嘗以非罪笞雄，[4]及吳奮代毅爲太守，又以少譴繫雄於獄。司隸鍾會於獄中辟雄爲都官從事，[5]會死無人殯斂，雄迎喪而葬之。文帝召雄而責之曰："往者王經之死，卿哭王經於東市，[6]我不問也。今鍾會躬爲叛逆，又輒收葬，若復相容，其如王法何！"雄曰："昔者先王掩骼埋胔，仁流朽骨，當時豈先卜其功罪而後葬之哉！今王誅既加，於法已備。雄感義收葬，教亦無闕。法立於上，教弘於下，何必使雄違生背死以立於時！殿下讎枯骨而捐之中野，爲將來仁賢之資，[7]不亦惜乎！"帝甚悅，與談宴而遣之。

[1]河内：郡名，治所在野王縣（今河南省沁陽市）。　山陽：縣名，治所在今河南省焦作市東南。

[2]主簿：官名，郡府屬官，典領文書籍簿，省録衆事，職權甚重。

[3]王經：曹魏清河（今山東省臨清市東北）人，字彦緯，歷任江夏太守、尚書、司隸校尉，受高貴鄉公事牽連，被殺。

[4]後太守劉毅嘗以非罪笞雄：中華本校勘記："勞校：'劉毅'當從《世説·方正》作'劉準'。按：勞説是。《劉毅傳》不言其曾爲侍中與河内太守，劉準則曾爲侍中與河内太守（見《世説·方正》注引《晋諸公贊》）。下同。"

[5]司隸：司隸校尉，三國魏時先治弘農，後治河南，轄司州所屬河南、河東、河内、弘農、平陽五郡。掌監察京師，糾察京都百官。西晋沿置。三品。　鍾會：三國時潁川長社（今河南省長葛市東）人，字士季。鍾繇之子。歷任秘書郎、尚書郎、中書侍郎、黄門侍郎、司隸校尉。破蜀後因與姜維謀叛，失敗被殺。　都官從事：官名，司隸校尉的屬官，舉奏彈劾不法官員。

[6]王經：宋本作"之"，並於其下有小字夾文"一作經"三字。

[7]爲將來仁賢之資：意爲使後世仁賢爲此感嘆惋惜。資，通"諮"，嘆息聲。

累遷黄門侍郎。[1]時吴奮、劉毅俱爲侍中，[2]同在門下，[3]雄初不交言。武帝聞之，敕雄令復君臣之好。雄不得已，乃詣毅，再拜曰："向被詔命，君臣義絶，如何？"於是即去。帝聞而大怒，問雄曰："我令卿復君臣之好，何以故絶？"雄曰："古之君子進人以禮，退人以禮；今之進人若加諸膝，退人若墜諸川。劉河内於臣不爲戎首，[4]亦已幸甚，安復爲君臣之好！"帝從之。

［1］黄門侍郎：官名，魏晋時爲侍中省或門下省次官。侍從皇帝，顧問應對，多以重臣或外戚子弟擔任，位頗重要。五品。

［2］侍中：官名，東漢建安中與給事黄門侍郎出入禁中，省尚書事。曹魏時爲門下之侍中省長官，常侍衛皇帝左右，掌顧問應對、諫諍糾察、平議奏事、駁奏異議等，權力甚重。三品。

［3］門下：即門下省。門下意爲黄門之下，官署設於宫禁之中，長官得出入宫禁，爲皇帝的親近侍從。

［4］戎首：首先挑起事端或帶頭做坏事的人。

泰始中，累遷秦州刺史，[1]假赤幢、曲蓋、鼓吹，[2]賜錢二十萬。咸寧初，入爲御史中丞，[3]遷侍中，又出爲征虜將軍。[4]太康初，爲河南尹，[5]賜爵關内侯。齊王攸將歸藩，[6]雄諫曰："陛下子弟雖多，然有名望者少。齊王卧在京邑，所益實深，不可不思。"帝不納。雄固諫忤旨，起而徑出，遂以憤卒。弟匡，惠帝世爲護軍將軍。[7]

［1］秦州：治所在冀縣（今甘肅省甘谷縣東）。

［2］赤幢：車輿上紅色的帷幔。　曲蓋：曲柄傘蓋。　鼓吹：帝王及高級官員儀仗中的樂隊，由管樂和打擊樂器組成，常用來賜予有軍功的高級武官。

［3］御史中丞：官名，御史大夫副手，掌監察、執法，爲京師顯官，職權甚重。四品。

［4］征虜將軍：既是武官名，也作爲高級文職官員的加官。三品。

［5］河南尹：官名，京都洛陽所在河南郡長官，主管京都事務。三品。

［6］齊王攸：司馬攸，字大猷，本書卷三八有傳。

[7]護軍將軍：官名，東漢建安十二年（207），曹操改丞相府護軍爲中護軍，資重者可遷護軍將軍，典武官選舉，與中領軍同掌禁軍。曹魏時四品，西晋時三品。

段灼

段灼，字休然，敦煌人也。[1]世爲西土著姓，果直有才辯。少仕州郡，稍遷鄧艾鎮西司馬，[2]從艾破蜀有功，封關内侯，累遷議郎。[3]武帝即位，灼上疏追理艾曰：

故征西將軍鄧艾，心懷至忠，而荷反逆之名；平定巴蜀，而受三族之誅，[4]臣竊悼之。惜哉，言艾之反也！以艾性剛急，矜功伐善，而不能協同朋類，輕犯雅俗，失君子之心，故莫肯理之。臣敢昧死言艾所以不反之狀。

[1]敦煌：郡名，治所在敦煌縣（今甘肅省敦煌市西）。

[2]鄧艾：三國時義陽棘陽（今河南省南陽市南）人，字士載。歷任典農綱紀、尚書郎、討寇將軍、汝南太守、兗州刺史。平蜀漢有功，官至太尉。後爲鍾會所誣，以檻車徵回京師，中途爲衛瓘所殺。　鎮西司馬：官名，鎮西將軍司馬。將軍府的高級幕僚，參讚軍務、管理府内武職，位次於長史。七品。

[3]議郎：官名，西漢始置。魏晋時品秩雖低，名義清高。七品。

[4]三族之誅：誅殺連及父、母、妻三族。

艾本屯田掌犢人，宣皇帝拔之於農吏之中，顯之於宰府之職。處内外之官，據文武之任，所在輒有名績，固足以明宣皇帝之知人矣。會值洮西之役，[1]官兵失利，刺史王經困於圍城之中。當爾之時，二州危懼，隴右懍懍，[2]幾非國家之有也。先帝以爲深憂重慮，思惟可以安邊殺敵莫賢於艾，故授之以兵馬，解狄道之圍。[3]圍解，留屯上邽。[4]承官軍大敗之後，士卒破膽，將吏無氣，倉庫空虛，器械殫盡。艾欲積穀強兵，以待有事。是歲少雨，又爲區種之法，[5]手執耒耜，率先將士，所統萬數，而身不離僕虜之勞，親執士卒之役。故落門、段谷之戰，[6]能以少擊多，摧破強賊，斬首萬計。遂委艾以廟勝成圖，指授長策。艾受命忘身，龍驤麟振，[7]前無堅敵。蜀地阻險，山高谷深，而艾步乘不滿二萬，束馬懸車，[8]自投死地，勇氣淩雲，將士乘勢，故能使劉禪震怖，君臣面縛。軍不逾時，而巴蜀蕩定，此又固足以彰先帝之善任矣。[9]

[1]洮西：洮水之西。洮水即今甘肅省黃河支流洮河。

[2]隴右：地區名，指甘肅隴山以西地區。

[3]狄道：縣名，治所在今甘肅省臨洮縣。

[4]上邽：縣名，治所在今甘肅省天水市。

[5]區種之法：古代播種耕作方法，在田裏按一定距離開溝挖穴，將种子播入其間。

[6]落門：今甘肅省武山縣東洛門鎮。　段谷：位於今甘肅省天水市西南。

[7]龍驤麟振：飛龍騰躍的樣子，比喻鄧艾的英勇。

[8]束馬懸車：包裹馬足，挂牢車子，以防滑跌傾覆。形容路險難行。

[9]此又固足以：又，原本、殿本作“艾”，宋本作“又”，據宋本、中華本校勘記改。

艾功名已成，亦當書之竹帛，[1]傳祚萬世。七十老公，復何所求哉！艾以禪初降，遠郡未附，矯令承制，[2]權安社稷。雖違常科，有合古義，原心定罪，[3]事可詳論。故鎮西將軍鍾會，[4]有吞天下之心，恐艾威名，知必不同，因其疑似，構成其事。艾被詔書，即遣强兵，束身就縛，不敢顧望。誠自知奉見先帝，必無當死之理也。會受誅之後，艾參佐官屬、部曲將吏，愚戇相聚，自共追艾，破壞檻車，解其囚執。艾在困地，是以狼狽失據。[5]夫反非小事，若懷惡心，即當謀及豪傑，然後乃能興動大衆，不聞艾有腹心一人。臨死口無一言，[6]獨受腹背之誅，豈不哀哉！故見之者垂涕，聞之者嘆息。此賈誼所以慷慨於漢文，[7]天下之事可爲痛哭者，良有以也。

[1]竹帛：指書籍史籍。

[2]矯令承制：假造皇帝旨令並按此行事。

[3]原心定罪：以動機情節作爲定罪的根據。

[4]鎮西將軍：官名，與鎮東、鎮南、鎮北合稱四鎮。多爲持節都督，出鎮方面。曹魏二品。晋改三品，加持節都督者二品。

[5]狼狽失據：處境窘迫失去依憑。

[6]口無一言：一，宋本、殿本作“惡”。

[7]賈誼：西漢洛陽（今河南省洛陽市）人。文帝時爲博士，後遷至太中大夫。建議改正朔、定官名、興禮樂、削藩王。因大臣

周勃、灌嬰等譖毁，被貶爲長沙王太傅。

陛下龍興，闡弘大度，[1]受誅之家，不拘叙用，聽艾立後，祭祀不絶。昔秦人憐白起之無罪，[2]吴人傷子胥之冤酷，[3]皆爲之立祠。天下之人爲艾悼心痛恨，亦由是也。謂可聽艾門生故吏收艾尸柩，歸葬舊墓，還其田宅，以平蜀之功，繼封其後，使艾闔棺定謚，死無所恨。赦冤魂於九泉，收信義於後世，則天下徇名之士，思立功之臣，必投湯火，樂爲陛下死矣！

帝省表，甚嘉其意。

[1]闡弘大度：闡揚光大，胸襟開闊。

[2]白起：戰國郿（今陝西省眉縣東渭河北岸）人，一稱公孫起。戰國名將，歷任秦國左庶長、左更、國尉、大良造。先後攻韓國新城，破韓魏聯軍於伊闕，攻破楚都郢城，大破趙軍於長平，坑殺降卒四十餘萬。後因與范雎有隙，被免爲士伍，自殺。

[3]子胥：即伍子胥，春秋時人，名員，字子胥。楚國大夫伍奢之次子，伍尚之弟。楚平王七年（前 522）費無忌誣蔑伍奢與太子建叛亂，結果伍尚和伍奢被殺，伍子胥逃入吴國。助公子闔閭刺殺吴王僚，奪取王位。後被闔閭任爲行人，率兵攻楚，大敗越國。後因多次勸諫闔閭子夫差而被疏遠，最終自殺。

灼後復陳時宜曰：

臣聞天時不如地利，地利不如人和。三里之城，五里之郭，[1]圜圍而攻之，有不克者，此天時不如地利。城非不高，池非不深，穀非不多，兵非不利，委而去之，此地利不如人和。然古之王者，非不先推恩德，結固人心。人心苟和，雖三里之城，五里之郭，不可攻也。人心不和，雖金城湯池，不能守也。臣推此以廣其義，舜彈五絃之琴，咏《南風》之詩，[2]而天下自理，由堯人可比屋而封也。曩者多難，奸雄屢起，攪亂衆心，刀鋸相乘，[3]流死之孤，哀聲未絶。故臣以爲陛下當深思遠念，杜漸防萌，彈琴咏詩，垂拱而已。[4]其要莫若推恩以協和黎庶，故推恩足以保四海，不推恩不足以保妻子。是故唐堯以親睦九族爲先，周文以刑於寡妻爲急，[5]明王聖主莫不先親後疏，自近及遠。臣以爲太宰、司徒、衛將軍三王宜留洛中鎮守，[6]其餘諸王自州徵足任者，年十五以上悉遣之國。爲選中郎傅相，才兼文武，以輔佐之。聽於其國繕修兵馬，廣布恩信。必撫下猶子，愛國如家，君臣分定，百世不遷，連城開地，爲晋、魯、衛。所謂盤石之宗，天下服其强矣。雖云割地，譬猶囊漏貯中，亦一家之有耳。若慮後世强大，自可豫爲制度，使得推恩以分子弟。如此則枝分葉布，稍自削小，漸使轉至萬國，亦後世之利，非所患也。

[1]郭：外城。

[2]《南風》之詩：古代樂曲名。相傳爲虞舜所作。《禮記·樂記》："昔者舜作五弦之琴，以歌《南風》。"《孔子家語·辨樂解》："昔者舜彈五弦之琴，造《南風》之詩。其詩曰：'南風之薰兮，可以解吾民之慍兮；南風之時兮，可以阜吾民之財兮。'"

[3]刀鋸相乘：接受刑罰的人接連不斷。

[4]垂拱：垂衣拱手，無爲而治。

[5]刑於寡妻：以禮法對待妻子。

[6]太宰：官名，即太師，因避司馬師名諱而改名太宰。八公之一，居上公之首，爲宰相之任。一品。　司徒：官名，西漢哀帝元壽二年（前1）改丞相爲大司徒，東漢光武帝時改名爲司徒，東漢末又改爲丞相。三國魏恢復三公制，改丞相爲司徒，管理民政。兩晋沿制，爲八公之一，在太尉之下、司空之上。與丞相通職，一般不並置，爲名譽宰相。一品。　衛將軍：官名，魏晋時位在名號將軍之上，多爲軍府名號，加給大臣、重要州郡長官。二品，開府位從公者一品。

昔在漢世，諸吕自疑，[1]内有朱虛、東牟之親，[2]外有諸侯九國之强，故不敢動摇。於今之宜，諸侯强大，是爲太山之固。非我族類，其心必異。而魏法禁錮諸王，親戚隔絶，不祥莫大焉。間者無故又瓜分天下，[3]立五等諸侯。上不象賢，下不議功，而是非雜揉，例受茅土。似權時之宜，非經久之制，將遂不改，此亦煩擾之人，漸亂之階也。夫國之興也，由於九族親睦，黎庶協和；其衰也，在於骨肉疏絶，百姓離心。故夏邦不安，伊尹歸殷；[4]殷邦不和，吕氏入周。[5]殷監在於夏后，去事之誡，誡來事之鑒也。

[1]諸吕：西漢吕后家族。劉邦去世後，太后吕雉臨朝稱制，立兄子吕臺、吕産、吕禄、吕臺子吕通四人爲王，封諸吕六人爲列侯。吕雉死後，諸吕圖謀叛亂，後被平定。

[2]朱虛：朱虛侯劉章，西漢宗室，齊悼惠王劉肥之子。高后二年（前 186）入京城長安宿衛，封朱虛侯，娶吕禄女爲妻。爲諸吕所憚。吕后死後，與大臣周勃等誅諸吕，立文帝。　東牟：東牟侯劉興居，西漢宗室，齊悼惠王劉肥之子，高后六年封東牟侯。吕后死後，與大臣周勃等誅諸吕，立文帝。後起兵反叛，兵敗自殺。

[3]間者：近來，不久前。

[4]伊尹：輔佐商湯及其後代外丙、仲壬、太甲的賢臣。

[5]吕氏：吕尚，西周開國大臣，姜姓，吕氏，字子牙。助文王興國，佐武王滅商。

又陳曰：

昔伐蜀，募取凉州兵馬、羌胡健兒，[1]許以重報，五千餘人，隨艾討賊，功皆第一。而《乙亥詔書》，州郡將督，不與中外軍同，雖在上功，無應封者。唯金城太守楊欣所領兵，[2]以逼江由之勢，[3]得封者三十人。自金城以西，非在欣部，無一人封者。苟在中軍之例，雖下功必侯；如在州郡，[4]雖功高不封，[5]非所謂近不重施，遠不遺恩之謂也。

[1]凉州：東漢治所在隴縣（今甘肅省張家川回族自治縣），三國魏移治姑臧縣（今甘肅省武威市）。

[2]金城：郡名，治所在榆中縣（今甘肅省榆中縣西北）。

[3]江由：即江油戍，又稱江油關，位於今四川省平武縣東南南壩鎮。

[4]如在州郡：原本、宋本無“在”字，殿本有，據殿本、中華本校勘記補。

[5]雖功高不封：原本、宋本“雖”下衍“下”字，殿本無，

據殿本、中華本校勘記改。

臣聞魚懸由於甘餌，勇夫死於重報。故荆軻慕燕丹之義，[1]專諸感闔閭之愛，[2]匕首振於秦庭，吴刀耀於魚腹，視死如歸，豈不有由也哉！夫功名重賞，士之所競，不平致怨，由來久矣。《詩》云："尸鳩在桑，其子七兮。淑人君子，其儀一兮。"[3]臣以爲此等宜蒙爵封。

[1]荆軻：又稱荆卿、慶卿。戰國時衛國人。好讀書擊劍，游説至燕國，被田光薦之於燕太子丹，與丹共謀刺殺秦王嬴政。燕王喜二十八年（前227），以獻地圖爲名，携帶匕首見秦王，行刺失敗被殺。

[2]專諸：春秋吴國堂邑（今江蘇省南京市六合區西北）人，被伍子胥推薦於吴公子光（即闔閭）。吴王僚十二年（前515），吴派兵伐楚，國内軍力空虚，公子光乘機與專諸合謀行刺。公子光與吴王僚同飲，專諸將劍藏在魚腹中，以獻魚爲名將吴王僚刺殺，自己亦死。

[3]"尸鳩在桑"句：語出《詩·國風·鳲鳩》。

灼前後陳事，輒見省覽。然身微宦孤，不見進序，乃取長假還鄉里。臨去，遣息上表曰：

臣受恩三世，剖符守境，試用無績，沉伏數年，犬馬之力，無所復堪。陛下弘廣納之聽，采狂夫之言，原臣侵官之罪，不問干忤之愆，天地恩厚，於臣足矣。臣聞忠臣之於其君，猶孝子之於其親：進則有欣然之慶，非貪官也；退則有戚然之憂，非懷禄也。其意在於不忘光君榮親，情所不能已已者也。[1]臣伏自悼，私懷至恨：生長荒裔，而久在外任，自還抱疾，未嘗覲見，陛下竟不知臣何人，此臣之恨一也。遭運會之世，值有事之時，而不能垂功名於竹帛，此臣之恨二也。逮事聖明之君，而尪悴羸劣，[2]陳力又不能，當歸死於地下，此臣之恨三也。哀二親早亡隕，兄弟並凋喪，孝敬無復施於家門，此臣之恨四也。夏之日忽以過，冬之夜尋復來，人生百歲，尚以爲不足，而臣中年嬰灾，此臣之恨五也。慚日月之所養，愧昊蒼而無報，此臣之所以懷五恨而嘆息，臨歸路而自悼者也。

[1]情所不能已已者：情不自禁。
[2]尪（wāng）悴羸劣：瘦弱憔悴。

語有之曰："華言虚也，至言實也，苦言藥也，甘言疾也。"臣欲言天下太平，而靈龜神狐未見，仙芝蓂莆未生，[1]麒麟未游乎靈禽之囿，鳳皇未儀於太極之庭，[2]此臣之所以不敢華言而爲佞者也。[3]昔漢高祖初定天下，于時戍卒婁敬上書諫曰：[4]"陛下取天下不與成周同，而欲比隆成周，臣竊以爲不侔。"[5]於是漢祖感悟，深納其言，賜姓爲劉氏。又顧謂陸賈曰：[6]"爲我著秦所以亡，而吾所以得之者。"賈乃作《新語》之書，述叙前世成敗，以爲勸戒。又田肯建一言之計，[7]非親子弟莫可使王齊者，而受千金之賜。故世稱漢祖之寬明博約，[8]所以能成帝業也。

[1]蓮莆：象徵吉祥的仙草。

[2]儀：來，到。

[3]此臣之所以不敢：宋本無“以”字。

[4]婁敬：即劉敬。西漢齊人。漢高帝五年（前202年）聞劉邦欲建都洛陽，乃以戍卒求見，勸劉邦建都長安。他説周公營建洛邑時，“天下和洽，四夷鄉風，慕義懷德”，而當今經過大小百余場戰争，“天下之民肝腦塗地，父子暴骨中野，不可勝數，哭泣之聲未絶，傷痍者未起，而欲比隆於成康之時，臣竊以爲不侔也”。

[5]侔：相當。

[6]陸賈：西漢楚人，從劉邦平定天下，以善辯聞名。曾出使南越，説服南越尉趙佗歸附漢朝。受劉邦之命，撰寫《新語》，論述國家存亡徵候。諸吕擅權時，居家養病，後參與陳平等人誅滅諸吕，迎立文帝，因功拜爲太中大夫。

[7]田肯建一言之計：《史記》卷八《高祖本紀》載，劉邦罷黜齊王韓信後，田肯向劉邦祝賀，並説：“夫齊，東有琅邪、即墨之饒，南有泰山之固，西有濁河之限，北有勃海之利。地方二千里，持戟百萬，縣隔千里之外，齊得十二焉。故此東西秦也。非親子弟，莫可使王齊矣。”劉邦認爲他説得對，賜其黃金五百斤。

[8]寬明博約：約，宋本、殿本作“納”。

今之言世者，皆曰堯舜復興，天下已太平矣。臣獨以爲未，亦竊有所勸焉。且百王垂制，聖賢吐言，來事之明鑒也。孟子曰：“堯不能以天下與舜，則舜之有天下也，天與之也。昔舜爲相，堯崩，三年之喪畢，舜避堯之子於南河，天下諸侯朝覲者、獄訟者，不之堯之子而之舜。舜曰天也，乃之中國，踐天子位焉。若居堯之宫，逼堯之子，非天所與者也。”曩昔西有不臣之蜀，東有僭號之吴，三主鼎足，並稱天子。魏文帝率萬乘之衆，受禪於靡陂，[1]而自以德同唐虞，以爲漢獻即是古之堯，自謂即是今之舜，乃謂孟軻、孫卿不通禪代之變，遂作禪代之文，刻石垂戒，班示天下，傳之後世，亦安能使將來君子皆曉然心服其義乎！然魏文徒希慕堯舜之名，推新集之魏，欲以同於唐虞之盛，忽骨肉之恩，忘藩屏之固，竟不能使四海賓服，混一皇化，而于時群臣莫有諫者，不其過矣哉！孫卿曰："堯舜禪讓，是不然矣。天下者，至重也，非至强莫之能任；至大也，非至辯莫之能分；至衆也，非至明莫之能見。此三至者，非聖人莫之能盡。”由此言之，孫卿、孟軻亦各有所不取焉。陛下受禪，從東府入西宫，兵刃耀天，旌旗翳日。雖應天順人，同符唐虞，然法度損益，則亦不異於昔魏文矣，故宜資三至以强制之。而今諸王有立國之名，[2]而無襟帶之實。又蜀地有自然之險，是歷世奸雄之所闚闞，逋逃之所聚也，[3]而無親戚子弟之守，此豈深思遠慮，杜漸防萌者乎！

[1]靡陂：地名，在今河南省郟縣。《水經注·潁水》：潁水“又西南流逕夏亭城西，又屈而東南，爲郟之靡陂”。

[2]有立國之名：立，宋本作“之”。

[3]逋逃：因犯罪而逃亡的人。

昔漢文帝據已成之業，六合同風，天下一家。而賈誼上疏陳當時之勢，猶以爲譬如抱火厝於積薪之下，而寢其上，火未及然，因謂之安。此言誠存不忘亡，安不忘亂者也。然臣之慺慺，[1]亦竊願陛下居安思危，無曰高高在上，常念臨深之義，不忘履冰之戒。盡除魏世之弊法，綏以新政之大化，使萬邦欣欣，喜戴洪惠，昆蟲草木，咸蒙恩澤。朝廷咏康哉之歌，[2]山藪無伐檀之人，[3]此固天下所視望者也。陛下自初踐阼，發無諱之詔，置箴諫之官，赫然寵異諤諤之臣，以明好直言之信，恐陳事者知直言之不用，皆杜口結舌，祥瑞亦曷由來哉！

[1]慺慺：勤懇恭謹貌。

[2]康哉之歌：頌太平的歌。語出《尚書·益稷》："（皋陶）乃賡載歌曰：'元首明哉，股肱良哉，庶事康哉。'"

[3]伐檀之人：對不勞而獲不滿的人。語出《詩·國風·伐檀》："坎坎伐檀兮，寘之河之干兮，河水清且漣猗。不稼不穡，胡取禾三百廛兮。不狩不獵，胡瞻爾庭有縣貆兮。彼君子兮，不素餐兮。"

臣無陸生之才，不在顧問之地，蓋聞主聖臣直，義在於有犯無隱。臣不惟疏遠，未信而言，敢歷論前代隆名之君及亡敗之主廢興所由，又博陳舉賢之路，廣開養老之制，崇必信之道，又張設議者之難，凡五事以聞。臣之所言，皆直陳古今已行故事，非新聲異端也。辭義實淺，不足采納。然臣私心，誠謂有可發起覺悟遺忘。願陛下察臣愚忠，愍臣狂直，無使天下以言者爲戒。疾痛增篤，退念桑梓之詩，[1]惟狐死之義，[2]輒取長休，歸近墳墓。顧瞻宫闕，繫情皇極，不勝丹款，遣息穎表言。

[1]退念桑梓之詩：桑梓借指故鄉。意爲欲告病還鄉。

[2]狐死之義：即狐死首丘，借指思念故鄉。《禮記·檀弓上》："太公封於營丘，比及五世，皆反葬於周。君子曰：'樂，樂其所自生；禮，不忘其本。古之人有言曰：狐死正丘首，仁也。'"

其一曰：臣聞善有章也，著在經典；惡有罰也，戒在刑書。上自遠古，下洎秦漢，其明王霸主及亡國暗君，故可得而稱；至于忠蹇賢相及佞諂奸臣，亦可得而言。故朝有謇謇盡規之臣，無不昌也；任用阿諛唯唯之士，無不亡也。是有國者皆欲求忠以自輔，舉賢以自佐；而亡國破家者相繼，皆由任失其人。所謂賢者不賢，忠者不忠也。臣謹言前任賢所由興，任不肖所以亡者。堯之末年，四凶在朝而不去，[1]八元在家而不舉，[2]然致天平地寧，四門穆穆，[3]其功固在重華之爲相。[4]夏癸放於鳴條，[5]商辛梟於牧野，[6]此俱萬乘之主，而國滅身擒，由不能屬任賢相，用婦人之言，荒淫無道，肆志沉宴，作靡靡之樂，長夜之飲，於是登糟丘，臨酒池，觀牛飲，望肉林，龍逄忠而被害，[7]比干諫而剖心，[8]天下之所以歸惡者也。太甲暴虐，[9]顛覆湯之典制，於是伊尹放之桐宫，[10]而能改悔反善，三年而後歸于亳。[11]既已放而復還，殷道微而復興，諸侯咸服，號稱太宗，實賴阿衡之盡忠也。[12]周室既衰，諸侯並争，天王微弱，政遂陵遲。齊桓公，[13]淫亂之主耳；然所以能九合一匡之功，有尊周之名，誠管夷吾之力。[14]及其死也，蟲流出門，豈非任豎貂之過乎！[15]且一桓公之身，得管仲，其功如彼；用豎貂，其亂如此。夫榮辱存亡，實在所任，可不審哉！秦本伯翳之後，[16]微微小邑，至秦仲始大，[17]有車馬禮樂侍御之好焉。自穆公至於始皇，皆能留心待賢，遠求異士，招由余於西戎，[18]致五羖於宛市，[19]取丕豹於晋鄉，[20]迎蹇叔於宗里。[21]由是四方雄俊繼踵而至，故能世爲强國，吞滅諸侯，奄有天下，兼稱皇帝，由謀臣之助也。道化未淳，崩於沙丘。[22]胡亥乘虐，用詐自誤，[23]不能弘濟統緒，[24]克成堂構，[25]而乃殘賊仁義，毒流黔首。故陳勝、吴廣，奮臂大呼，而天下響應。於是趙高逆亂，[26]閻樂承指，[27]二世窮迫，自戮望夷。[28]子嬰雖立，[29]去帝爲王，孤危無輔，四旬而亡。此由邪臣擅命，指鹿爲馬，所以速秦之禍也。秦失其鹿，豪傑競逐，項羽既得而失之，其咎在烹韓生，[30]而范增之謀不用。[31]假令羽既距項伯之邪説，[32]斬沛公於鴻門，[33]都咸陽以號令諸侯，[34]則天下無敵矣。而羽距韓生之忠諫，背范增之深計，自謂霸王之業已定，都彭城，[35]還故鄉，爲晝被文綉，此蓋世俗兒女之情耳，而羽榮之。是故五載爲漢所擒，至死尚不知覺悟，乃曰“天亡我，非戰之罪”，甚痛矣哉！且夫士之歸仁，[36]猶水之歸下，禽之走曠野，故曰：“爲川驅魚者獺也，爲藪驅雀者鸇也，爲湯武驅人者桀紂也。”[37]漢高祖起於布衣，提三尺之劍而取天下，[38]用六國之資，無唐虞之禪，豈徒賴良平之奇謀，[39]盡英雄之智力而已乎，亦由項氏爲驅人也。子孫承基二百餘年，逮成帝委政舅家，使權勢外移。安昌侯張禹者，[40]漢之三公，成帝保傅也，帝親幸其家，拜禹床下，深問天灾人事。禹當惟大臣之節，爲社稷深慮，忠言嘉謀，陳其灾患，則王氏不得專權寵，王莽無緣乘勢位，遂託雲龍而登天衢，令漢祚中絶也。禹佞諂不忠，挾懷私計，徒低仰於五侯之間，[41]苟取容媚而已。是以朱雲抗節求尚方斬馬劍，[42]欲以斬禹，以戒其餘，可謂忠矣。而成帝尚復不寤，乃以爲居下訕上，廷辱保傅，罪死無赦，詔御史將雲下，欲急烹之。雲攀殿折檻，幸賴左將軍辛慶忌叩頭流血，以死争之。若不然，則雲已摧碎矣。後雖釋檻不修，欲以彰明直臣，誠足以爲後世之戒，[43]何益於漢室所由亡也哉！然世之論者以爲亂臣賊子無道之甚者莫過於莽，此亦猶紂之不善不如是之甚也。[44]傳稱莽始起外戚，折節力行，以要名譽，宗族稱孝，朋友歸仁。及其輔政成哀之際，勤勞國家，動見稱述。然于時人士詣闕上書薦莽者不可稱紀，内外群臣莫不歸莽功德。遭遇漢室中微，國嗣三絶，[45]而太后壽考，爲之宗主，故莽得遂策命孺子而奪其位也。昔湯武之興，亦逆取而順守之耳。向莽深惟殷周取守之術，[46]崇道德，務仁義，履信實，去華僞，施惠天下，十有八年，恩足以感百姓，義足以結英雄，人懷其德，豪傑並用，如此，宗廟社稷宜未滅也，光武雖復賢才，大業詎可冀哉！莽即位之後，自謂得天人之助，以爲功廣三王，德茂唐虞，乃自驕矜，奮其威詐，班宣符讖，震暴殘酷，窮凶極惡，人怨神怒，冬雷電以驚其耳目，夏地動以惕其心腹。[47]而莽猶不知覺悟，方復重行不順時之令，竟連伍之刑，[48]佞媚者親幸，忠諫者誅夷。由是天下忿憤，内外俱發，四海分崩，城池不守，身死於匹夫之手，爲天下笑，豈不異哉！其所由然者，非取之過，而守之非道也。莽既屠肌，六合雲擾，劉聖公已立而不辨，[49]盆子承之而覆敗，[50]公孫述又稱帝於蜀漢。[51]如此數子，固非所謂應天順人者，徒爲光武之驅除者耳。夫天下者，蓋亦天下之天下，非一人之天下也。“殷商之旅，其會如林，矢于牧野，維予侯興。”[52]又曰：“侯服于周，天命靡常。”[53]由此言之，主，非常人也，有德則天下歸之，無德則天下叛之。故古之明王，其勞心遠慮，常如臨川無津涯。於是法天地，象四時，隆恩德，敬大臣，近忠直，遠佞人。仁孝著乎宫墻，弘化洽乎兆庶；[54]爲平直如砥矢，信義感人神。雖有椒房外戚之寵，不受其委曲之言；雖有近習愛幸之豎，不聽其姑息之辭。四門穆穆，闢而不闔，待諫者而無忌。恒戰戰慄慄，不忘戒懼，所以欲永終天禄，恐爲將來賢聖之驅除也。且臣聞之，懼危者，常安者也；憂亡者，恒存者也。使夫有國之君能安不忘危，[55]則本枝百世，長保榮祚，名位與天地無窮，亦何慮乎爲來者之驅除哉！傳有之曰："狂夫之言，明主察焉。"

［1］四凶：堯舜時期的四個惡人。《左傳·文公十八年》："舜臣堯，賓於四門，流四凶族渾敦、窮奇、檮杌、饕餮，投諸四裔，以御螭魅。是以堯崩而天下如一，同心戴舜以爲天子，以其舉十六相，去四凶也。"

［2］八元：上古傳説中的八個才子。《左傳·文公十八年》："高辛氏有才子八人：伯奮、仲堪、叔獻、季仲、伯虎、仲熊、叔豹、季貍，忠肅共懿，宣慈惠和，天下之民謂之'八元'。"

［3］四門：明堂四面之門。《尚書·舜典》："賓于四門，四門穆穆。"　穆穆：端莊肅穆。

［4］重華：即虞舜。《尚書·舜典》："曰若稽古帝舜，曰重華，協於帝。"孔安國傳："華，謂文德。言其光文重合於堯，俱聖明。"一説舜目重瞳，故名。

［5］夏癸放於鳴條：夏桀在商湯滅夏的鳴條（今山西省夏縣西）之戰中大敗。後被商軍追獲，流放。癸，夏后氏，帝發之子，謚號桀。

［6］商辛：即商紂王，名受，號帝辛。　牧野：指今河南省淇縣以西、衛輝市以北地區。

［7］龍逄：即關龍逄，又作關龍逢、關逢。相傳爲董父之後裔，夏桀之臣，因勸諫夏桀而被殺。

［8］比干：商紂之諸父，又稱王子比干、干叔。因直言勸諫商

紂被殺，并被剖心。

[9]太甲：商王，名至，湯之孫，太丁之子。在王位時，不遵湯法，亂德，被伊尹囚禁於桐宫。

[10]桐：商邑，治所在今河南省虞城縣東北。

[11]亳：殷成湯所建都城，治所在今河南省偃師市西。

[12]阿衡：《史記》卷三《殷本紀》："伊尹名阿衡。"司馬貞索隱："《孫子兵書》：'伊尹名摯。'孔安國亦曰'伊摯'。然解者以阿衡爲官名。按：阿，倚也，衡，平也。言依倚而取平。《書》曰'惟嗣王弗惠於阿衡'，亦曰保衡，皆伊尹之官號，非名也。"

[13]齊桓公：春秋時齊國國君，名小白，僖公之子，襄公之弟。公元前685至前643年在位。爲公子時因國家内亂出走至莒，襄公死後被迎回立爲國君。在位時任用管仲，改革内政，國力漸强。九合諸侯，尊王攘夷，成爲春秋五霸之首。

[14]管夷吾：即管仲，春秋初潁上（今安徽省潁水之濱）人，名夷吾。齊桓公時任卿相，進行一系列改革，使齊國國力大增，齊桓公成爲春秋五霸之首。

[15]豎貂：又作豎刀、豎刁。春秋時齊國人，齊桓公寵臣。管仲病危時曾勸齊桓公疏遠豎刁，桓公不聽。管仲死後，豎刁與易牙、開方專擅朝政。齊桓公晚年，三人發動内亂，至齊桓公病餓而死。

[16]伯翳：又稱伯益、柏益、化益、大費。相傳爲少昊後裔，嬴姓，封於費，又稱費侯。秦之先祖，善調馴鳥獸，爲舜掌山澤之虞官，佐禹治水，有功。

[17]秦仲：秦之先祖，非子曾孫。周宣王時爲大夫。《史記》卷五《秦本紀》裴駰集解："《毛詩序》曰：'秦仲始大，有車馬禮樂侍御之好也。'"

[18]由余：又作繇余，春秋時戎人。其祖先本晋人，因能言晋語，戎王遣其入秦。秦穆公愛其才，乃離間由余與戎王的關係，使人召之入秦，待以客禮。後由余爲秦國謀劃滅戎，開地千里，稱霸

西戎。

［19］五羖：即百里奚，春秋時秦國大夫。先爲虞國大夫，晋滅虞後入晋，又作爲晋獻公女兒陪嫁的媵臣入秦。後又逃至楚國。秦穆公聞其賢，用五張羊皮將其贖回，加以重用。故稱五羖大夫。宛：宛縣，治所在今河南省南陽市。

［20］丕豹：春秋時晋國人，丕鄭之子。丕鄭爲國君所殺，丕豹逃入秦國。

［21］迎蹇叔於宗里：中華本校勘記："'宗'當爲'宋'字之誤。自'招由余於西戎'四語，都用李斯《諫逐客書》。《史記·李斯傳》此句作'迎蹇叔於宋'。"蹇叔，春秋時秦大夫，爲百里奚所薦舉，秦穆公任之爲上大夫。《史記》卷八七《李斯列傳》張守節正義引《括地志》云："蹇叔，岐州人也。時游宋，故迎之於宋。"

［22］沙丘：位於今河北省廣宗縣西北大平臺。

［23］用詐自誤：誤，宋本作"立"。

［24］弘濟統緒：長久實現皇帝世系的延續。

［25］克成堂構：《尚書·大誥》："若考作室，既底法，厥子乃弗肯堂，矧肯構。"孔安國傳："以作室喻治政也。父已致法，子乃不肯爲堂基，况肯構立屋乎？"意謂父親要蓋房子，並已確定房子的蓋法，而兒子却不肯去築堂基，蓋房子。此爲能够完成祖先的遺業之意。

［26］趙高：先世爲趙國貴族，因父母有罪，没入秦宫，後爲宦者。因通於律法，舉爲中車府令。秦王政時兼符璽令。秦始皇三十七年（前210）隨從東巡。秦始皇死於沙丘，趙高與李斯矯詔政變，迫始皇長子扶蘇自殺，立二世胡亥。後專擅朝政，害死李斯，自爲丞相。二世死後被子嬰誅殺。

［27］閻樂：秦末人，趙高之婿。曾任咸陽令。秦末農民起義爆發，秦朝庭摇摇欲墜。閻樂乃奉趙高之命，率兵圍困二世於望夷宫，逼之自殺。

［28］望夷：望夷宫，位於今陝西咸陽市東北涇河南岸。

［29］子嬰：秦始皇之孫（一説秦始皇之侄）。秦末二世自殺後，趙高立之爲王。後設計誅殺趙高，夷其三族。劉邦率軍進抵壩上，子嬰奉天子璽符投降。月餘後爲項羽所殺。

［30］烹韓生：項羽入咸陽後，屠咸陽，殺子嬰，燒宫室，東歸彭城。人或説項羽定都關中，項羽説："富貴不歸故鄉，如衣綉夜行，誰知之者！"説者曰："人言楚人沐猴而冠耳，果然。"項王聞之，烹説者。此處説者，《漢書》載爲韓生。

［31］范增：秦末居巢（今安徽省桐城市南）人。秦末隨項梁起兵，足智多謀，被項羽尊爲"亞父"。劉邦、項羽相繼入關後，范增力主除掉劉邦，被項羽拒絶，後建議封劉邦爲漢王，以弱其勢。楚漢相争，滎陽相持時，勸項羽勿許劉邦請和，急攻滎陽以滅之。後項羽中劉邦反間計，把范增削職奪權。范增忿而請歸，疽發背而卒。

［32］項伯：秦末下相（今江蘇省宿遷市西南）人，名纏，字伯，項羽之叔父。曾殺人犯罪，爲張良所救。楚漢戰争中，因張良關係，多次對劉邦加以保護，使其脱離危難。西漢建立後，被賜姓劉氏，封射陽侯。

［33］鴻門：位於今陝西省西安市臨潼區陰盤鎮東。

［34］咸陽：縣名，治所在今陝西省咸陽市東北聶家溝一帶。

［35］彭城：即今江蘇省徐州市。

［36］且夫士之歸仁：中華本校勘記："此用《孟子·離婁上》文。《孟子》'士'作'民'，此蓋唐人諱二名改。"

［37］"爲川驅魚者獺也"句：語出《孟子·離婁上》。

［38］三尺之劍：劍，宋本、殿本作"刃"。

［39］良：張良，秦末人，字子房，韓國貴族後裔。隨劉邦起兵反秦，爲重要謀士。屢出奇策，被劉邦譽爲"運籌帷幄之中，决勝千里之外"。劉邦稱帝後封爲留侯。　平：陳平，秦末陽武（今河南省原陽縣東南）人，少治黄老之術。秦末天下大亂，先後侍魏王

咎、項羽，後歸劉邦。歷任都尉、亞將、護軍中尉，爲劉邦重要謀士，屢出奇計。漢朝建立後封户牖侯和曲逆侯。惠帝時歷任郎中令、左右丞相。吕后死，又與周勃等人誅除諸吕，迎立文帝。

[40]張禹：西漢河内軹（今河南省濟源縣南）人，字子文。元帝時任光禄大夫，成帝時任給事中、領尚書事、丞相。當時外戚王氏權勢甚大，吏民多借灾異抨擊王氏，張禹爲討好王氏，竟説吏民之言亂道誤人，致使王氏地位更加鞏固。

[41]五侯：即王氏五侯。西漢成帝時，其外家王譚、王商、王立、王根、王逢五人皆爲侯，稱王氏五侯。

[42]朱雲：西漢魯國（今山東省曲阜市）人，字游。元帝時任博士。時石顯用事，百官畏之，獨朱雲與陳咸不附。成帝時，因彈劾佞臣張禹而觸怒成帝，命御史將朱雲拿下。朱雲抓住殿檻，將殿檻拉折。左將軍辛慶忌免冠解印綬，死保朱雲。成帝氣消後纔赦免朱雲。後來下人要修門檻，成帝表示留着它以表彰直言之臣。

[43]誠足以：足，宋本作“定”。

[44]此亦猶：猶，宋本作“由”。

[45]國嗣三絶：指漢成帝、哀帝、平帝均無嗣子。

[46]向：如果當初。

[47]愓：宋本作“暢”。

[48]竟連伍之刑：連坐法，一人犯罪，五家連坐。

[49]劉聖公：即劉玄，新莽末南陽蔡陽（今湖北省棗陽市西南）人，字聖公。劉秀族兄。新莽末投靠平林軍，爲安集掾。地皇四年（23）正月，號更始將軍，旋被擁立爲帝，建元更始，都宛城。後投降赤眉軍，封長沙王。最終爲赤眉軍所殺。

[50]盆子：新莽末年太山式（今山東省泰安市東）人，西漢城陽景王劉章之後，初在赤眉軍中牧牛，號曰“牛吏”。建武元年（25）六月被立爲帝，建元建世。赤眉軍入長安後，多次欲辭帝位不果。後因饑荒退出長安，引軍東歸，途中投降劉秀，獻上所得傳國璽綬。後病失明，賜滎陽均輸官地，食其税終身。

[51]公孫述：扶風茂陵（今陝西省興平市）人，字子陽。西漢末更始政權蜀郡太守，後自立爲蜀王，旋又稱帝，建都成都，國號成家，建元龍興。後爲劉秀派兵所滅。

[52]“殷商之旅”句：語見《詩·大雅·大明》。

[53]“侯服于周”句：語見《詩·大雅·文王》。

[54]兆庶：百姓。

[55]安不忘危：宋本於“危”下有“存不忘亡”四字。

其二曰：士之立業，行非一概。吴起貪官，[1]母死不歸，殺妻求將，不孝之甚。然在魏，使秦人不敢東向；在楚，則三晋不敢南謀。曾參、閔騫，誠孝子也，[2]不能宿夕離其親，豈肯出身致死，涉危險之地哉！今大晋應期運之所授，齊聖美於有虞，而吴人不臣，稱帝私附，此亦國之羞也。陛下誠欲致羆熊之士、不二心之臣，[3]使奮威淮浦、震服荆蠻者，故宜疇咨博采，廣開貢士之路，蒐巖穴，[4]舉賢才，徵命考試，匪俊莫用。今臺閣選舉，[5]徒塞耳目，[6]九品訪人，唯問中正。故據上品者，非公侯之子孫，則當塗之昆弟也。二者苟然，則蓽門蓬户之俊，[7]安得不有陸沉者哉！[8]

[1]吴起：戰國時衛國左氏（今山東省菏澤市定陶區西）人，初事魯，後入魏，終入楚，幫助楚悼王改革，使楚國强盛。

[2]曾參：孔子弟子，字子輿。以孝著名。　閔騫：即閔子騫，春秋魯國人，名損，字子騫。孔子弟子，列名孔門德行之科，以孝著名。

[3]羆熊之士：羆熊，殿本乙作“熊羆”。

［4］巖穴：本意爲山洞，此指隱居山間洞穴之士。

［5］臺閣：泛指中央朝廷機構。

［6］徒塞：徒，宋本作“塗”。

［7］蓬户之俊：宋本無“之”字。

［8］陸沉：被埋没。

其三曰：昔田子方養老馬，[1]而窮士知所歸，况居天下之廣居，[2]立天下之正位，行天下之大道乎！[3]昔明王聖主，無不養老。老人衆多，未必皆賢，不可悉養。故父事三老，[4]所以明孝；宗事五更，[5]所以明敬。孟子曰：“吾老以及人之老，吾幼以及人之幼。”今天下雖定，而華山之陽無放馬之群，桃林之下未有休息之牛，故以吴人尚未臣服故也。夫饑者易爲食，渴者易爲飲，天下元元瞻望新政。願陛下思子方之仁，念犬馬之勞，思帷蓋之報，發仁惠之詔，廣開養老之制。

［1］田子方：戰國時魏國人，名無擇，字子方。田子方養老馬見《韓詩外傳》：“昔者田子方出，見老馬於道，喟然有志焉，以問於御者曰：‘此何馬也？’御曰：‘故公家畜也，罷而不爲用，故出放之也。’田子方曰：‘少盡其力，而老棄其身，仁者不爲也。’束帛而贖之。”

［2］廣居：居，宋本作“土”。

［3］大道：道，宋本作“化”。

［4］三老：古代掌教化之官。鄉、縣、郡均曾先後設置。《禮記·禮運》：“故宗祝在廟，三公在朝，三老在學。”

［5］五更：與三老同爲鄉官。《禮記·樂記》：“食三老五更於大

學。”鄭玄注：“三老五更，互言之耳，皆老人更知三德五事者也。”孔穎達疏：“三德謂正直、剛、柔。五事謂貌、言、視、聽、思也。”

其四曰：法令賞罰，莫大乎信。古人有言：“人而無信，不知其可。”[1]况有養人以惠，使人以義，而可以不信行之哉！臣前爲西郡太守，[2]被州所下《己未詔書》：“羌胡道遠，其但募取樂行，不樂勿强。”臣被詔書，輒宣恩廣募，示以賞信，所得人名即條言征西。其晋人自可差簡丁强，如法調取；至於羌胡，非恩意告諭，則無欲度金城、河西者也。自往每興軍渡河，未曾有變，故刺史郭綏勸帥有方，深加獎厲，要許重報。是以所募感恩利賞，遂立績效，功在第一。今州郡督將，並已受封，羌胡健兒，或王或侯，不蒙論叙也。[3]晋文猶不貪原而失信，[4]齊桓不惜地而背盟，[5]况聖主乎！

[1]“人而無信”句：語出《論語·爲政》。

[2]西郡：治所在日勒縣（今甘肅省永昌縣西北）。

[3]不蒙論叙：不被論説和排列。

[4]晋文猶不貪原而失信：《左傳·僖公二十五年》：“冬，晋侯圍原，命三日之糧。原不降，命去之。諜出，曰：‘原將降矣。’軍吏曰：‘請待之。’公曰：‘信，國之寶也，民之所庇也，得原失信，何以庇之？所亡滋多。’退一舍而原降。”

[5]齊桓不惜地而背盟：事見《史記》卷八六《刺客列傳》：春秋時齊國與魯國發生戰争，魯國敗，獻地請和。和會之上，魯國人曹沫用匕首劫持了齊桓公，逼他答應歸還所侵奪的魯國土地。齊

桓公應允。事後桓公欲背約。管仲説："不可。夫貪小利以自快，棄信於諸侯，失天下之援，不如與之。"於是桓公乃歸還魯地。

其五曰：昔周漢之興，樹親建德，周因五等之爵，漢有河山之誓。及其衰也，神器奪於重臣，國祚移於他人。故滅周者秦，非姬姓也；代漢者魏，非劉氏也。於今國家大計，使異姓無裂土專封之邑，同姓並據有連城之地，縱復令諸王後世子孫還自相并，蓋亦楚人失繁弱於雲夢，[1]尚未爲亡其弓也。其於神器不移他族，則始祖不遷之廟，萬年億兆不改其名矣。大晋諸王二十餘人，而公侯伯子男五百餘國，欲言其國皆小乎，則漢祖之起，俱無尺土之地，況有國者哉！將謂大晋世世賢聖，而諸侯之胤常不肖邪，則放勛欽明而有丹朱，[2]瞽叟頑凶而有虞舜。[3]天下有事無不由兵，而無故多樹兵本，廣開亂原，臣故曰五等不便也。臣以爲可如前表，諸王宜大其國，增益其兵，悉遣守藩，使形勢足以相接，則陛下可高枕而卧耳。臣以爲諸侯伯子男名號皆宜改易之，使封爵之制，禄奉禮秩，並同天下諸侯之例。

[1]楚人失繁弱於雲夢：《孔子家語·好生》："楚恭王出游，亡烏嘷之弓，左右請求之。王曰：'止，楚王失弓，楚人得之，又何求之！'孔子聞之，曰：'惜乎其不大也，不曰人遺弓，人得之而已，何必楚也。'"

[2]放勛欽明而有丹朱：唐堯敬肅明察却有丹朱那樣的不肖子。

丹朱，堯之子，不肖，故堯不傳位於他而傳與舜。舜使其居丹淵，故號曰丹朱。

[3]瞽叟：虞舜之父。《史記》卷一《五帝本紀》：“舜父瞽叟頑，母嚚，弟象傲，皆欲殺舜。”

臣聞與覆車同軌者未嘗安也，與死人同病者未嘗生也，與亡國同法者未嘗存也。況夫巍巍大晋，方將登太山，禪梁父，刻石書勛，垂示無窮。宜遠鑒往代興廢，深爲嚴防，使著事奮筆，必有紀焉。昔伊尹耻其君不爲堯舜，此臣所以私懷慷慨，自忘輕賤者也。

灼書奏，帝覽而異焉，擢爲明威將軍、魏興太守。[1]卒於官。

[1]明威將軍：官名，屬雜號將軍名號。　魏興：郡名，東漢建安二十年（215）分漢中郡置西城郡，曹魏黄初二年（221）改名魏興，治所在西城縣（今陝西省安康市西北）。

閻纘

閻纘，字續伯，[1]巴西安漢人也。[2]祖圃，爲張魯功曹，[3]勸魯降魏，封平樂鄉侯。父璞，嗣爵，仕吴至牂柯太守。[4]纘僑居河南新安，[5]少游英豪，多所交結，博覽墳典，該通物理。父卒，繼母不慈，纘恭事彌謹。而母疾之愈甚，乃誣纘盗父時金寶，訟於有司。遂被清議十餘年，[6]纘無怨色，孝謹不怠。母後意解，更移中正，[7]乃得復品。

［1］閻纘：中華本校勘記："'纘'，《楊駿傳》《五行志上》作'纂'。"以字"續伯"論，作"纂"者是。

［2］巴西：郡名，治所在閬中縣（今四川省閬中市）。　安漢：縣名，治所在今四川省南充市東北。

［3］張魯：東漢沛國豐（今江蘇省豐縣）人，五斗米道創建者，於漢中建立政教合一政權，後降曹操。　功曹：官名，即功曹史。郡縣屬官，職掌人事，參與郡縣政務。兩晋時，不開府將軍、太子二傅、特進、郡縣皆置。

［4］仕吴至牂柯太守：牂柯，原本、宋本作"牂牱"，殿本作"牂牱"，據中華本改。中華本校勘記："勞校：牂柯郡未嘗屬吴，'吴'字疑衍。《斠注》：《唐書·宰相世系表》但云牂柯太守璞，無'吴'字。"

［5］河南：郡名，治所在洛陽縣（今河南省洛陽市東北）。　新安：縣名，治所在今河南省澠池縣東。

［6］清議：東漢末社會風氣，士人領袖對時政與人物的品評，對所評對象影響極大。此處清議爲負面評價。

［7］中正：魏晋時期評定士人品第的官員。郡設中正，州設大中正。朝廷根據中正所評士人的品第授予官職。

爲太傅楊駿舍人，[1]轉安復令。[2]駿之誅也，纘棄官歸，要駿故主簿潘岳、掾崔基等共葬之。[3]基、岳畏罪，推纘爲主。墓成，當葬，駿從弟模告武陵王澹，[4]將表殺造意者。[5]衆咸懼，填冢而逃，纘獨以家財成墓，葬駿而去。國子祭酒鄒湛以纘才堪佐著作，[6]薦於秘書監華嶠。[7]嶠曰："此職閑廪重，貴勢多争之，不暇求其才。"遂不能用。河間王顒引爲西戎校尉司馬，[8]有功，封平樂鄉侯。

[1]太傅：官名，晋爲八公之一。位上公，太宰之下、太保之上。一品。　楊駿：字文長，本書卷四〇有傳。　舍人：官名，魏晋時太子府、王國、公府、將軍府、王妃及公主府皆設舍人，掌文檄之事。

[2]安復：縣名，治所在今江西省安福縣西。

[3]潘岳：字安仁，本書卷五五有傳。　掾：此處爲太傅掾，太傅府屬官。

[4]駿從弟模告武陵王澹：中華本校勘記："《舉正》與梁玉繩《瞥記》謂，楊駿被誅親黨，夷三族，不得再有從弟。史稱賈模參與誅楊駿之謀，則'模'乃賈后族兄賈模也。又司馬澹時爲東武公，未封王。"

[5]造意：出主意，倡導。

[6]國子祭酒：官名，國子學的長官，主管國子學，掌教授儒學、參議禮制。五品。　鄒湛：字潤甫，本書卷九二有傳。　佐著作：原本、宋本、殿本脱"作"字，據中華本校勘記補。

[7]秘書監：官名，秘書省長官，掌管藝文圖籍、課試署吏，統著作局，掌國史修撰並管理中外三閣圖書。三品。　華嶠：字叔駿，本書卷四四有傳。

[8]河間王顒：司馬顒，字文載，本書卷五九有傳。　西戎校尉司馬：官名，西戎校尉府佐官。府署高級幕僚，掌參讚軍務、管理府内武職，位僅次於長史。七品。西戎校尉，官名，亦稱護西戎校尉，多以征西將軍、鎮西將軍兼任。四品。按，司馬顒任平西將軍，鎮關中，此處司馬實爲平西司馬。

愍懷太子之廢也，[1]纘輿棺詣闕，上書理太子之冤曰：[2]

伏見赦文及牓下前太子遹手疏，以爲驚愕。自古以來，臣子悖逆，未有如此之甚也。幸賴天慈，全其首領。臣伏念遹生於聖父而至此者，由於長養深宫，沉淪富貴，受饒先帝，父母驕之。每見選師傅下至群吏，率取膏粱擊鍾鼎食之家，[3]希有寒門儒素如衛綰、周文、石奮、疏廣，[4]洗馬、舍人亦無汲黯、鄭莊之比，[5]遂使不見事父事君之道。臣案古典，太子居以士禮，與國人齒，以此明先王欲令知先賤然後乃貴。自頃東宫亦微太盛，所以致敗也。非但東宫，歷觀諸王師友文學，[6]皆豪族力能得者，率非龔遂、王陽，[7]能以道訓。友無亮直三益之節，[8]官以文學爲名，實不讀書，但共鮮衣好馬，[9]縱酒高會，嬉游博弈，豈有切磋，能相長益！臣常恐公族遲陵，以此嘆息。今遹可以爲戒，恐其被斥，棄逐遠郊，始當悔過，無所復及。

[1]愍懷太子：即司馬遹，字熙祖，本書卷五三有傳。

[2]理：辯白，申訴。

[3]膏粱：粱，殿本作“梁”。

[4]衛綰：西漢代郡大陵（今山西省文水縣東北）人。文帝時以戲車爲郎，遷中郎將。景帝時爲河間王太傅，平定七國之亂有功，遷中郎將。以後歷任太子太傅、御史大夫、丞相。武帝時因失職免官。　周文：西漢任城人，文帝時任太子舍人，官至太中大夫。景帝時任郎中令，對人無所毁譽，因此深受景帝寵愛。武帝即位，以其先帝重臣，亦重之。後以病免。　石奮：即萬石君。西漢温（今河南省温縣西南）人，楚漢戰争中隨劉邦，爲中涓。文帝時任太中大夫、太子太傅，無文學，唯恭謹無比。景帝時列爲九卿，徙諸侯相。身爲二千石，四個兒子亦官至二千石，故號“萬石君”。景帝末年，以上大夫禄歸老於家。　疏廣：西漢東海蘭陵（今山東

省蘭陵縣）人，字仲翁。宣帝時先後任太子少傅、太傅。任職五年，與其侄俱告病辭官還鄉。親屬勸其爲子孫置産業，疏廣認爲這衹能使子孫懶惰，不從。

[5]洗馬：官名，即太子洗馬，東宫屬官。掌太子圖籍、經書，太子出行則前導威儀。七品。　汲黯：西漢濮陽（今河南省濮陽市西南）人，字長孺。景帝時任太子洗馬，武帝時爲謁者、東海太守。在郡有治績。後召爲主爵都尉。爲人耿直，敢直言相諫，號“汲直”。卒於淮陽太守任上。　鄭莊：即鄭當時，西漢陳（今河南省周口市淮陽區）人，字莊。景帝時爲太子舍人。武帝時任濟南太守、右内史、大司農等。喜招賓客，好推舉士及官屬丞史，故當時有“鄭莊行，千里不賫糧”之語。然在朝常趨承上意，不敢明言是非。

[6]文學：官名，魏晋太子、諸王及世子均置，掌各級教育文事。

[7]龔遂：西漢山陽南平陽（今山東省鄒城市）人，字少卿。初以明經爲官，宣帝時任北海太守。在郡鼓勵農桑，百姓富實。後徵入京師，任水衡都尉。　王陽：即王吉，西漢琅邪皋虞（今山東省即墨市東北）人，字子陽，又稱王陽。初以郡吏舉孝廉爲郎，後舉賢良爲昌邑中尉。宣帝時任益州刺史、博士、諫大夫等。後稱病歸鄉。

[8]亮直三益：語見《論語·季氏》：孔子曰：“益者三友，損者三友。友直，友諒，友多聞，益矣。友便辟，友善柔，友便佞，損矣。”

[9]鮮衣好馬：好，宋本作“奴”。

昔戾太子無狀，[1]稱兵距命，而壺關三老上書，[2]有田千秋之言，[3]猶曰：“子弄父兵，罪應笞耳！”漢武感悟之，築思子之臺。今遹無狀，言語悖逆，受罪之日，不敢失道，猶爲輕於戾太子，尚可禁持，重選保傅。如司空張華，[4]道德深遠，乃心忠誠，以爲之師。光禄大夫劉寔，[5]寒苦自立，終始不衰，年同吕望，[6]經籍不廢，以爲之保。尚書僕射裴頠，[7]明允恭肅，[8]體道居正，以爲之友。置游談文學，皆選寒門孤宦以學行自立者，及取服勤更事、涉履艱難、事君事親、名行素聞者，[9]使與共處。使嚴御史監護其家，絶貴戚子弟、輕薄賓客。如此，左右前後，莫非正人。師傅文學，可令十日一講，使共論議於前。敕使但道古今孝子慈親，忠臣事君，及思愆改過之義，皆聞善道，庶幾可全。

[1]戾太子：名劉據，漢武帝之子。母衛皇后。七歲時立爲太子，在武帝晚年失寵。時江充用事，與戾太子有隙，借巫蠱嫁禍於戾太子，迫其自殺。　無狀：行爲不當，失檢。

[2]壺關：縣名，治所在今山西省長治市北。　三老：此爲具體人，名茂，荀悦《漢紀》爲令狐茂。巫蠱事件後，令狐茂上書漢武帝爲衛太子申辯，認爲“子無不孝，而父有不察”，希望漢武帝“寬心慰意，少察所親，毋患太子之非，亟罷甲兵，無令太子久亡”。

[3]田千秋：即車千秋，西漢長陵（今陝西省咸陽市東北）人。武帝時爲高寢郎，因上書訟衛太子之冤，被拜爲大鴻臚。後遷丞相，封富民侯。武帝臨終，其與大將軍霍光等受遺詔輔少主。後因年老，被恩准乘小車入宫殿，有“車丞相”之號。

[4]司空：官名，魏晋南北朝爲名譽宰相，多爲大臣加官。晋八公之一，位在三公之末。一品。　張華：字茂先，本書卷三六

有傳。

［5］光禄大夫：官名，三公等大臣告老回家即拜此職，或作爲在朝顯職的加官。三品，開府位從公者一品。　劉寔：字子真，本書卷四一有傳。

［6］吕望：又稱太公望、吕尚。西周開國大臣，姜姓，吕氏，字子牙。助文王興國，佐武王滅商。

［7］尚書僕射：官名，秦漢爲尚書令副貳，東漢建安四年（199）分置左、右，爲尚書省次官。三品。　裴頠：字逸民，本書卷三五有傳。

［8］明允恭肅：嚴明公正恭謹嚴肅。

［9］更事：經歷世事。

昔太甲有罪，放之三年，思庸克復，[1]爲殷明王。又魏文帝懼於見廢，夙夜自祗，[2]竟能自全。及至明帝，因母得罪，廢爲平原侯，爲置家臣庶子，師友文學，皆取正人，共相匡矯。兢兢慎罰，事父以孝，父没，事母以謹，聞於天下，於今稱之。漢高皇帝數置酒於庭，欲廢太子，後四皓爲師，[3]子房爲傅，[4]竟復成就。前事不忘，後事之戒。孟軻有云："孤臣孽子，其操心也危，慮患也深"，[5]故多善功。李斯云：[6]"慈母多敗子，嚴家無格虜。"[7]由陛下驕適，使至於此，庶其受罪以來，足自思改。方今天下多虞，四夷未寧，將伺國隙。儲副大事，不宜空虚。宜爲大計，小復停留。先加嚴誨，依平原侯故事，若不悛改，棄之未晚也。

[1]思庸克復：想建立功業重新再來。

[2]夙夜自祗：自祗，自安。日夜采取自安的措施。

[3]四皓：即商山四皓：東園公、綺里季、夏黄公、角里先生。皆爲秦末漢初隱士，曾幫助劉邦太子鞏固地位。

[4]子房：西漢張良，字子房。

[5]“孤臣孽子”句：語見《孟子·盡心上》：“獨孤臣孽子，其操心也危，其慮患也深，故達。”

[6]李斯：戰國末楚上蔡（今河南省上蔡縣西南）人，少爲郡吏，後入秦，初爲秦相吕不韋舍人，後任長史、客卿。因助秦國統一六國有功，官至丞相。秦始皇死後，與趙高合謀矯詔立胡亥。後爲趙高所害。

[7]“慈母多敗子”句：語見《史記》卷八七《李斯列傳》，李斯上二世書：“故韓子曰：‘慈母有敗子而嚴家無格虜。’”意爲嚴整之家本無扞格奴僕。

臣素寒門，無力仕宦，不經東宫，情不私遹。念昔楚國處女諫其王曰“有龍無尾”，[1]言年四十，未有太子。臣嘗備近職，雖未得自結天日，情同闍寺，[2]悾悾之誠，皆爲國計。臣老母見臣爲表，乃爲臣卜卦，云：“書御即死。”妻子守臣，涕泣見止。臣獨以爲頻見拔擢，嘗爲近職，此恩難忘，何以報德？唯當陳誠，以死獻忠。輒具棺絮，伏須刑誅。

書御不省。

[1]楚國處女諫其王：事見《列女傳·楚處莊姪傳》，楚頃襄王年逾四十不立太子，處莊姪見頃襄王。頃襄王問：“子何以戒寡

人？”處莊姪對曰：“大魚失水，有龍無尾。墻欲内崩，而王不視。”

[2]閹寺：宦官。

及張華遇害，賈謐被誅，[1]朝野震悚，纘獨撫華尸慟哭曰：“早語君遜位而不肯，今果不免，命也夫！”[2]過叱賈謐尸曰：“小兒亂國之由，誅其晚矣！”

[1]賈謐：字長深，本書卷四〇有傳。

[2]命也夫：命，殿本作“死”。

皇太孫立，纘復上疏曰：

臣前上書訟太子之枉，不見省覽。昔壺關三老陳衛太子之冤，而漢武築思子之臺。高廟令田千秋上書，[1]不敢正言，託以鬼神之教，而孝武大感，月中三遷，位至丞相，乘車入殿，號曰車氏。恨臣精誠微薄，不能有感，竟使太子流離，没命許昌。[2]向令陛下即納臣言，不致此禍。天贊聖意，三公獻謀，庶人賜死，罪人斯得，太子以明，臣恨其晚，無所復及。詔書慈悼，迎喪反葬，復其禮秩，誠副衆望，不意吕霍之變復生於今日！[3]伏見詔書建立太孫，斯誠陛下上順先典以安社稷，中慰慈悼冤魂之痛，下令萬國心有所繫。追惟庶人，所爲無狀，幾傾宗廟，賴相國、太宰至忠憤發，[4]潛謀俱斷，奉贊聖意，以成神武。雖周誅二叔，[5]漢掃諸吕，未足以喻。臣願陛下因此大更釐改，以爲永制。禮置太子，居以士禮，與國人齒，爲置官屬，皆如朋友，不爲純臣。既使上厭至望，以崇孝道，又令不相嚴憚，易相規正。

[1]高廟令：官名，太常屬官，掌守衛維護高廟。七品。

[2]没命許昌：昌，宋本作“宫”。

[3]吕霍之變：指西漢吕后毒殺趙王如意和霍光廢昌邑王劉賀之事。

[4]相國：官名，春秋戰國時稱宰輔大臣爲相國，秦漢時稱爲丞相。魏晋南北朝時不常置，職權品秩略同於丞相但位又比丞相尊貴，非尋常人臣之職。

[5]二叔：管叔和蔡叔。管叔，又稱叔鮮，姬姓，名鮮，西周初三監之一。周武王之弟，被封於管，以監視武庚及殷商遺民。後與蔡叔、武庚起兵反對周公，失敗身亡。蔡叔，又稱叔度，姬姓，名度，西周初三監之一。周武王之弟，被封於蔡，以監視殷遺民。後聯合管叔、武庚起兵反對周公，失敗，被流放而死。

昔漢武既信奸讒，[1]危害太子，復用望氣之言，欲盡誅詔獄中囚。邴吉以皇孫在焉，閉門距命，[2]後遂擁護皇孫，督罰乳母，卒至成人，立爲孝宣皇帝。苟志於忠，無往不可。歷觀古人雖不避死，亦由世教寬以成節。吉雖距詔書，事在於忠，故宥而不責。自晋興已來，用法太嚴，遲速之間，輒加誅斬。一身伏法，猶可强爲，今世之誅，動輒滅門。昔吕后臨朝，[3]肆意無道。周昌相趙，[4]三召其王而昌不遣，先徵昌入，乃後召王。此由漢制本寬，得使爲快。假令如今，吕后必謂昌已反，夷其三族，則誰敢復爲殺身成義者哉！此法宜改，可使經遠。

又漢初廢趙王張敖，[5]其臣貫高謀弑高祖，[6]高祖不誅，以明臣道。田叔、孟舒十人爲奴，[7]髡鉗隨王，[8]隱親侍養，故令平安。向使晋法得容爲義，東宫之臣得如周昌，固護太子得如邴吉，距詔不坐，伏死諫争，則聖意必變，太子以安。如田叔、孟舒侍從不罪者，則隱親左右，奸凶毒藥無緣得設，太子不夭也。

[1]奸讒：奸，殿本作“好”。

[2]閉門距命：事見《漢書》卷七四《丙吉傳》：後元二年(前87)，武帝疾，望氣者言長安獄中有天子氣，於是武帝下令京城獄中犯人，無論輕重皆殺之。内謁者令郭穰夜到郡邸獄，丙吉閉門拒使者不納，説：“皇曾孫在。他人亡辜死者猶不可，况親曾孫乎！”相守至天明，郭穰不得入。

[3]吕后：名吕雉，秦漢單父（今山東省單縣）人，字娥姁，漢高祖劉邦皇后。助劉邦除韓信、彭越等異姓王。劉邦死後獨攬大權，毒死趙王如意，殘害戚夫人，分封諸吕，臨朝稱制。在位九年後死，諸吕亦被周勃等誅滅。

[4]周昌：秦末泗水沛（今江蘇省沛縣）人，初爲泗水卒史，後隨劉邦起兵，任中尉、御史大夫。西漢建立後封汾陽侯。爲人倔强，敢直言。劉邦欲廢太子，賴周昌力争而罷。後任趙相，力保趙王如意。劉邦死後，吕后鴆殺如意，周昌乃稱病不朝，三歲而卒。

[5]張敖：西漢初人，張耳之子。秦末隨父參加陳勝、吴廣起義，封爲成都君。西漢建立後，嗣爵爲趙王，娶高祖長女魯元公主。受貫高事牽連被捕入獄，後因貫高極力辯白，得赦，尚魯元公主如故，但貶爵爲宣平侯。

[6]貫高：西漢初人，先爲趙王張耳客，後任趙相。因劉邦過趙辱駡趙王張敖，乃圖謀行刺。後圖謀事發，被捕入獄。獄中受盡

酷刑，但始終自己擔當，極力爲趙王開脱。劉邦感其至忠至誠，乃赦趙王，并欲授貫高以官。貫高以己實有謀軾之罪，拒授自殺。

[7]田叔：西漢趙國陘城（今河北省無極縣東北）人，先世爲齊田氏。喜任俠，爲趙王張敖郎中。張敖受貫高事牽連，田叔乃與孟舒衣赭衣，自髡鉗，隨趙王至長安。趙王獲釋後，田叔亦被任爲漢中守。文帝時坐法失官，後復爲魯相。

[8]髡鉗：古代刑罰，剃光頭髮，用鐵圈束項。

臣每責東宫臣故無侍從者，後聞頗有於道路望車拜辭，而有司收付洛陽獄，奏科其罪。然臣故莫從，良有以也。又本置三率，[1]盛其兵馬，所以宿衛防虞。而使者卒至，莫有警嚴覆請審者，此由恐畏滅族。今皇孫冲幼，去事多故。若有不虞，强臣專制，奸邪矯詐，雖有相國保訓東宫，擁佑之恩同於邴吉，適可使玉體安全，宜開來防，可著於令：自今已後，諸有興廢倉卒，[2]群臣皆得輒嚴，[3]須録詣殿前，面受口詔，然後爲信，得同周昌不遣王節，下聽臣子隱親，得如田叔、孟舒，不加罪責，則永固儲副，以安後嗣之遠慮也。[4]來事難知，往事可改。臣前每見詹事裴權用心懇惻，[5]舍人秦戢數上疏啓諫；[6]而爰倩贈以九列，權有忠意，獨不蒙賞。謂宜依倩爲比，以寵其魂。推尋表疏，如秦戢輩及司隸所奏，諸敢拜辭於道路者，明詔稱揚，使微異於衆，以勸爲善，以獎將來也。

[1]三率：周一良先生認爲，據《晋書·職官志》，惠帝建東

宫，置衛率。初曰中衛率。太始五年分爲左右，各領一軍。惠帝時，愍懷太子在東宫，又加前後二率。此言三率，疑有誤。（參見周一良《魏晋南北朝史札記》，中華書局 1985 年版）

［2］興廢：宋本、殿本乙作“廢興”。

［3］輒嚴：有權嚴加防範。

［4］以安後嗣之遠慮也：安後，中華本乙作“後安”，不通，應從原本、宋本、殿本作“安後”。

［5］詹事：官名，即太子詹事，東宫屬官，掌管東宫内外事務。兩晋南北朝東宫地位極重，官署齊備，擬於朝廷。太子詹事任總宫官，堪比朝廷之尚書令、領軍將軍，位權甚重。三品。

［6］舍人：舍，宋本作“唐”。

纘又陳：

今相國雖已保傅東宫，保其安危。至於旦夕訓誨，輔導出入，動静劬勞，[1]宜選寒苦之士，忠貞清正，老而不衰，如城門校尉梁柳、白衣南安朱冲比者，[2]以爲師傅。其侍臣以下文武將吏，且勿復取盛戚豪門子弟，若吴太妃家室及賈郭之黨。[3]如此之輩，生而富溢，無念修己，率多輕薄浮華，相驅放縱，皆非所補益於吾少主者也。[4]皆可擇寒門篤行、學問素士、更履險易、節義足稱者，以備群臣，可輕其禮儀，使與古同，於相切磋爲益。

［1］劬勞：辛苦勞累。

［2］城門校尉：官名，掌京城諸城門警衛。新莽時稱城門將軍，東漢時復舊稱。掌管洛陽除北宫門之外的十一城門，位在北五校尉之上。三國、西晋沿置。四品。　梁柳：西晋人，賈謐從姑子，歷

任城門校尉、城陽太守、鎮西將軍等職。　白衣：布衣平民。　南安：郡名，治所在獂道縣（今甘肅省隴西縣東南）。　朱冲：字巨容，本書卷九四有傳。

[3]賈郭：賈后之族兄賈模、從舅郭彰，分别任侍中和右衛將軍，並以才望居位，與楚王司馬瑋、東安公司馬繇分掌朝政。

[4]吾少主者也：吾少，宋本作“人”。

昔魏文帝之在東宫，徐幹、劉楨爲友，[1]文學相接之道並如氣類。吴太子登，[2]顧譚爲友，[3]諸葛恪爲賓，[4]卧同床帳，行則參乘，交如布衣，相呼以字，此則近代之明比也。天子之子不患不富貴，不患人不敬畏，患於驕盈，不聞其過，不知稼穡之艱難耳。至於甚者，乃不知名六畜，可不勉哉！昔周公親撻伯禽，[5]曹參笞窋二百，[6]聖考慈父皆不傷恩。今不忍小相維持，令至闕失頓相罪責，不亦誤哉！

[1]徐幹：東漢末北海劇縣（今山東省壽光市南）人，字偉長。“建安七子”之一。建安中任曹操司空軍謀祭酒掾屬、五官中郎將文學。主張分職設官、循名責實、察舉取士。著有《中論》二十篇。文集已佚，明清有輯本。　劉楨：東漢東平寧陽（今山東省東平縣東）人，字公幹。“建安七子”之一。建安中任曹操丞相掾屬、曹植中庶子。因平視曹丕夫人甄氏被罰輸作部，後免爲吏。

[2]吴太子登：孫登，三國時吴郡富春（今浙江省杭州市富陽區）人，字子高。孫權長子，孫權爲吴王，立爲王太子，後孫權稱帝，立爲皇太子。立凡二十一年，年三十三卒，謚宣太子。

[3]顧譚：三國時吴郡吴縣（今江蘇省蘇州市）人，字子默，

顧雍孫，與諸葛恪等爲吴太子孫登四友。歷任孫吴左節度、選曹尚書、平尚書事。後遭魯王孫霸黨羽全琮讒毁，被流徙交州。

[4]諸葛恪：三國時琅邪陽都（今山東省沂南縣南）人，字元遜，諸葛瑾長子，少有才名。歷任孫吴騎都尉、撫越將軍、領丹楊太守、威北將軍、大將軍等職。孫權卒後，輔立孫亮，拜太傅，改善國政，頗得人心。建興二年（253）伐魏失敗，損兵折將，國内怨聲載道。後爲孫峻所殺。

[5]伯禽：又稱魯公、禽父，西周魯國第一代國君，姬姓，字伯禽。周公旦長子，周公旦被封於曲阜，伯禽代父就封。即位後，有淮夷、徐夷反叛，乃率師伐之於費（今山東省費縣北）。周公親撻伯禽，事見《説苑・建本》："伯禽與康叔封朝於成王，見周公，三見而三笞。"

[6]曹參笞窋：曹參，秦末泗水沛（今江蘇省沛縣）人，早年爲獄掾。秦末隨劉邦起兵，屢建戰功。先後任假左丞相、左丞相。西漢建立後任齊相國。後繼蕭何爲相國，無所事事。惠帝讓曹參子曹窋勸諫其父，不料曹參怒，笞窋二百，曰："天下事非若所當言也。"

在禮，太子朝夕視膳，昏定晨省，[1]跪問安否，於情得盡。五日一朝，於敬既簡，於恩亦疏，易致構間。[2]故曰："一朝不朝，其間容刀。"五日之制，起漢高祖，身爲天子，父爲庶人，[3]萬機事多，[4]故闕私敬耳。今主上臨朝，太子無事，專主孝養，宜改此俗。《文王世子》篇曰："王季一飯亦一飯，再飯亦再飯。"[5]安有逸豫五日一覲哉！[6]

[1]昏定晨省：晚間爲父母安排床衽，服侍就寢；早上省視父母問安。

[2]易致構間：容易因間隙而受挑撥。

[3]父爲庶人：爲，宋本、殿本作“猶”。

[4]萬機：機，殿本作“幾”。

[5]“王季一飯亦一飯”句：《禮記·文王世子》作“文王一飯亦一飯，文王再飯亦再飯”。

[6]逸豫：懶散。

纘又陳：

今迎太子神柩，孤魂獨行，太孫幼冲，不可涉道。謂可遣妃奉迎遠路，令其父衍隨行衛護。[1]皇太子初見誣陷，臣家門無祐，三世假親，具嘗辛苦，以家觀國，固知太子有變。臣故求副監國，[2]欲依邴吉故事，距違來使，供養擁護，身親飲食醫藥，冀足救危。主者以臣名資輕淺，不肯見與。世人見笑，謂爲此職進退難居，有必死憂。臣獨以爲苟全儲君，賈氏所誅，甘心所願。今監國御史直副皆當三族，侍衛無狀，實自宜然。臣謂其小人，不足具責。故孔子曰：“可以託六尺之孤，臨大節而不可奪。”是以聖王慎選。故河南尹向雄，昔能犯難葬故將鍾會，文帝嘉之，始拔顯用，至於先帝，以爲右率。[3]如間之事，若得向雄之比，則豈可觸哉！此二使者，但爲愚怯，亦非與謀，但可誅身，自全三族。如郭俶、郭斌，則於刑爲當。

[1]衍：王衍，字夷甫，本書卷四三有傳。

[2]副監國：做監國的副手。

［3］右率：官名，即太子右衛率，西晉武帝泰始五年（269）分太子衛率而置太子左右衛率，領精兵萬人，宿衛東宫，亦任征伐。五品。

又東宫亦宜妙選忠直亮正，如向雄比。陛下千秋萬歲之後，太孫幼冲，選置兵衛，宜得柱石之士如周昌者。世俗淺薄，士無廉節，賈謐小兒，恃寵恣睢，而淺中弱植之徒，更相翕習，[1]故世號魯公二十四友。[2]又謐前見臣表理太子，曰："閻兒作此爲健，然觀其意，欲與諸司馬家同。"皆爲臣寒心。伏見詔書，稱明滿奮、樂廣。[3]侍郎賈胤，與謐親理，而亦疏遠，往免父喪之後，停家五年，雖爲小屈，有識貴之。潘岳、繆徵等皆謐父黨，[4]共相沉浮，人士羞之，聞其晏然，莫不爲怪。今詔書暴揚其罪，並皆遣出，百姓咸云清當，臣獨謂非。但岳、徵二十四人，宜皆齊黜，[5]以肅風教。

朝廷善其忠烈，擢爲漢中太守。[6]趙王倫死，[7]既葬，纘以車轢其冢。時張華兄子景後徙漢中，纘又表宜還。

［1］翕習：威盛的様子。

［2］魯公二十四友：見本書卷四〇《賈謐傳》。

［3］滿奮：西晉人，歷任司隸校尉、尚書令。　樂廣：字彦輔，本書卷四三有傳。

［4］繆徵：徵，原本、宋本、殿本作"徽"，據中華本校勘記改。本卷下同。

［5］齊黜：一起罷黜。

［6］漢中：郡名，治所在南鄭縣（今陝西省漢中市）。

［7］趙王倫：司馬倫，字子彝，本書卷五九有傳。

纘不護細行，[1]而慷慨好大節。卒於官，時年五十九。纘五子，皆開朗有才力。

［1］不護細行：不注意小節。

長子亨，爲遼西太守，[1]屬王浚自用其人，[2]亨不得之官。依青州刺史苟晞，[3]刑政苛虐，亨數切諫，爲晞所害。

［1］遼西：郡名，治所在陽樂縣（今河北省盧龍縣東南）。
［2］王浚：字彭祖，本書卷三九有傳。
［3］青州：治所在臨淄縣（今山東省淄博市東北）。　苟晞：字道將，本書卷六一有傳。

史臣曰：愍懷之廢也，天下稱其冤。然皆懼亂政之參夷，[1]慴淫嬖之凶忍，遂使謀臣懷忠而結舌，義士蓄憤而吞聲。閻纘伯官既微於侍郎，位不登於執戟，[2]輕生重義，視死如歸，伏奏而待嚴誅，[3]輿棺以趨鼎鑊，察言觀行，豈非忠直壯乎！顧視晋朝公卿，曾不得與其徒隸齒也。茂伯篤終，哭王經以全節。休然追遠，理鄧艾以成名。故得義感明時，仁流枯骨。雖朱勃追論新息，[4]欒布奏事彭王，[5]弗之尚也。

［1］參夷：誅滅三族。參，殿本作“慘”。
［2］執戟：宫廷侍衛官。

[3]待：原本作“侍”，宋本、殿本作“待”，據宋本、殿本改。

[4]朱勃：東漢扶風茂陵（今陝西省興平市東北）人，字叔陽，任雲陽令。　新息：即馬援，曾被封爲新息侯，故言。

[5]欒布：西漢梁國（今河南省商丘市）人，少時家貧，賣傭於齊。被人掠賣至燕地爲奴。後爲燕王臧荼部將。臧荼謀反失敗，欒布爲漢軍所虜，梁王彭越請贖之爲梁大夫。彭越被殺後梟首洛陽，欒布祠而哭之，又爲彭越辯誣，指責劉邦以苛細誅功臣，功臣將人人自危。劉邦認爲有理，便赦免了他，拜都尉。文帝時任燕相、將軍。景帝時因平定七國之亂有功，封俞侯。

贊曰：感義收會，篤終理艾。道既相侔，名亦俱泰。續伯區區，輿棺陳謩。[1]逼兹淫嬖，[2]弗遂良圖。啜其泣矣，何嗟及乎！

[1]棺：宋本、殿本作“櫬”。

[2]逼兹淫嬖：受到賈后的死亡威脅。淫嬖，受皇帝寵幸的女人，此指賈后。